叢書・ウニベルシタス　1070

リベラルな学びの声

マイケル・オークショット
ティモシー・フラー 編
野田裕久・中金聡 訳

法政大学出版局

The Voice of Liberal Learning
by Michael Oakeshott
Edited by Timothy Fuller

リベラルな学びの声◎目次

学びの場

1975年

人間的な生の門出《デビュー》

ポール・ヴァレリー

世界を半周したのに、気づけばわたしは見慣れた環境にいました。つまり学びの場です。これはおめでたい機会、みなさんの創立百周年のお祝いの席ですから、最初にわたしが、みなさんをはじめ、幾世紀にもわたってリベラル・アーツの旗を掲げて航海し、似つかわしい謙譲をもって、あとにつづく世代をおのが人間的遺産を享受するべく馳せ参ぜしめたすべての方々を称えても、恩着せがましいなどとはお思いになりますまい。しかしこれは反省の機会でもあります。だからこそわたしは、みなさんをはじめとする方々の取り組んできた教育の営みを話題にし、この冒険を現在の諸事情との関連で再考せよとのお招きを頂戴して光栄に思ったのです。これはたいへんなご命令ですから、わたしがその一部分にしかご返答しなくても勘弁していただけることでしょう。教育とは教師と学び手の相互行為のことですが、わたしはもっぱら学び手、学ばれるべきもの、そして（いの一番に）ひとりの人間を際立たせるしるしとしての学びを問題にすることにいたします。ひととは、そのひとが学んでなるもののことをいうのです。これが人間的であるということ《ヒューマン・コンディション》なのです。

1

われわれの懸案はわれわれ自身であり、われわれは自分についてなにを知っているといってよいかである。これはまず、さまざまな種類の情報と称するものとなってわれわれのもとにやってくる。われわれはたとえば、人間は生命有機体のなかでもっとも入り組んでおり、化学的成分でできたさほど複雑でない組織体から数百万年かけて進化したものであること、各人がある相続された種族的性格をそなえており、それが変容をまぬがれないとはいえ、複雑な過程により各人の運動を制御していること、またこれらの運動はつねに当の有機体の自己維持と種の存続をめざしていること、といった情報をあたえられている。その一方では、人間は感覚をもつ生き物で、その運動や発話はすべて快楽への欲望と苦痛への嫌悪の表出なのだという主張もある。さらにわれわれは、ひとは神の創造物であり、命じられて地に住まい、その糧を利用する無際限な権利を授けられ、怠けることを禁じられているのだとも教えられている。加えて人間は、不死の魂がいかなる定めによってか死すべき肉体に一時やどったものだといわれてきた。云々。

さて、人間にかんするこれらの言明は、意味がより明確になるようにそれぞれ精錬すれば、そこに含まれている真偽の観点から考察することもできる。その結果として全部が（なんらかの意味で）真ということもあるだろうし、全部がなんらかの偽ないし不明瞭の烙印をおされることもあるだろう。だがこの手の結論にいまわれわれは関心がない。われわれの関心事は、これらの言明がそれぞれに、人間の性格についての人間の理解を表現する人間の発話であるということ、そして、真であろうと偽であろうと、そのような発話をする能力自体が、これらや類似の言明にいう人間とはまた別物である人間を要請することにある。そのような言明は、わたしのいう「自由な」人間を要請するのである。

人間はさまざまな観点から「自由」だといえるのであるから、いまからわたしは、教育を受けること自体が一個の解放なのだ、という問題提起をしよう。つまり、人間がいわゆる「自律」を達成するやりかたや程度はさまざまだとはいえ、わたしのいまの関心は、人間がそれを脱ぎ捨てるか奪われるかすると一時的ないし永久に人間的ではなくなってしまう、そういう（いうなれば）「自由」にある。

それでは、人間であるということに本来そなわり、自分自身について言明する能力のなかで要請されているこの「自由」によって、われわれはなにを理解するべきであろうか。しばしば自由は、いわゆる「自由意志」をもっていることと同一視される。考察の俎上にあるものが行為と呼ばれる種類の発話である場合はたいていそうである。だがそういういいかたはあまり満足できない。「不自由」意志なるものがどんなものだか想像するのはむずかしい。仮にいまの問題が、人間的な行為や発話は意志されたものだから（すなわち、欲望の結果であり、もっぱら欲求という観点から理解可能であるから）「自由」だとするのが適切である、ということだとすると疑問が残ってしまう。なにゆえに欲望することが「自由」な活動であると必然的に考えなければならないのだろうか。おそらく、この固有に人間的な「自由」は、ひとが自分自身にかんする言明を自分でしたり受け入れたりするときにあらわれるのだから、自分自身を理解したり（当然のことながら）誤解したりする能力からみるほうがうまく特定できるだろう。人間にこういう能力があるのは、肉体とともに精神をもっているから、あるいはそういう存在だからだ、といわれることがある。だが、この区別をどのような意味にとるかについては慎重であらねばならない。それはふたつのものの区別ではなく、かたやひとつの過程ないし組織立った諸々の過程（たとえば青い眼や遺伝的なマラリア耐性はその結果である）と、かたやそのような過程をその規則性という条件のもとに理解したり、それとかかわりがあるものを特定したり、それらの相互関係を見抜いたりする能力との区別なのである。

要するにここでは、化学的過程と、化学的過程として進行中のものを生化学的に（稚拙はともかく）理解・説明することとのあいだに重要な区別がある。というのも、精神それ自体は化学的過程ではないし、生化学者が化学的説明の終局に達したのちにも説明がつかずに残る神秘的なxのことでもないからである。それはこの説明をしている当のもののことなのだ。たとえば、遺伝学者は自分自身の遺伝子の発話を記録する書記係に徹していればよいわけではない。そのような記録では遺伝の科学に貢献しないであろうし、いずれにしても遺伝子には自分自身についてのそういう発話などできない。遺伝子にできるのは、せいぜい青い眼にしたり長寿の体質《たち》にしたりすることである。ここにいう精神とは、自分で自分を理解・説明できない過程を人間が理解・説明するときの知性の活動のことなのだ。

しかしこれは問題の一側面でしかない。知性はたんに生理学的過程の理解に携わるだけではない。精神をつくりあげているのは知覚、認知、あらゆる種類の思考であり、感情、情緒、情動、思慮、目的であり、また行為、すなわち現在進行中と理解したものへの応答である。精神は人間が生きる知的に理解可能な世界の作者であるだけでなく、この世界にたいする人間の自己意識的な関係の作者でもあり、この自己意識は自己理解の境位にまで高まることもある。このような人間の本有的な「自由」は、自分の自己理解を表現する言明ができるということに存するだけでなく、人間にとって世界が自分の理解するとおりのものであること、また人間が自分の理解するとおりのものであることにも存する。人間が「自由」であるのは、人間に「自由意志」があるからではなく、人間にあって即自存在とは対自存在のことだからである。

人間的であるという状態《ヒューマン・コンディション》をこのように解するのは、十分お馴染みのことである。西洋世界の叙事詩や戯曲文学と歴史家の著作はそれで溢れかえっている。ホメロス、スカンジナヴィアの伝説《サーガ》、シェイクスピアやラシーヌ、リウィウスやギボンの作品に登場する人間はそういう姿をしている。現代の割り切った行動主義者やおそろしく了見の狭い神経生物学者でさえ、それを頭から拒絶すると自分を拒絶することになってしまう。人間の性格をこのように解することが受け入れられたばかりか、熱烈に支持された時代がかつてあった。栄誉のしるしとして歓迎され、探求され、開拓され、享受すべきものとみなされた。ひとの尊厳を形づくると称されていた。だがそのときですら、この知性があるという状態には罰がつきものだと考えられていた。賢明になれるということは愚かにもなれるということだからである。さらに、そのようなひとが自分の思考、発話、行為に責任を負うことは避けられない。思考には理由はあっても原因はなく、理由はまた別の思考なのだから、自分の思考は受け継いだ遺伝的性格が原因だという抗弁はできない。自分の発話は自分自身のものではなく神が自分の口にいわせたことばであるとか、脳髄から電気的に出たものにすぎないという抗弁もできない。その発話には意味があって、責任は自分が負い、もっぱら意味をなすかどうかの観点から判断されるからである。自分の行為は自分自身のものではなく、樹木が四方に伸ばした小枝のようなもので、責任を問えない生物学的衝動の結果でしかないという抗弁もできない。これらの行為にもやはり意味があり、自分が理解した状況への応答として選択したからである。

さらに、人間であるという状態に本来そなわるこの「自由」は、無償ではなく責任というかたちで代償を払わねばならないため猜疑の目でみられ、逃れられるものなら逃れるべき悲惨と考えられるようにさえなった。誤謬、愚かさ、憎しみ、悪事の可能性がなかったとしたら、たとえ真理、知恵、愛、徳をあきらめることになったとしても、心の重荷はどれほど軽くなることだろう。だがそんなことはありえない。そんな逃げ道を考えれば考えるほど、ありえないことだと思い知らされる。精神だけが自分が思考せざるをえないのを悔やむことができるのだ。自分の条件を嘆くくらいなら、自分でもとめてもいない不可避の「自由」のためにどんな代償を払うのかを正確に考察することに精を出すほうが、まだましというものだろう。

わたしはこの代償を「責任」と呼んだが、この語には不適切な道徳的響きがある。知性的な活動に本来そなわる自由にたいして代償を払うなど拒絶してもかまわないのに、拒絶すれば義務を怠ることになると示唆するのである。だがそれは必要条件を勘違いしているだけなのだ。ひとりの人間を特徴づけるもの、それどころかひとりの人間を成り立たしめているものとは、かれが思考せざるをえないということに加えて、かれの思考、信念、疑い、理解、無知の自覚、欲求、選好、選択、感情、情動、目的、そしてかれが意味のある発話や行為のかたちでするそれらの表現である。つまり、そのすべての必要条件は、かれがあらかじめそれを学んでいるのでなければならないということである。人間的であることを構成するのは知性的活動であり、その代償が学びなのだ。人間であるという状態は重荷だというのは、思考し、語り、行為しなければならない（石のようにあるとか、樹のように成長するとかいうだけではなく）というたんなる必要のことを指すのではなく、時間をかけ、しばしば苦労を重ねて、学びによりなにごとかを考えられるようになっていなければ、考えることも感じることも不可能だ、という意味である。思考や感情があらかじめ学ばれていなければならない、という点に人間の自由がある。学びは各自がやらねばならないこと、そして自分にしかできないことだからである。

学びと人間的であることとはこうして切り離せない、そのことがわれわれの自己理解の中枢をなしている。つまり、われわれは誰しも生まれながらにして人間であるわけではないのである。ひとはそれぞれ、学んだとおりの人間になる。その意味は、学んで現実になにを知覚するようになったか、なにを考えるようになったか、なにをするようになったかでひとの性格が決まる、人びとの重要な差異とはおのおのが実際に学んだこととの違いだ、ということである。過去数百万年でわれわれの学ぶ能力が増大したこと、またこの能力にも個々の人生の時期によって高低があることは間違いない。おそらく学ぶ能力もひとによって若干の遺伝的な差異はあるだろう。だがこれらの変化や差異は、ひとが学んで現実になにを考えられるようになったか、なにを想像できるようになったか、なにをすることができるようになったかに影響があらわれなければ、人間には意味がない。それでこそ今のわたしがあるのだから。それゆえ人びとの差異は学びの成功の度合いの差異や、人間のできばえのよし悪しの差異にとどまらず、人間個人の共約不可能な差異でもある。要するに、学びと人間的であることが切り離せないのは、ひとは各自が自分の自己演出の「歴史」だからである。つまり「人間本性《ヒューマン・ネイチャー》」という表現が意味するのはただひとつ、学んで自分になるというわれわれに共通する逃れがたい営みのことである。

　それにしても、わたしが「学び」と呼び、そうしてはじめて人間的になれる営みとは、いったいどのようなものであろうか。はじめに、この問題についての、欠陥はともあれ少なくとも明晰なひとつの説明に着目してみよう。生物学者は、生命ある有機体（たとえば蛸）はその環境との関係のなかで存在しているという。有機体は、環境を察知し、周囲のものごとからの刺激に反応するしくみをそなえ、休みなく変化する化学的構造体である。この反応が運動であるが、それがつねに成功して生存に資するとはかぎらない。環境から受けとるインプットは斉一ではなく、かならず望ましいというわけではないから、有機体は生存するために臨機応変に反応しなければならない。実際有機体は、成功した、すなわち「正しい」反応は将来の利用のためにたいせつに記録し、不首尾に終わった、すなわち「間違った」反応はぞんざいに抑圧してしまうメカニズムをそなえている。有機体が環境に適応し、環境への反応を記録するこの過程も「学び」と呼ばれる。学びは、有益な情報を獲得し、蓄積し、検索する過程とされ、人間の場合は蛸よりさらに臨機応変なだけだというのである。

代謝や進化の程度差による説明に擬人的な類比が多いからといって、疑心暗鬼になる必要はない。また、われわれがまだ生まれたてだったころになにかそのような過程が生じていたことを疑問視する必要もない。それでも、われわれは学ぶなかで人間的になっていくのであり、それが環境に有機体として適応する過程とかなり違うのは明らかである。実際にも後者の過程では、生物学者自身が有機的過程の識別と理解が学んでできるようになった過程をそれらしく説明できない。ワトソン博士〔James Dewey Watson, 1928- アメリカの分子生物学者。一九六二年にノーベル生理学・医学賞受賞〕はDNA高分子の螺旋構造を発見したが、それ自体は、かれの生物学的生存を促した環境インプットへの化学的反応として適切に説明できることなのだろうか。

われわれの関心事である学びは、自己意識的な営みである。たまたま環境の圧力に誘発された反応ではなく、学ぶべきことがあるという暗示（すなわち無知の自覚）や、理解したいという願望に触発された自己賦課的な課題である。人間的な学びは反省的な営みであり、そのなかで学ぶものはばらばらな情報の断片にとどまらず、意味のあることばのかたちで理解ないし誤解され、表現される。有機体の生存とはかかわりがなく、多くは有機体の恒常性《ホメオスタシス》に人間の場合に相当するえり抜き「処世術」〔getting on in the world. シカゴ大学の修辞学・英文学教授にして法律家、新聞社社主でもあったW・マシューズ（William Mathews, 1818-1909）がみずからの成功哲学を語ったベストセラー（一八七三年）のタイトルより。渋江保訳『処世活法』博文館、一八九〇年ほか複数の邦訳がある〕とさえほぼ無関係である。学びと関係があるのは、知覚、観念、信念、情動、感受能力、認知、識別、公理、つまりひっくるめて人間であるという状態を構成するものなのだ。

これらの点で人間的な学びは、混同されがちな他の経験や自称経験からも区別される。人間的な学びは、習慣を獲得することでも、芸当をしたり機能を果たしたりする訓練を受けることでもない。それはあなたが理解していればこそ使用できるようななにごとかを獲得することである。さらに、薬物や点滅する光や電流が引き起こす陶酔、啓示、鬱屈の感覚を学びというのは、麻酔薬のもたらす無意識を学びというにひとしく、どちらも同じくらい意味をなさない。人間的な状態の達成になにも貢献しないからである。それどころか、化学的な刺激や魔術でこの状態が獲得できると示唆するだけでも、われわれが人間的になるただひとつの学びというたゆみない自己意識的な営みを妨げるのだ。魔法にかかることは学びではない。学びは、われわれ各自のなかにある仮定上の人間性（*humanitas*）の種子が成長し、潜在していたものを実現ないし発展させる目的論的な過程でもない。人間の示差的な資質で「自然的」と呼べるものがあるとしたら、それにいちばん近づけたとしてもせいぜい自己意識である。それを学ぶのはわれわれ個々の人生のきわめて早い時期だとはいえ、やはりなんらかのやりかたで学ぶのだ。だから、自己意識が人間的な知性と想像力が達成するすべてのものの条件だとはいっても、これら多種多様な達成物が自己意識に潜在するとはいえないのである。

ここまでの話を要約しよう。人間的な生は、生命有機体が成長・成熟し、環境への適応に成功したり自滅したりする過程ではない。それはなによりもまず、個々の意識が自分の住まう世界と向きあい、ヘンリー・ジェイムズが「意識の試練」(ordeal of consciousness)〔青木次生訳『ヘンリー・ジェイムズ作品集3　鳩の翼』国書刊行会、一九八三年、六一六頁〕と呼んだものに応答して、自己を演じたり開示したりする冒険である。この営みは正確な意味での冒険である。あらかじめ定まったたどるべき航路がない。思考し行為するたびに、人間はもやい綱を解いて海原に乗りだし、自分で選択したはよいがほとんど先のみえない航路を進む。あらかじめ定まった目的地もない。自分の営為のモデルにできる名実ともに完璧なひとや人生などない。それはひとつの境涯であって、旅行ではない。人間は一個の「歴史」であり、人生の浮き沈みに逐一応答しながらこの「歴史」を自分でつくっていくのだ。人間の住まう世界は「事物」でなくできごとでできている。つまりひとはそれを、自分にとってこれはなにを意味するかという観点から意識しており、自分がこれをどのように理解しているかの観点からそれに応答しなければならない[(1)]。そうしたできごとのうちのあるものを、人間は学びによって人間の思考や情動の表現だとわかるようになる――物語、詩、芸術作品、楽曲、景観、人間的行為、発話と身ぶり、宗教的信念、研究、科学、手続き、慣行、その他ありとあらゆる種類の、やはりもっぱら自分がそれをどのように理解しているかという観点からひとが意識している人工物のことである。またあるものを、人間は学びによって知性のある人格だとわかるようになる。ひとはそれを、どんな人物でなにをするひとだと自分は理解しているかという観点から意識し、また意味を有するがゆえに理解されたり誤解されたりする相互行為や発話の観点からその人物と関係を結ぶ。要するに、人間はどこまでいっても人間的な世界に住んでいるのだが、それはこの世界に人間と人工物以外のものが存在しないからではなく、世界のあらゆるものが自分にとってなにを意味するかの観点からかれに知られているためなのである。意味は学ばねばならないがゆえに、人間は学ぶ者となる刑に処せられているのだ。ひとがおよそ考えたり語ったり為したりすることが、学びによって（稚拙はあっても）考え、語り、為すようになったことであるのはやむをえない。人間的な死ですらひとは学んだのである。

2

そうすると、人間にとって学びとは生涯にわたってつづく営みである。そのひとの住まう世界が学びの場なのだ。だがそれだけでなく、自分の境遇をひとたび理解した人間は、学びのために周到に考案され捧げられた特別の場、機会、環境が必要だとみとめたのであり、なかでももっとも顕著なのは人間の家庭、学校、大学である。（いかなるかたちであれ）家庭は、子づくりや子どもの保護だけのためではなく、人間界への新参者を初期教育するために考案された慣行である。それは学びがゆっくりとはじまり時間がかかることをみとめたものなのだ。学校と大学は見誤りようがない。それらは学びという周到な営みの連続的な段階をなしており、われわれが関心を寄せるのもこれである。

そのような特別な学びの場の示差的特徴は、第一に、その場にいる者が、同時にほかのいろいろなものではあっても、まずは自他ともにみとめる学び手だということである。第二に、そこでの学びは別してなにごとかを学ぼうとする公然たる営みだということである。その場にいる者は、たんに「大人になる」わけではないし、たんに「精神の向上」のためや「考えることを学ぶ」ためにいるのでもない。そのような内容不定の活動は、とくにどの音楽も演奏しないオーケストラも同然でありえない。さらに、そのような場で学べるものといっても、偶然そこにあるものを学ぶのではないし、たまたまいま学べることならなんでも、都合に応じ適宜選んで学ぶのでもない。それは注意、忍耐、決意をもって取り組み追求すべき内容のある課題とみなされており、学び手はなにをしているかを自覚している。そして第三に、そこでの学びは、別のなにかに活用できる程度に学べればよい、という限定的な取り組みではない。学ぶこと自体が、それ自身の達成と卓越の基準をもつ営みなのである。したがって、そのような場所や環境に特有なものとは、当座の生の *hic et nunc*、「ここといま」とヘーゲルが呼んだものからの隔絶、離脱である。

われわれはみな地球の一隅に、歴史的時間の特定の瞬間に、局所性にすっぽりと包まれて生まれてくる。しかし学校と大学は超然とした場所であり、そこにいる公然たる学び手は自分の局所的な事情の制約やたまたまおぼえた欲求から解放され、かつていちども夢見たことのないものの暗示に突き動かされる。かつていちどたりと想像も願望もしたことがない満足の追求に、いつのまにか誘い込まれる。つまりこうした場所は隠れ家なのであり、そこでは局所的なことどもの喧噪など遠雷のようなものでしかなくなってしまい、卓越性の声が聞こえてくるのである。そこは学び手が学ぶべくそこにあるものへの手ほどきを受ける場所なのだ。

だが人間が学ぶべきどんなものがそこにあるというのだろう。人間的営為の大半は、人間的欲求を満たすために地球の資源を利用することと関係があり、人間的な学びの多くも、この際限もなく増殖する知性的な営みと直接間接にかかわりがある。これが真正の学びであることはたしかである。カワウソには、もっといいことばがないので本能とわれわれが呼ぶものがそなわっていて魚を捕らえるのかもしれないし、ビーバーはなんらかの生物学的衝動に応じてダムを築き、鷲は舞い降りては子羊をさらっていくのかもしれない。だが漁師は魚の捕えかたを学ばなければならず、その学びには稚拙があり、技術もさまざまである。ボールダー・ダム〔コロラド川のブラック峡谷に一九三六年に建設された巨大ダム。のちにフーヴァー・ダムと改称〕を設計し建設した技術者たちには生物学的衝動以上のなにかがそなわっていたのだし、肉や羊毛を得るために羊を育てることは学ばなければならないアートである。地球資源の利用に携わっているという点からみれば、当世の人間は多種多様の道具的な伎倆や慣行の遺産相続人であるが、それらは学ばなければ意図した満足をもたらすことができない。そのうえ、これら伎倆や慣行を発明するのも使用するのも大文字のひとや社会ではない。それぞれが名指し可能なひと、プロメテウスやウルカヌス〔ローマ神話に登場する火と鍛冶の神〕やベッセマー〔Henry

Bessemer, 1813-98. 鋼の精錬法を発明したイングランドの技術者〕やエディソンのようなひとの発見なり発明である。病人を癒すのは大文字のひとや「医学」と呼ばれるなんらかの抽象物ではない。個々の医者であって、そのひとも自分のアートを名指し可能な教師たちから自分で学んだのだ。「社会的学習」や「集合的理解」のようなものは存在しない。われわれがたがいに共有するアートや慣行は、それをすでに学んでいる生きた個々の熟達者の理解のなか以外のどこにも見つからないのである。

しかも、人間的な欲求の満足は、たがいに競いあったり協力しあったりする人間同士の相互行為のかたちで追求される。ある欲求の満足をもとめるということは、他の人間との諸々の関係に入っていくことである。この人間的な結合は、ある過程の構成要素の相互作用ではなく、不特定の集住や交際でもない。多種多様な関係でできており、ひとつひとつが特異な慣行をなしていて、その利得を享受するにはその条件を学び理解していなければならない。これらの関係のうち比較を絶してもっとも有用なのは、共通の言語を話して欲求を伝えあったり、満足できる取引をしたりする人びとのあいだに存立している関係である。そのような言語は、人間的な結合のその他すべての条件と同様に、やはり学ばなければならない。

人間であること、欲求をおぼえそれを満足させようとすることは、したがって特殊な伎倆、道具的な慣行・関係を使用することである。なんらかのアートの承諾でないような行為など存在せず、発話は言語なしにはありえない。そうした伎倆、慣行、関係を学ばなければならないのだ。この学びは、そのかぎりで真正であり、広範囲にわたることもあるのだから、それに捧げられた特別の場所があって、おのおの学び手に特定の道具的なアートや慣行を手ほどきすることに携わり、俗にいう「実地で学ぶ《ラーニング・オン・ザ・ジョブ》」機会を用意していたとしても驚くにはあたらない。医科学校、法科学校、語学学校、ジャーナリズムや写真の学校、料理、自動車の運転、バスーン工房の経営を学べる学校、そうした道具的伎倆を多岐に学べる総合職業訓練学校《ポリテクニック》さえあるのだ。

　地球を利用するこの活動、人間的欲求の満足に用いられる諸々のアートと関係、それが含意する学びについては、語るべきことがたくさんある。この学びに捧げられる特別の場所は、目標の点でも、有用性という考慮事項からの隔絶という点でも適宜制約されているとはいえ、それはたしかに真正の学びである。道具的なアートを学ぶことは、たんにある芸当をやってのけられるように訓練を受けることとは違う。それはあなたがなにをしているかについての理解を含んでいる。またある慣行を学ぶことは、たんにある機械装置を手に入れて使いこなせるようになることとは違う。人間的なアートが固定したり完成したりすることはけっしてない。それは使用されなければならず、使用するうちにどんどん変容する。欲求を伝える言語の使用でさえ、それ自体は創意に富む営みなのだ。しかしわたしは、学びのなかにあるこの営みをさらに探求してみようというのではない。われわれが考察するべきもっと重要なことがある。それが垣間見えるのは、つぎのことに気づく場合である。〔1〕どの欲求を満足させるかの選択もやはり学ばなければならない。〔2〕そのような選択をするにあたって承諾されるべき条件は、選択された欲求を適宜満足させてくれる道具的アートや慣行の条項ではない。人間的な欲求については、「どうすればそれを満足させられるかわかっているし、そうするだけの力が自分にはある」といえば十分ということはけっしてない。ほかにも考慮すべきなにかがつねにある。ただし目に入ってくるのは、広大な道具的な学びの領野などではなく、批判的な自己理解というまったく別の営みである。この営みのなかでわれわれは、道具的なアートという相続財産ではなく、自分を同定し理解しようとつとめてきた人間の継続的な知的冒険にかかわるようになる。

欲求という観点から自分を認知すること、世界を欲求の満足のために形成し使用する素材とみなすこと、他者をこの企図の競争相手ないし協力者とみなすこと、そして共通言語を含むアートや慣行といったわれわれの相続財産を欲求満足のための価値ある道具とみなすこと――これがすべてひとつの自己理解であることに疑念はない。それは「わたしはなにものであるか」という問いにひとつの答えをあたえる。この答えが自分についてわれわれの知る、あるいは知りうるすべてなのだ、人間が自分と世界について抱いてきたこれ以外の思想はすべて無益な空想であり、これ以外のすべての関係はこの関係のぼんやりとした影なのだ、とわれわれに納得させようとする者もたしかにいる。だがかれらは自己矛盾に陥ることになる。かれらは人間とその諸関係についての真なる言明をするといいながら、自分ではその時々の満足のたんなる追求者以外のなにものかを任じている。かれらは自分と自分が語りかけている人びとのあいだに、地球資源の利用者同士の関係ではなく、ある公理の真偽を検討できる人格同士の関係を想定しているのである[2]。

だがともかくも、人間が自分では地球資源の利用者を自認していることは否定せず、そのくせつねに自分をそれ以外のなにものかと考えてきたこと、またそうした別のアイデンティティを倦むことなく探求してきたことは間違いない。人間はほかにも多様な活動——知性的な探求、道徳的な分別、情動や想像力の洞察といった冒険——に精を出してきた。ほかにも多岐にわたる——道徳的、知性的、情動的、公民的——諸関係を探求してきた。そうして他のアイデンティティと並べてみると、地球資源の利用者というアイデンティティがはかなく空疎なばかりか、他のアイデンティティの制約下にあることも、ぼんやりと、あるいは明瞭に悟ったのである。そうした自己理解やできごとの価値づけが、その他の人間的なあらゆるものと同様に人間の発明であり、学んではじめて享受できるものであることがかれらにもわかったのだ。暮らし向きは不自由きわまり、糊口をしのぐのに追われながらでさえ（たとえば幌馬車の暮らし）、かれらはこれら諸々のアイデンティティを携え、せめても歌や物語にのせて子どもたちに伝えたのであった。機会があるたびに、かれらは特別な場所と時間をこの学びに捧げるようになった。こうして近年になるまで学校と大学はまさしくそのような学びの場であったのであり、有用性の要求から十分に防護されていたので、人間的な自己理解の冒険と表現への関心を逸らされることはなかったのである。

3

つまりこれが、人間の自己理解の冒険こそがわれわれの関心事である。「人間とは自己意識的な反省的知性である」「ひとはパンのみにて生くるにあらず」というただの抗議の声ではなく、人間であるという状態について人間が自分の理解を表現した現実の探求、発話、行為のことである。これが「リベラル」な——その時々の欲求を満足させるという気の休まらない務めから解放されているがゆえに「自由」な——教育と呼ばれるようになったものの基なのだ。

それにしてもなぜわれわれはリベラルな教育に関心をもつのだろうか。それが「人間本性」にかんして信頼に足る情報をあたえるというのならば、われわれの関心も知的に理解できるのだが。だがそうではない。「人間本性」のようなものは存在しない。存在するのはただ男であり、女であり、子どもたちであって、朗らかに、あるいは渋々と、反省的に、あるいはさほど反省をともなわずに意識の試練に応答しながら、もっぱら自己理解という条件のもとに生きているだけである。それに人間的であるということ自体が、電気技師の伎倆のような特別の道具的伎倆ではない。それでは、人間の自己理解に関心を寄せると、もれなく学びというこの厄介事がついてくるというのはどういう理屈なのだろう。それはわれわれが各自勝手にすることではないのか？　いかにも。人間の眼からみれば、われわれは各自のお手製である。ただし無からつくられるのでも、自然の光によってつくられるのでもない。世間には自家製人間がたくさんいるが、かれらは衝動でできたがらくたで、いわゆる「アイデンティティ・クライシス」を起こせばいとも簡単に砕け散る。人間的であるということは、大地が海から身を起こして以来つづいてきた歴史的冒険なのだ。つまりわれわれが学びというこの厄介事に関心を寄せるのは、それがこの冒険に参加する唯一の方法だからである。「汝自身を知れ」という古代ギリシアの戒めは、汝自身を知ることを学べという意味であった。心理学の本を買って勉強せよという戒めではなかった。人間がこの学びという営みを時に応じてどのように使ってひととなったかをよくよく考え、そこから学べ、という意味であった。

こうして人間的な自己理解は、いわゆる「文化《カルチャー》」への参加を学ぶことから切り離せない。結合した一団の人間が自分たちで創造し、欲求のはかない満足を超えるものをひっくるめてあらわす一語があるのは便利だが、それに惑わされてはならない。文化は人間の生にかんする教義、首尾一貫した一連の教えや結論ではない。それが眼のまえに学びの主題として掲げられるようなものでないのは、眼のまえに自己理解を学ぶべきことがらとして掲げられないのと同じである。われわれはおよそなにを学んでも文化を学べる。文化は、それもとくにわれわれの文化のような文化は、感情、知覚、観念、営み、態度などからなるひとつの連続体であり、それらが別々の方向に引っぱりあったり、たがいにしばしば批判的になったり、たまさかに関係を結びあったりしながら、結果としてひとつの教義ではなく、わたしのいう会話的な出会いをつくりあげている。たとえば、われわれの文化のなかにはアポロンの竪琴だけでなく、パーンの笛、つまり野生の呼び声もある。詩人だけでなく物理学者もいる。アウグスティヌス神学の威風堂々たる大都市だけでなく、フランチェスコ的キリスト教の「緑林」もある。文化は知性と情動の未完の旅から成り立っており、遠征はとうの昔に終わったが、探検家たちが遺した朽ち果てた地図のおかげでわれわれも知ることができる。文化は朗らかな冒険、偉業やドラマのかたちで発明され探求された諸関係、神話や人間の自己理解の断片を表現する物語と詩、信仰をあつめた神々、世界の移ろいやすさへの応答、死との遭遇からできている。そしてそれがわれわれのもとに届くときには、先立つ諸世代に届いたときと同じく、とうの昔に購読停止にした人間冒険譚やわれわれが拝聴するべき人間の偉業の山ではなく、見よ、聞け、そして反省せよという招待状の束になってやってくるのだ。その場合の学びは、たんなる情報（そんなものはニーチェが「教養俗物（Kulturphilister）」〔小倉志祥訳「ダーヴィト・シュトラウス」、『ニーチェ全集4　反時代的考察』ちくま学芸文庫、一九九三年、五七頁〕と呼んだものしか産みださない）の獲得とは違うし、たんなる「精神の向上」とも違う。人間の自己理解のかたちをした無類の冒険に出会えという特異な招待を察知できるようになることなのである。

あるひとの文化は一個の歴史的偶然物とはいえ、そのひとにはこれしかないのであるから、永遠の真実でできていないからといって無視するのは愚かしい。文化それ自体は、知性と情動の諸々の冒険がたまたま合流してひとつになったものである。古きものと新しきものが混淆しており、新しきものの多くは、一時的に忘れ去られてしまったものを拾いあげる後ろ向きのそれである。勃興するものと衰えゆくもの、どっしりしたものと少々薄っぺらなもの、陳腐なものと洗練されたものと壮麗なものの混淆である。そこでの学びは、いわゆる文化遺産への意識を高めるだけでなく、特異な招待に出会ってその一端なりとも理解しようとするのであるから、学びに捧げられた特別な場所は、そこで学ぶべきことについての信念のみにもとづいて設立される。もちろんそう信じること自体が、文化の「教育的」招待とでも呼べるものへのひとつの応答なのだ。「文化的に条件づけられている」などたわごとである。ひととはそのひとの文化であり、ひとは学んでいまある自分になるしかなかったのだ。

4

一二世紀にパリへ、ボローニャへ、シャルトルへ、トゥルーズへと旅立った漂泊の学者たちは、しばしば自分でも知らないうちに、「リベラル」な教育を時代の諸思潮のなかに探しもとめていた。かれらがこの冒険におけるわれわれの先駆者である。あなたがたもわたしも一二世紀の生まれで、はるばると旅をしてきたとはいえ、いまでもわれわれには生誕時のしるしがある。しかし二世紀を経て「教養教育課程《リベラル・スタディーズ》」なる表現が特有の意味を獲得したとき、それは時間をかけて閑却から救出されつつあった少々遠隔の文化——古代のギリシアおよびラテンの文化——との出会いをあらわすようになっていた。この古代文明の達成物の一部は、失われずに残っていた。コミュニケーションの媒体としてのラテン語、若干の有益な（多くは法学や医学の）情報、それに若干の傑出した著述のことである。しかし、このほとんど失われかけた文化をさらに大がかりに取り戻すために生じた一四世紀の教育の冒険は、それが偉大な知的荘厳さと、多彩さと、反省のエネルギーを有する文化であるばかりか、一四世紀の人間でも自分を重ねあわせることが可能な文化であり、自分を探求し理解せよと誘う招待状を前例がないほどたくさん発送した文化でもあることを明らかにした。言語は思考における運用資産とみなされた。叙事詩、演劇、叙情詩、歴史といった文学は、人間的な諸関係、情動、切望、営為にあらたな次元をあたえた。（キリスト教の初期の神学者たちを含め）諸々の探求は、人間的な反省にあらたな方向を示唆した。こうして「学び」は、荘厳さと明澄さが際立つ過去の一文化にあらわれた人間的な生の暗示を理解できるようになること、またこの文化の観点から自分を認知せよと誘うことと同一視された。それは目下取り組んでいる「ここといま」からの、日常生活の雑然、粗暴、感傷、知的貧困、情動的泥沼からの解放を約束し、また実際解放をもたらした教育であった。そしてこれは今日にいたるまでつづいているのである。この教育が形式主義に堕しては救出されねばならなかったことも再三あった。その重心は古代の文化から移動しても、どこか別のところに定着したためしはなかった。われわれはこの教育の一端が地に墜ちるのを、ときに悔恨とともに眺め、抗いがたい興味を失ったこともあった。教育は膨張して、新興の実用的な日常言語や文芸までを含むようになった。どこか渋々ながらに、きわめて多くの近代の知的エネルギーを吸い寄せてきた、目新しいとはいえ自己理解のいまだ十分ならざる探求、すなわち自然諸科学を許容した。友人を装う敵の誘惑めいた口説きに抵抗しなければならなかった。その状態はいまどうなっているのだろうか。

教育の営みは生き残っている。われわれは大いなる冒険のすでに燃え尽きてしまった灰のなかに生きているわけではない。その自己理解は当面あまり明確ではなく、自負は揺らいでしばしば見当違いをしており、無理算段が祟って、倹約したほうがよかったときにも借金してしまったとはいえ、真剣な自己吟味を怠ったことはなかった。松明はいまだ赤々と照らしており、それを掲げる手もまだいくらかは健在なのだ。だがわたしは、その現在の活力如何にはこだわらず、そういうものだとしておこう。われわれの関心は教育の弱点に、ぼろが出たともいえる点に――咎めるのではなく、つとめて理解するべく——寄せられる。

教育がもっとも無邪気にぼろを出したのは、「有意性《レリヴァンス》」の美名のもとに無理矢理お門違いの関心事にかまけさせ、あまつさえ変節すらさせる世界の誘惑めいた声に耳を傾けてしまったときである。オデュッセウスのように蠟で耳を塞ぎ、自分自身のアイデンティティという帆柱に身体を縛りつけておくべきだったのに、われわれはことばのみならず報償にも惑わされてしまったのだ。実業学校を開校したり、ジャーナリストや企業顧問弁護士の養成に乗りだしたりするのは、現代の風潮《モダニティ》に譲歩したまったく無害なことにみえる。そのなかにも学びはある、というまことしやかな論拠で擁護されることもある。そうしてリベラルな学びの場に「有意性」という魅力的なイメージをあたえれば、堕落があっても些事として帳消しにされるのかもしれない。だが事態はそのような楽観を許さない。リベラルな学びが本領ではないから、これら心惹かれる逸脱はそのなかに収まりにくい。むしろこの営みをさいなむばかりか掘り崩してしまう。うつろいやすく当世風なだけが取り柄である。最新式《アップ・トゥ・デート》でないと無価値なのだ。それに、言語や文学や歴史へのしかるべき関心が際限なく現代風に染まると、徐々に文化の主流しか研究しなくなる。歴史はいわゆる現代史に収縮し、言語は同時代のコミュニケーション手段とみなされ、文学では「いま誰もが考えていることを言語化した」書物が、まさしくその理由によってほかのどんな書物よりも好まれるようになる。

だがリベラルな学びへのほんとうの攻撃は別の方面からやってくる。学び手になんらかの、しばしば早計に選んだ職業に就く支度をさせる、という危なっかしい取り組みのことではない。「有意性」

が要求するからといって、学び手とみればいわゆる「社会システム」の役割遂行者だと信じ込み、結果として学び（それは各人の関心事である）を「社会化《ソーシャライゼーション》」の手に譲り渡してしまうことである。つまり、昨今の「ここといま」はかつてよりもはるかに画一的であるから、教育もこの画一性を承認し促進するべきだという教義のことである。これは最近になって出たぼろではない。一世紀まえにニーチェがバーゼルでおこなったすばらしい講演「われわれの教養施設の将来について」〔渡辺二郎訳『ニーチェ全集3　哲学者の書』ちくま学芸文庫、一九九四年〕の主題であり、かれはいまわれわれを脅かしている崩壊を予見していた。しかもこれはすぐれて教義の、つまりもっぱら教育をどのように考え語るかの問題であり、学びの場で実際に起こりうることとはほぼ無関係のようにみえて、実はもっとも油断ならない堕落なのである。リベラルな学びの核心に襲いかかるだけでなく、人間が撲滅されるまえぶれなのだ。

しかし、以上がリベラルな学びのより露骨な転覆であるとすれば、もっと微妙な、だがその分ダメージが少なくなるわけではない別の転覆がある。リベラルな学びは「一般《ジェネラル》」教育、すなわち目下取り組んでいる「ここといま」から解放されているというだけでなく、学ぶべき特定の内容への直接的な関心からも解放された学びと考えられるようになってしまったのだ。そこでの学びは、「自分で考えることを学ぶ」こと、あるいは「知性」やある種の知性的・道徳的習性――「論理的に」あるいは「熟議的に」考える能力、有意性を欠く議論に欺かれない能力、勇敢で忍耐強く綿密になり、正確で決然とする能力、注意深く読み明快に語る能力、等々――を育成することだといわれる。そしてもちろん、このすべてやさらに多くの習性やら徳やらを身につけ向上させたいと学び手が願うことはある。だがこうした能力や自己理解そのものが学びの主題になることはありえない。文化は一連の抽象的習性とは別物である。文化は思考、情動、信念、意見、是認と否認、道徳的眼識と知性的眼識、探求や研究の内容をともなう表現でできており、学びとはこの表現を思考せよ、信じよという招待として理解し、またそれに応答できるようになることである。つまりこの「一般」という語を用いて同定され推奨される教育とは、文化の実質にかかわってはいても、万事に言いおよぶことに汲々とするあまりなにごとも一瞥しかしない、そういう教育なのだ。そこでは学びといっても、聞いた覚えがあると思えたら上出来である。出会いの域にはとうてい達しない。それが「教養俗物」の曖昧模糊として断片的な素養なるものの正体である。

そうはいっても、リベラルな学びの場は、そこでとくにどんなことが学べるかが一目でわかる形状に大方なっているものだ。たいていそのような場所の現在の形状は、この営みの由緒正しい血統と、ここ数世紀にわれわれの文化が経験した変化の両方を証し立てている。自然諸科学に、数学に、人文諸学に、社会諸科学――これがいまわれわれのもとにあるリベラルな教育の全貌である。これらの成分を簡潔に考察してみよう。

リベラルな学びとは、人間が世界と自分自身にかんするさまざまな理解を見せつけた大いなる知的冒険への招待に、学んで応答できるようになることである。自然諸科学にそのような性格があるとみとめられるには、そのまえにまず、自然諸科学からしか学べない特有のものがなければならないのはもちろん、自然諸科学それ自体が独特の探求ないし人間的理解の独特の様態でなければならなかった。すなわち、教育のある者に当然欠かせない自然的世界にかんする少々神秘的な情報の域をはるかに超えるが、かといって世界にかんする無条件的ないし決定的な理解には遠くおよばないものでなければならなかったのである。第一の点では、大いに成功を収めた。いまではどんな自然科学も、学び手にとっては関連づけられた一連の定理の姿をしており、批判的な理解を誘う。第二の点で自然諸科学が後れをとっているのは、なにか固有の自己欺瞞のせいではなく、ふたつの不運な事情のためである。ひとつめは、自分の結論にどんな利用法があるかという観点から自己評価する気質の残存である。リベラルな学びの場においては、そのせいで準科学と称してしかるべきもの――情報をその利用法という観点から体系化したもの――が蔓延した。だがこれはさほど重大な支障ではない。それよりもっと深刻な障害は、自然諸科学になりかわってなされた少々馬鹿げた主張である。すなわち、自然諸科学はそれ自体で独特の一文化をなすという主張（「ふたつの文化」〔英国の物理学者・小説家C・P・スノー（Charles Percy Snow, 1905-80）が『二つの文化と科学革命』（松井巻之助訳、みすず書房、一九六七年）で提唱し、論争を巻き起こした〕なるくだらない教義）、自然諸科学は世界にかんする「真理」を（それが確証された点までは）あらわしているという主張、そして自然諸科学は妥当な人間的理解すべてのモデルになるという主張――自然諸科学以外のところで破滅的な帰結をもたらした主張――のことである。とはいえ、たとえこれらが障害となっても、自然諸科学は間違いなくリベラルな学びの構想のなかに収まるべき場所を確保しており、またその座を占めるにはどうすればいいかも心得ている。

疑うまでもないことだが、たとえば生物学的アイデンティティ自体は人間的なアイデンティティではない。ただし、人間がたまたま行き会い探求する仕儀となった重要な自己理解のなかには、自分自身と世界を特殊「科学的」に理解することに関心を寄せる人物の自己理解もあるのだ。

人文諸学についてわたしが多くを語る必要はない。それは人間的な自己理解の表現に直接関心を寄せ、リベラルな学びに占めるその場所はお墨付きの中核的なものである。言語は同時代のコミュニケーション手段ではなく、思考における運用資産であり、知覚やアナロジー的理解の記録とみなされる。文学作品は、信念、情動、人間の性格や諸関係についての瞑想的な説明であり、それらが想像上の状況のなかで、ありふれた生の混濁して常套句にまみれた一般的諸条件から解放され、理念的な人間的表現からなる一世界を構成して、読む者の是認や否認ではなく的確な注意と理解を誘う。歴史は、われわれがいかにしていまあるようなものとなったか教えるといいながら、実は警告やら励ましやらのメッセージの詰まったわれらが同時代人たる自己たちを中心に過去を説明するのではなく、人間の行為と発話が神秘から救いだされ、その偶然的な諸関係という観点から知的に理解可能なものにされた物語である。哲学は、人間的理解の達成物を自称するものすべてを主題とし、その諸条件を探求する反省的な取り組みである。このどれかひとつが道を外れてしまったのなら、それはリベラルな学びという営みの周囲を永遠に吹き荒れ、「こことい ま」からの隔絶を危うくさせたり、抽象的な習性やら社会化やらの岩礁に乗りあげさせたりする嵐のせいである。

ところでリベラルな学びの最後に生まれた構成員、すなわち社会諸科学はどうだろうか。それは雑居区である。社会諸科学と聞いてわれわれが予想するのは、社会学、人類学、心理学、経済学、それにおそらく法学と「政治学」の名で呼ばれるものではないだろうか。それらは人間的営為に直接携わっていると自称する。かつてそれらは「人間諸科学」――精神諸科学（*Geisteswissenschaften*）――と呼ばれ、自分で自分を理解したとおりのものである自己意識的で知性のある人格としての人間に関心があって、高度に進化した有機体や化学的変化の過程といったずさんで不明瞭な意味での人間、つまり自然諸科学の問題に無関心なことは明らかだった。だから、これら人間諸科学が看板どおりのものだとしたら（全部が全部そうであるとはかぎらない）、「人文諸学《ヒューマニティーズ》」に含めるのがふさわしく思われるだろう。だがいまやそれらは別物と化している。そしてそれらを「人文諸学」から区別しようとしただけでも不幸な過ちだったのに、その区別のしかたが災厄にもひとしい。このやりかたは「社会的」および「科学」という語で内容を規定されているのだ。

「社会的」とはもちろん空疎な語である。それが人間的営為のなかでも実質的な行為や発話の探求ではなく、人間が結びつくときの関係、結合、慣行の探求を指示するのに用いられている。こうやって焦点をしぼること自体は堕落ではない。法制史書にはたいていそういう焦点がある。たとえばメイトランドの『イングランド憲法史』（小山貞夫訳、創文社、一九八一年）もそこに焦点をあて、著者によれば、人間の闘争の説明ではなく、人間の闘争の結果を憲法の変遷として説明しようとしている。でもいまとくにこの書に「社会的」なるレッテルを貼るのは、人間とそのパフォーマンスはこうした関係、結合、慣行の条件下にあると主張（むしろ示唆）したうえで、そうした関係や慣行は、人間のつくるもの、つまりそれぞれに特有の関係の諸条件をもつ自律的な結合の様式ではなく、不特定かつ無条件的な相互依存ないし「社会的」関係、すなわち「社会」あるいは「大文字の社会」と呼ばれるなにものかである、とほのめかしているからである。要するに、この不特定の「社会的」関係こそが人間的営為すべての条件、おそらくは決定因であり、人間的な行為と発話はそれを参照しなければ理解できないと主張するのである。「人間的」という語を「社会的」という語で置き換えるのは、混乱に身をゆだねることにひとしい。人間的営為がひとつだけの慣行なり関係なりを承諾することは断じてなく、無条件的な「社会的」関係などは存在しない。この混乱につきまとうのがわれわれの言語の陳腐な堕落であり、なかでも「社会的」は限りなく曖昧なことばの代表になってしまった。一七世紀にジョン・セルデン〔John Selden, 1584-1654. イングランドの法律家・古代法研究家〕は「聖書を調べよ」(*scrutamini scripturas*)〔「ヨハネによる福音書」五・三九〕なる空疎な表現にふれて、「この二語が世界を滅ぼした」〔*Table-talk: being the discourses of John Selden* (London: E. Smith, 1689), p. 3〕と述べた。われらが粗野な二〇世紀を滅ぼすには一語で十分だったのである。

そうはいっても、「科学」という語に「社会的」という語を付すのは、正確さを取り戻そうとしたからではないか、と思われるかもしれない。だがそのせいで、人間的営為を考察するさいの許容範囲内の偏向でしかなかったものに、要らざる破滅的なカテゴリー的混乱を加えることになってしまった。というのも、この文脈における「科学」という語には、人間的営為にかんする自然科学を指示する意図があるからである。人間の行為と発話、それらが承諾している慣行と関係を、役目を果たすのに学びを必要としない「過程」の非知性的な構成要素か、「システム」の機能成分であるかのように研究せよというのだ。ここでもくろまれているのは、人間の行為と発話を知性的なできごと（すなわち、自己意識的な行為主体による自分の理解された状況への選択された応答であり、理由はあっても原因はなく、もっぱら気質、信念、意味、意図、動機という観点から理解されるもの）のカテゴリーから、学ばなくても遵守できる正規的なものの操作例のカテゴリーに移すことである。そして、人間の慣行、関係、結合、等々を、その諸条件を学んで理解しておかなければ承諾できず、また自分で選択した行為と発話でなければその諸条件を承諾できないもの、つまり手続きのカテゴリーからはずして、「過程」のカテゴリーに収めることなのだ。規則が正規的であることと誤認され、知性的なめくばせが生理的なまばたきと誤認され、営為《コンダクト》が「行動《ビヘイヴィアー》」と誤認され、偶然的な諸関係が因果的・システム的な結びつきと誤認されてしまうのである。

「社会諸科学」の大項目のもとに多くの立派な探求をまとめあげることを狙って、それらにこうした不明瞭な性格を押しつけようとする試みは、あまねく受け入れられてきたわけではないとはいえ、リベラルな学びを深いところでそこなうのに十分な程度には進行してしまった。人文諸学の自己理解はほかにも失敗を重ねているが、これほどの混乱を産みだしたものはない。これらの学びの部門のなかには、「科学」の仮面をつけたとたん、探求の結論から得られる効用の観点から自分を理解し評価したいという誘惑に屈したものもあったため、ダメージはなおさら大きい。それらが新しいテクノロジー上の企図や、あらたに蔓延しはじめた「社会事業家《ソーシャル・ワーカー》」なる職業にふさわしい素養を自任したために、リベラルな学びは台無しになったのである。だからといって、個々にみても、精神諸科学と考えるほうがよい場合でも、それらがリベラルな学びに本来入らないという意味ではない。どれも誤認されてしまっただけなのだ。法学は、いわゆる社会的・心理学的ニーズへの味気ない関心と混同され、「社会工学者《ソーシャル・エンジニア》」の素養の一端に成り下がるまえは深みのある哲学的探求であったし、リベラルな学びのもっとも由緒正しく尊敬をあつめる構成要素のひとつでもあった。社会学と人類学は、やや衰退したとはいえ立派な歴史的理解の営みである。どちらも人間的な慣行、手続き、結合等々とそれらの偶然的な諸関係、また慣行の諸条件を承諾したものという観点からみた人間の行為と発話に関心があるのだから。心理学が「自然」科学であって「人間」科学ではないと公言するようになって久しい。その関心は、実質的な人間的思考、信念、情動、記憶、行為、発話ではなく、いわゆる「心的過程」にあって、そこが発生論的過程や化学的過程への還元につけこまれやすいのである。

5

そもそもリベラルな学びのなかに居場所がない学びの営みはさておき、リベラルな学びのなかにも、真正の探求と発話の依拠する自己理解の域にまで自己意識が変容しきっていない部門はある。しかし、リベラルな学びの現状を再検討してみようというひとにとっては、この営みそのものの自己理解がどのような観点からなされているかのほうが重大な考慮事項である。

西欧に出現したリベラルな学びは、いにしえの文化の招待を探求することへの関心であり、この文化という鏡を学び手のまえに据え、そこに映る自分の姿をながめて自己理解の幅と深みをさらに押し拡げさせることだと理解されていた。このようなイディオムで語るリベラルな学びの自己理解が十分満足のいくものであったためしはない。それは実質的であって形式的ではなかったために、とうの昔に廃れてしまった。そのあとを同様にして実質的ではあるが別の身元証明がつぎつぎに襲った。たとえばわたしの若いころには、総じてリベラルな学びは、少々拡大された地理の研究という観点から理解できると考えられていた（少なくともそういうニュアンスがあった）。リベラルな学びは、いつのまにか「地理的条件からみた人間」に注意の焦点を合わせるようになっていたわけである。その後われわれは、この種の請求が社会学のためになされるのに慣れていった。リベラルな学びの各部門がそれぞれ社会学に（哲学は知識社会学に、法学は法社会学に、等々）なるのは無理だとしても、少なくとも社会学がつけ加わらなければ、どれひとつそのあるべき姿とはいえないのだ、と。もちろん突拍子もない考えだが、それが説得力を欠くのは、たまたまいま思えば信憑性がないからというだけではない。そうした主張が受け入れられないのは、それらの示唆するリベラルな学びの身元証明が間違った性質のものだからである。リベラルな学びの自己理解は、わたしが思うに、その成分たる諸々の探求が中身は異なっても形式的な性格を共有しており、それに適したやりかたで相互に関係づけられていることを承認する、という点にもとめられなければならない。

リベラルな教育の諸成分は、「リベラルであること《リベラリティ》」、すなわちヴァレリーが「人間的な生の値打ち」(*le prix de la vie humaine*)[3]と呼ぶものへの関心や、目下取り組んでいる「ここといま」からの解放という観点のもとに統合され、かつ適切にいってリベラルな教育に属さないものから区別される。わたしはすでにそう示唆しておいた。しかしこの一般的な考察を越えて歩を進めると、リベラルな教育の成分は同数の別々の言語に分解され、たとえば自然科学という言語、歴史という言語、哲学という言語、詩的想像という言語であると理解してもかまわなくなってくる。

一般的に言語とは、発話にさいして考慮し承諾すべき文法や統辞法の要件ないし規則を体系化したものを意味する。そうした要件は、実際の発話を決定することはないし、要件の承諾のしかたも厳格には決定しない。それは話者にゆだねられており、話者には自分だけの語るべきことがらがあるのみならず、自分なりの語りかたもあるといってよい。もちろん言語がまったく変化しないほど固定していることなどない。語るとは言語学的にいって創発的な営みである。先に挙げた理解の言語が発話に課す諸条件は、言語上のイディオムから成り立っているだけでなく、特殊な条件つきの理解の諸様態からも成り立っている。その場合の学びは、これら理解の諸言語の違いを見分けて区別できるようになること、それぞれの言語が発話に課す条件に馴染むようになること、そうして、独創的な思想を表現するよりも(そういうことはまれにしか達成できない)、どの言語で語っているかの自覚に秀でた発話ができるようになることをいう。学び手が、哲学的理解の言語や歴史的理解の言語を理解しているのは明らかなのに哲学者でも歴史家でもない、ということがあるのもそのためであるし、また学び手に手ほどきしてやれることが教師にあっても、それ自体は教義ではない、ということがあるのも実にそのためなのだ。だがこうした理解の諸言語はどれひとつとして昨日や今日に発明されたものではなく、それぞれがそれ自身の可能性の継続的探求なのであるから、学び手が同時代の発話にばかり注意していては欲しいものが見つかることなど期待できない。これらの理解の諸言語も、ほかの言語と同様に文学作品のなかでだけ知られるのである。

つまりわたしが示唆しているのはこういうことである。リベラルな学びの立場からみると、文化は信念、知覚、観念、情緒、営みの寄せあつめというよりは、別個独立の理解の諸言語の集合体とみなすのがよい。そしてそこに誘い込むのが、これらの言語に通じた者となれ、学んでその識別ができるようになれ、そうしてそれらを世界理解の多様な様態とみなすだけでなく、人間的な自己理解にかんしてわれわれが手にするもっとも内容豊かな表現とみなせ、という招待である。

とはいえ、文化とリベラルな学びの一体性は、学びの成分相互の関係についてなんらかの概念をわれわれが手にしないうちは、曖昧なままにとどまる。ところで、これら言語はそれぞれに、別個独立の条件つき世界理解と、同様に別個独立の人間的な自己理解のイディオムの要件を構成している。その取り柄は相互に異なっていることにあり、この差異は本源的である。おのおのが自分を弁《わきま》え、かつ自分に忠実でありつづけるかぎりで、それぞれの自律性は安泰である。どれかひとつの言語が衰えることはある。だがそれはつねに、不完全な自己理解か、あるいは自分自身の諸条件を遵守しなかったことから生じる自滅である。すべてがひとしく興味をそそることはなく、われわれの注意を引こうと競いあうことはあっても、本来競争好きなわけではないし、たがいに他を論駁することもできない。

こうして、言語相互の関係は論争当事者同士の関係ではない。一緒になってひとつの議論を成り立たせるわけではないからである。なんらかの仮定上の無条件的な世界理解からの乖離程度を異にするもの同士でもない。言語相互の関係は階統制の関係ではないからである。協力関係や取引関係でもない。共同の取り組みのなかでそれぞれに遂行すべき役割のあるパートナー同士ではないし、おたがいの欲しいものを供給しあう関係にもない。それではなにが残るだろうか。

おそらくわれわれは、これら一文化の諸成分を諸々の声、おのおの別個独立の条件つき世界理解と別個独立の人間的自己理解のイディオムの表現であると考え、文化そのものをそうした声がひとつに合わさったものと考えてよいのだろう。そのような諸々の声が合流できるとしたら、会話——無限につづくぶっつけ本番の知的冒険——をおいてほかにはない。会話においてわれわれは、世界と自分自身を理解する多様な想像の様態に足を踏み入れることになるが、諸々の差異にまごつくこともなければ、その未完結性に幻滅することもない。そしておそらくわれわれは、リベラルな学びをなかんずくイメージ化の教育であり、この会話のアートへの手ほどきであるとみなしてよい。そのなかでわれわれは、諸々の声を聴き分け、さまざまな発話の様態を識別し、この会話的関係にふさわしい知性的・道徳的習慣を身につけ、かくしてわれらが人間的な生のデビュー（*début dans la vie humaine*）を果たすことができるようになるのである。

6

リベラルな学びは困難な営みである。それが拠り所にする自己理解はつねに不完全である。その出現に立ち会った人びとですら、自分のしていることがほとんどわからなかったのだ。拠り所にする自信はたやすく揺らいでしまうが、それも少なからず継続的に自己吟味していればこそである。リベラルな学びは、目下進行中のかかりっきりになっていることどもの「こことい ま」から自分を引き離せ、局所的なものや現在的なものの緊急事から離脱せよ、ものごとをその偶然的な特徴の観点から考察したり、信念を偶然的な状況に適用できるかどうかの観点から考察したり、人格を偶然的な有用性の観点から考察したりすることを免除された状態を探求し享受せよ、というやや思いがけない招待である。馴染んだものの利用など意に介さず、まだ理解されていないものを理解することに関心を寄せよという招待である。リベラルな学びの場としての大学が栄えるのは、そこにやって来る者が、学べという その特殊な招待を察知して受ける気質の持ち主である場合にかぎられる。それがいま窮境にあるとしたら、この気質のさまたげとなるものが現状ではたくさんあるからなのだ。

かつて、さほど遠くない昔に、リベラルな学びがいまよりもっとよく理解されていたわけではないが、いまよりもっと一般的に認知されており、多数者（つまり暮らし向きのよい人びとだけでなく）を早期養成する必要に迫られても、リベラルな学びの招待を察知する明確な支障にはならなかった時代があった。実際、そのような状況では、ひとの生まれや育ちのような身辺事情はいまより伏せられていて、表立って耳目を引くこともあまりなかった。記憶にとどめるべき経験といっても数も規模もささやかだったし、変化はあっても足どりは遅かった。人生は過酷ではあったろうが、現在のような出世競争《ラット・レース》はいまだ揺籃期にあった。それはまた少々視野の狭い境遇でもあって、自分の身辺を超えたところで進行中かもしれないことへの関心はほとんど生まれず、世界情勢への関心となると皆無であった。しかしそれは、決定的に鈍いというよりは知的に無垢、空虚というよりはまだ詰め込まれていない状態だったのだ。こうした境遇には、出来合いのもの、思考や態度や営為の抑圧的な画一性が目立って欠如していたからである。たとえ経験は乏しくともそれでやりくりし、ささやかな経験でも、それが想像力をふくらませた。自然の世界は多くの場合いまほどよそよそしくはなく、反応も素朴で整然としておらず、驚きや悦びであってもかまわなかった。このすべての点で、学校が重要であった。学校は唯一無二の場所であった。わたしはよくアーネスト・バーカー卿の自伝の印象的な一節を思いだす。「わたしには陋屋のほかには学校しかなかった。でも自分の学校があったから、わたしはすべてをもっていた」〔Ernest Barker, *Age and Youth: Memories of Three Universities and Father of the Man* (London: Oxford University Press, 1953), p. 292〕。学校のなかでは、局所的なものや現在的なもののせせこましい境界線がかき消えてしまう。そうして姿をあらわすのは、近隣の町や村、議会や国連で現在進行中かもしれないことなどではなく、ことごとく想像を経由した事物と人格とできごと、言語と信念、発話と光景と音声からなる一世界であり、どんなに鈍い者であろうとそれにはまったくの無関心ではいられない。世のなりゆきは過酷であった。なにごともやりかたを学ばなければ手に入らなかったし、陽だまりに寝転がっていても手に入るような幸福が欲しくて学校に通う者などないという了解があった。そして宿題を片づけようとインクの染みついた指で鞄を開ける学童は、三〇〇〇年にわたる人間知性の冒険の顚末を繙いていたのである。ヨブの苦難の数々、月明かりのもとテネドス島を音もなく漕ぎだす船団〔ウェルギリウス『アエネーイス』二・二〇一二五〕、シェイクスピアやラシーヌの芝居であらわにされる人間であることへの恐れ、そのややこしさと悲哀、あるいは水の化学的組成ですらを。それらがウォバシュ川の岸辺に〔インディアナ州の州歌〕、カンバーランドの丘陵に〔詩人ワーズワスの故郷〕、ドレスデン近郊に、ナポリのスラム街に〔テノール歌手のカルーソー（Enrico Caruso, 1873-1921）を暗示する〕生まれたこのわたしとどんな関係があるか、という疑問は、おいそれとかれの頭に浮かばなかったであろう。かれはそういう疑問をいちどたりとも抱かなかったか、あるいはおぼろげに、それらは学びのおかげでものにした人間的な自己理解の諸々のイメージだとみなしていたかのどちらかであった。皆が皆きわめて無邪気で、おそらく騙されやすくすらあったのだ。だから多くの場合、目下取り組んでいる危急事にすぐ呑み込まれてしまった。だがこの境遇は、皮相な評価をどれほど受けようとも、大学におけるリベラルな学びの招待に断固抵抗するようなことはなかった。それどころかその無邪気さそのものは、この招待を察知する気質をむしろ養ったのである。

しかしこうした境遇はもはやわれわれのものではない。われわれのいまの生きかたは、昔の状態の明白な残滓も含んでいるとはいえ、少々異なる。いま多くの子どもたちが生い立つ世界を満たしているのは、かならずしも占有の有資格者ではなく、ましてや記憶にあたいする経験でもなく、むしろいま起こっていることである。反省や選択でなく即時参加を呼びかける、他愛もない誘惑的なことどものひっきりなしの流れである。子どもはたちどころに了解する。この流れに飛び込むなら早いに越したことはない、どうせ身を沈めるなら早いほうがいい、ためらえば、そもそも生まれてきた甲斐がないという身も凍るような恐怖に押し流されるのだ、と。子どもの知覚、情動、称賛、即席の義憤が学習した応答になる見込みはないどころか、子どもひとりの無邪気な思いつきである見込みですらほとんどない。それらは半ば出来上がった汎用型の画一仕様で子どものもとに届く。子どもは流行の順応対象をとっかえひっかえし、人気の指導者からその後継者へと渡り歩いて、自分の精巧なレプリカたちでできた連帯のなかで我を忘れたがっている。いまでは子どもたちも幼いころから、自分は世界のことがよくわかっていると信じているが、その知識は身の回りの写真や声で知る手垢にまみれたものでしかない。謎や神秘を蔵していない。慎重な注意も理解も誘わないのだ。子どもたちは月をみて驚嘆する機会にめぐまれないうちは、それを射的の的か征服の対象とでも思うのだろう。この世界には言語がひとつしかなく、あっというまに学ばれる。すなわち欲求の言語である。そのイディオムは地球資源の利用ということかもしれないし、なにかをタダで手に入れたいということかもしれない。だがそれはどうでもよい違いである。それは意味のない常套句でできた言語なのだ。「要点」の表現や、予言的発話とありがたがられるスローガンの絶え間ない反復しか許されない。子どもたちの耳はお手軽で内容不定の反応を騒々しく誘う声でいっぱいにされ、発話はもっぱら言われたとおりをくりかえす。そこに言説があっても、犬が自分の鳴き声のこだまに吠えかかるようなものだ。このような境遇では、学校も目立って重要ではなくなる。大方それは、別の種類の発話が聞こえたり、欲求の言語以外の言語が学べたりする隔絶した場所という性格を捨ててしまった。閑居の場にもならないし、解放ももたらさない。そこにしつらえてあるのは、訪れる者にはすでに馴染みのある玩具である。その美点も汚点もそれを取り巻く世界の美点であり汚点なのだ。

だからこうした境遇は、リベラルな学びの招待を、すなわち「ここといま」の危急事からしばらく身を振りほどいて、人間が永遠に自己理解をもとめる会話に耳を傾けよ、という招待を察知する気質には不利である。昨今の閑居嫌いにたいして、学び以外にも人間的になるもっとすぐれたやりかたがあるといういまやありふれた信念にたいして、また、教義を頂戴したいとか、会話への手ほどきを受けるよりもひとつの公式に則って社会化されたいという衝動的な願望にたいして、大学はどのように対応すべきか？　わたしが思うにそれは、避けられそうもない敗北の言い訳を探すことでもなければ、大仰な反抗のジェスチャーをすることでもなく、静かに妥協を拒絶することであって、やはり自己理解のかたちでしかやってこない。われわれは自分がなにものであるかを、リベラルな学びの場に住まう者であることを想起しなければならないのである。

（1）　そのうえ人間は、自己意識がないところにもたらす神のごとき力はないくせに、それ自体は歴史的でない事物や生き物、つまり馬や犬や樹木を個体化してそれに歴史的な生命を吹き込む力はたしかにもっている。

（2）人間を地球資源の利用者と、言語を欲求にかんする情報の伝達手段と同一視したフランシス・ベーコンは、これは神がわれわれに課したものだと付言した——そういって同時に人間を神との関係で同定しているのである。カール・マルクスでさえ一貫性を欠いており、いわゆる「科学的」探求は製造業の現状から独立したものとみなしていた。

（3）「生きることの値打ちとなっているもののすべてが奇妙にも無用となる」〔清水徹・佐々木明訳『ヴァレリー全集4　邪念その他』筑摩書房、一九七七年、四〇三頁〕。

注記

初出は一九七四年九月、コロラド・カレッジにおける同カレッジ創立百周年を記念するアボット・メモリアル社会科学レクチャーであり、のちに *The Colorado College Studies*, 12, Colorado Springs, 1975 で公刊された。

学ぶことと教えること

1965年

わたしのような素人でさえ、気の利いた考えのひとつやふたつありはしないかと頭のなかを漁れば、なにかしら獲物があると思うものです。ところが昨今は魚もそう易々とは捕まってくれません。だからわたしも、結局この論題でお話しすることにしましたが、自分で恥ずかしくなるほどみすぼらしいものではないと思っています。ともあれ、教えることと学ぶことをめぐる少々ぎごちない思索にしばらくおつきあいいただきましょう。

1

学びとは包括的な営みであり、学ぶうちにわれわれは自分と自分の周囲の世界がわかるようになる。学びはパラドクシカルな活動である。為すことと受けることを同時にしているからだ。しかもそれが成し遂げるものは、かろうじてわかるということから、理解と呼んでしかるべきことや説明できることにまでおよぶ。

われわれ各自のなかで、学びは誕生時からはじまっている。なんらかの理想の抽象的世界ではなく、われわれの住まう局所的世界のなかで発生する。学びとは、個人にとっては死においてようやく止むもの、一文明にとってはその特徴的な生活様式の崩壊のなかで終息するもの、そして人間種にとっては原則として終わりのないものである。

とはいえ、学びとったものを享受している最中には、さすがに学ぶという活動も一時停止しそうである。ドライバーと教習中のドライバーには些少ならざる違いがある。生地から一着の背広をつくっている達意の仕立屋は、生地から一着の背広をつくることを学ぶ以外のなにかをしている。それでも、おそらくこの停止が決定的であったり完了であったりすることはけっしてない。学びそのものは、われわれがなんらかの意味ですでに学んだことの実行をしばしば含んでおり、およそ傑出したパフォーマンスのなかには多分に学びの要素がある。そのうえ知性的な探求のように、つねに学ぶ活動でありつづける活動もある。

わたしが学びというのは、自分自身の衝動や自分の周囲の世界との関係で選択や自分の方向づけをする能力をそなえた知性にしかできない活動のことである。これはもちろん、なにをおいても人間的な特徴であり、わたしの理解によれば人間だけが学ぶことができる。学び手は諸々の印象の受動的な受け手ではない。周囲の事情に反応するだけでなんでも成し遂げる人物でもなければ、やりかたがわからないことには食指を動かさない人物でもない。人間はニーズの生き物というよりも願望の生き物、記憶の生き物であるとともに想起の生き物でもある。そもそもなにを考え、なにを信じるべきかが知りたいのであり、なにを為せばいいかが知りたいだけではないのだ。学びとかかわりがあるのは営為《コンダクト》であって行動《ビヘイヴィアー》ではない。要するに、粘土と蠟、空の容器を満たす、がらんとした部屋をしつらえるといったアナロジーは、学びおよび学び手とはなんの関係もないのである。

わたしはなにも、学び手の注意の焦点はつねに理解することと説明できることにある、理解されないものは学べない、といいたいのではない。人間だけはその境遇の如何にかかわらず学び手となる定めにある、といいたいのでもない。わたしがいいたいのはただひとつ、ある活動がその射程内に理解することと説明できることを含む場合には、この点にかぎらずその達成スケール上のどの点においても、そういう可能性がない活動とは異なってくる、ということである。

教えるとは、「学識」者が（古語を用いるなら）自分の生徒「から学ぶ」実際的活動である。ひとが書物から学ぶ、あるいは（そのひとの気質が好奇心とわれわれが呼ぶ能動と受動の混合であるかぎりで）天空を凝視したり波音に耳を澄ませたりすることから学ぶ、といってしかるべき場合があることに疑いはない。だが、その書物なり天空や波音なりがわれわれになにかを教えてくれたとか、われわれが自分に教えたというのは、的外れの比喩の言語で語っているのである。教師と一対をなすのは、学び手一般ではなく生徒である。そしてわたしの関心事は生徒としての学び手、教師から学ぶ者、教えられて学ぶ者なのだ。こういったからといって、学びはすべて教えることに起因するという先入見にわたしが与しているわけではない。ここでのわたしの関心は、教えることと対になっている学びにあるというだけの話である。

そこで、教師の活動は、なにをおいてもそのパートナーの性格によって内容を特定される。統治者は市民と一対であり、外科医は患者と一対であり、主人は召使いと一対であり、付添婦は被監督者と一対であり、指揮官は部下と一対であり、弁護士は依頼人と一対であり、預言者は使徒と一対であり、道化師は観衆と一対であり、催眠術師は被術者と一対であり、調教師やトレーナーはどちらも調教やトレーニングを受けつける性質《たち》の生き物と一対である。いずれもある実際的な活動にいそしんでいるが、それは教えることではない。それぞれにパートナーがいるが、生徒ではないのだ。教えることは調教すること、統治すること、健康を回復させること、調子を整えさせること、命令することではない。なぜなら、それらの活動はどれひとつとして生徒との関係ではありえないからである。統治者や催眠術師と同じく、教師もそのパートナーになにごとかを伝える。教師に特異な点は、パートナーが生徒の場合に適切であるようなもの——学ぶ以外に受け入れようのないもの——を伝えるということである。そしてわたしが思うに、それがなんであるかについては疑いなどありえない。

人間は誰でもある遺産の生まれついての相続人なのだが、それをかれは学びの過程でしか継承できない。遺産が森林や牧草地からなる資産、ヴェニスにある屋敷、ピムリコ〔ロンドン中央部の閑静な住宅街〕の一区画、村の雑貨商系列店なら、相続人は父親が死ぬか自分が成人するのを待って自動的に相続できると期待するだろう。弁護士が譲渡手続きをとってくれるだろうから、相続人に期待されているのは法律上の受領確認くらいなものだろう。

しかしわたしのいう遺産は、そういうものとは似ても似つかない。それどころか、こういうものにはわたしが述べたことがまったくあてはまらないのである。あらゆるひとが相続人として生まれついている遺産とは、人間的な達成物のことである。感情、情動、イメージ、ヴィジョン、思考、信念、観念、理解、知性的・実際的な企て、言語、関係、組織、営為の規準と格率、手続き、儀礼、伎倆、芸術作品、書物、楽曲、道具、人工物、器具――要するにディルタイが精神的世界（*geistige Welt*）と呼んだものである。

この世界の構成要素は抽象物（「物理的客体」）ではなく信念である。諸々の「事物」ならぬ事実からなる一世界、人間的精神の「表現」であるがゆえに意味を有し、理解されねばならない「表現」の世界である。土地不動産もこの世界に属している。実際、この世界こそが人間に知られている唯一の世界なのだ。わが頭上の星辰煌めく天とわが内なる道徳法則〔カント『実践理性批判』の結論より。カントの墓碑銘にもなっている〕も、やはり人間的な達成物である。そしてそれがひとつの世界であるというのは、世界自体になにか意味があるからではなく（世界に意味などない）、世界がたがいに立証しあい解釈しあう諸々の意味のからみあった一全体であるからなのだ。

この世界に入っていくのも、世界を所有したり享受したりできるようになるのも、学びの過程によるよりほかにはない。一幅の「絵」を買うことはできても、その理解を買うことはできない。つまりわたしがこの世界をわれらが共同の遺産と呼んだのは、この世界に入っていくことが人間となるただひとつの方法であり、そこに住まうことがすなわち人間であるということだからである。子どもは意識を手探りしている最初期のころでさえ、まさしくこの精神的世界のなかに自分を招じ入れている。そして生徒を精神的世界に招じ入れることが教師の務めなのだ。そこに入れるのは学びによってのみ、というだけでなく、生徒が学ぶべきことはそもそもそれ以外にないのである。ある観点からすれば蠟と粘土というアナロジーは学びに不適切であるが、別の観点からすると、知恵のある猿や教養のある馬といったアナロジーはそれに負けないくらい不適切である。そうしたあっぱれな生き物たちにはこういう遺産がない。訓練の末に、ある刺激に反応したり芸当をこなしたりしているだけなのだろう。(1)

人間の生の古代東洋的なイメージのなかに、われわれの境遇についてのこの説明をみとめてくれるものがある。そのイメージでは、子どもに肉体的な生があるのは父親のおかげであり、この恩義には適切な敬意をもって応えねばならないと理解される〔『大戴礼記』曾子大孝第五二参照〕。だが人間的達成物という精神的世界に招じ入れてもらえるのは、賢者が、教師がいてくれればこそである。だからその恩義には最敬礼をもって応えねばならない——自分がたんに生きているのでなく、人間的な生に参加するにあたって世話になったひと以上の恩人などありえるだろうか。賢者、教師は文明のエージェントなのだ。だからジョンソン博士もいうごとく、輝かしい人物たちが学んだ学校や先生たちの名前を挙げないのは、一種の歴史的不実なのである〔"The Lives of the English Poets: Addison," *The Works of Samuel Johnson, LL.D*, Vol. 10 (London: J. Nichols & Son, 1810), p. 73〕。

2

学ぶことと教えることについてわたしが語ろうと思っていることは、大部分が教えられ学ばれる内容の性格に関係し、またこの性格が教え学ぶ活動にどう影響するかに関係する。だがふたつの一般的考慮事項があって、ひとつは教師にかかわり、もうひとつは生徒にかかわるので、まずそれに触れておかねばならない。

学びがまったく不可能だといえるような境遇を想像するのはむずかしい。もちろん、条件次第で学びの速度や首尾のよし悪しに差が出てくるものだが、原則として学びは一定の注意力に依存するわけではないし、学びがどうやって、あるいはいつ生じたかおぼえていなくても、いつのまにか学んでいたということはよくある。こうして、誰かのとりとめもない発話が、たとえどんなに愚かしく馬鹿げていても、学び手を啓発し、結果として学び手がたまに身構えているときと比較してもそこから受けとるものに多少の差がなく、語り手が自分でも知らないことや自分が伝えているとは気づかずにいたものを学び手が受けとることも多い。

しかし、そのようななにげない発話は教えることとは違う。そういう発話をまき散らす者は、適切にいえば教師ではない。教えるとは、人間的達成物の世界への、またはその一部分への、慎重かつ意図的な手ほどきのことである。教師とは、ある生徒に眼をとめて——すなわち自分が伝達しようと心に決めたものを受けとる用意ができているとみとめたひとりの学び手に着目して――この手ほどきを容易にするための発話（あるいは沈黙）をするひとのことである。要するに、生徒は教師が見知っている学び手なのだ。だから教えるということは、適切にいえば、そのような生徒がいないと不可能である。

もちろん、「受けとる用意ができている」状態はみればすぐわかるとか、あたえられたものを無理なく受けとれる状態と同じと考えてよい、といっているのではない。二歳児に教えるときには六歳の子どもに話しかけるようにせよ、というジャン・パウル・リヒターの箴言〔恒吉法海訳『レヴァーナあるいは教育論』九州大学出版会、一九九二年、二八〇頁参照〕は深遠なる所見といえる。また、教師と生徒の関係にはあらゆる人間的関係に共通するあそびの余地や曖昧さがない、という意味でもない。それどころかこの関係は、おそらくほかのどんな関係にもましてこうした曖昧さを免れないのである。それが意味するのは、教師は自分の生徒を知り抜いている者だということ、かれが取り組んでいるのは慎重な手順や決まりのある手ほどきだということ、そしてかれは自分が伝えようと意図したことを承知しているだけでなく、伝えかたも考えに考え抜いたということである。わたしはかつてある賢明なひとを知っていたが、蹄鉄術を学びたいと思っていたかれは、その道に熟達しているだけでなく教え慣れてもいるひとを探した。そして蹄鉄工兼ボクシング教師を見つけて満足をおぼえたのである。

教育をめぐる反省につきまとって久しい周知のディレンマは、生徒にかかわっている。学びとは知識の習得と理解すべきものなのか、それとも学び手の人格の発展とみなすべきものなのか。教えるとは生徒に人間的達成物という遺産を手ほどきすることに携わるものなのか、それとも生徒に最大限ないし最善の自己活用ができるようにさせることなのか。そうした難題の多くと同様に、このディレンマも真正の矛盾とわたしが信じるものを衝いてはいるが、解釈に誤りがある。

それから逃れようとして、学びをたんに知識の習得でなく学ぶ能力の拡張であり、教育であってたんなる精神のしつらえではなく、中古品や骨董品めいた性格を払拭する要領でようやく人手に渡る遺産品とみなすのもいいだろう。また教えるとは、なにかを手渡して受けとってもらったり種を蒔くだけではなく、蒔いたものが育つためにもまず精神を開墾することなのだ、とみなすのもいいだろう。しかし、そこから生じるディレンマ脱出法は不完全である。そしていずれにしろ、われわれが探しもとめているのは逃げ道ではなく解決なのだ。

わたしが思うに、生徒が人間的達成物という遺産を継承することと、生徒が自分を最大限活用することとは、なんら矛盾しないと理解しなければならない。人間にとって「自己実現」とはもちろん、正確に予定されていて、状況さえととのえば成就するはずの目的を実現することではない。しかしまた、この自己は無尽蔵の未見の潜在的可能性で、人間的達成物という遺産は往々にしてその支障にもなれば促しにもなる、というものでもない。自己は合理的な抽象物ではなく、歴史的な人格であり、人間的達成物というこの世界の構成要素に囲まれている。だから人間が自分を最大限活用するには、この遺産という鏡に映して自分をみとめることを学ぶ以外に方法はない。

だが矛盾がまだ残っている。とはいえそれは、自己とその世界のあいだの矛盾ではなく、学ぶことと教えることのあいだにある矛盾である。これは観点の相違なのだ。生徒にとって学ぶとは、最大限の自己活用につとめることではない。知識を身につけ、真偽の区別をつけ、自分が相続人として生まれついたものを理解し、その所有者になることである。しかし教師には事態が異なってみえるに相違ない。遠回りのあるなりゆきにより、教師は文明のエージェントである。だがかれが直接かかわりをもつのは生徒なのだ。教師の営みは、内容からいえば、自分の生徒にその相続遺産をなす人間的達成物という鏡に映して自分の姿をみとめることを教え、そうして生徒に自分を最大限活用させることである。これが手ほどきするという仕事を果たす教師の少々ややこしいやりかたであり、また文明の果実を手渡す教師に独特の点なのだ。すなわち、教師には生徒がいるのである。

さて、生徒に「文明」を自分のものにさせるということは、生徒を死者たちと触れあわせることではないし、生徒をまえにして人類の社会史を講じることでもない。死は自然のものであって、精神のものではない。また、発生が先行するすべての生命形態の反復過程を含むということは自然のなかにしかない。人間的達成物の世界に生徒を招じ入れることは、生徒がいまいる世界の表層にはない多くのものを生徒のものにさせることである。遺産のなかには、現在の使用に耐えないようなものがたくさんあるし、見捨てられてしまったものも多く、当面忘れられているものさえある。顕性遺伝だけがわかるというのは、この遺産の希釈版しか身につかなかったということである。現在様相の世界という鏡に自分を映してみるということは、人間の嘆かわしいまでに歪んだイメージをみることである。それというのも、昨今の気まぐれを虜にしたものこそわれらが遺産のもっとも価値ある部分であるとか、優者は劣者より生き延びやすい、とわれわれに信じ込ませるものなど所詮ないからである。つまり、人間の保護を受けずに生き延びられるものはこの世に存在しないのだ。教師の務めは(実際、文明のエージェントたる教師の特質といってよい)、現下の優勢な感情、情動、イメージ、観念、信念、そして伎倆すらへの隷従から自分の生徒を解放してやることにある。それをかれは、これらに代替するもっと望ましいと自分に思えるものを発明するのではなく、おおよそ生徒の遺産総体に近いなにごとかを生徒の手が届くものにすることでやってのけるのだ。

だがこの遺産は歴史的な達成物である。つまり「実定的」であって「必然的」ではない。諸般の事情でたまたま行き合ったものである。寄せあつめで不整合である。人間の達成したものだが、目的因で弾みなどつけずに、めぐりあわせた好機を活用しながら自分たちで努力したのだ。この遺産は人間が折々に選好した営為の基準、是認と否認をあたえた賛否の感情、手当り次第に追求した知性的企図、自分で自分に課した義務、悦びをおぼえた活動、心に抱いた希望とさいなまれた失望からできている。「完成」や「未完」の観念はひとしくそれにふさわしくない。明瞭で曖昧でないメッセージをわれわれに伝えてくれなどしない。しばしば謎めいた口ぶりで語る。それがわれわれにあたえるのは、指令というよりも助言と示唆、推奨、反省への手がかりなのだ。それをまとめあげてきたのは設計者たちではなく、自分のしていることをかろうじてぼんやり知っている人びとであった。この遺産には全体としての意味などない。それは原理原則としてではなく、細部をもってしか学ぶことも教えることもできないのである。

そうすると教師は、自分の生徒にこれほどにも偶然性のつきまとう遺産の手ほどきをしようというのであるから、遺産の値打ちについてなんらかの確約が必要だと考えても勘弁してもらえそうなものだ。教師とてわれわれの多くと同じで、人間という種族について迷信的な先入見をもっており、人間には責任のないなにものかに自分は繫ぎ留められていると感じられないうちは安心しない、と予想してよいからである。だが、教師には自分の境遇の命に服してもらわねばならない。この人工の遺産のなかには、およそ価値のあるものがすべて入っている。それはあらゆる優劣判断の根拠であり文脈となるのだ。完全さの鏡というものがもしあって生徒にかざしてみせることができるのなら、こんなお手製品よりも教師はそちらを選ぶと予想してよい。だがそのような鏡は存在しない。現在優勢な文明生活のイメージがあまりに厭わしく、いささかも熱意をこめて生徒に伝える気になれないとしても、教師は勘弁してもらえることだろう。しかし、この人間的達成物という遺産に書き込まれた価値ある基準のどれにも確信がもてないというのなら、教師になどならないほうがよい。教えるべきことがなにもないだろうから。

だが教師とは謙虚な人びとである。だから、われわれの生徒たちに人類の文明化された遺産の手ほどきをするなど、そんな大それた営みは自分の任ではないといいがちになる。この遺産を切り刻んで手渡すなど断じてない、というつもりはない。それに、われわれと直接かかわる文明はこの世にひとつの文明ではないこと、それがわれわれの活動をさらに制約していることも見落とすわけにいかないのだ。そしてこのすべてがひとつになると、われわれが教えようとしているものの偶然性について認識をあらたにさせる。とはいえ、ここで重要なのはつぎの点である。われわれの関心の的が比較的単純な文明か（われわれの文明のように）極端に複雑な文明か、その小部分か大部分か、実際的な伎倆か道徳的な営為か（哲学や科学のような）巨大な知性的企図かにかかわりなく、教えることと学ぶことはつねに人間的達成物という歴史的遺産と関係している。そして手渡されて学び、知り、理解することができるものは思考であり、思考の多様な「表現」である。

3

ある重要な観点からいうと、すべからくわれわれが知っているといえるものはさまざまな「能力」の集合体をなしており、知識量の違いは能力の程度差となってあらわれ、複合的能力はことごとくより単純な諸能力の集合体である。

ある能力が、なにごとかを為したりつくったりする能力とみなされ、かつそれが肉体的運動から成り立っていることに意味があるとみなされる場合、われわれは通常それを伎倆《スキル》と呼ぶ。ビリヤードをしたり畑を耕したりするのは伎倆である。おのおのそれを享受する程度には差があるだろうし、またそれぞれがより単純な伎倆の集合体であるとみてよい。こうして畑を耕す能力は、鋤を操る能力だけでなく馬を御す能力を含む。そして馬を御す能力には、手綱を操る能力や適宜に声をかける能力も入る。

さらにわれわれは、肉体的運動から成り立っていることにさほど意味がない能力にまでこの伎倆の観念を押し拡げがちである。航海士、議長、画家に「伎倆がある」という場合がある。だがそう述べるときに通常われわれは、これらの活動にかかわる諸能力は広範かつ複雑であるが、いまはごくかぎられた程度にしか享受されていないといいたいのである。つまり、そのひとの能力がかろうじて伎倆のあるパフォーマンスの域に達している、という意味なのだ。そしてそのことが、ふつうなら伎倆とは呼ばない能力に注意を引きつけるのである。

そうした能力は通常もっと複雑で、為すことやつくることとの関連はあまり目立たず、精神の作用——話す、診断する、理解する、記述する、説明するなどのような——との関連のほうが目立っている。エンジニア、ラテン語学者、探検家、俳優、外科医、法律家、陸軍指揮官、物理学者、教師、画家、農夫などといった表現が指示する複合的な「能力」は、それぞれに、より単純な諸能力がひとまとめにされて特有の焦点をあたえられているような集合体である。

われわれが知っていることと、われわれがそれを使用すること。そのふたつをこうして「能力」という概念で結びつけるのは、なにごとかを証明したいためではなく、自分が知っていると称してよいものをわれわれがどのように携えているかを明らかにしたいというだけである。われわれが自覚しているのは、手許にあって使える知識の使途項目《アイテム》の数々などではなく、特定の種類の力——法律上の問題を解決できる力、ラテン語の碑文を理解する力、外科手術をする力——が自分にはある、ということである。われわれが知っていることは、それでなにができるか、なにを理解できるかという点からみれば、われわれの手持ちの道具なのだ。こういう考えかたをする場合にわれわれが陥りかねない「実用一辺倒《プラグマティズム》」を避けるには、つぎのことがみとめられればよい。能力同士は種類を異にするので融通しあえない――たとえば、理解して説明する能力は、なにかを為したりつくったりする能力に同化できない。

さて、われわれが知っていると称してよいものは、種類も大きさも多様な能力でできている。それが、かたやいわゆる「情報」と、かたやわたしがあとで「判断」と呼ぶものとの結合であることはいずれおわかりいただけるだろう。

「情報」という成分はみれば簡単にわかる。それが知識の明白な内容である場合、われわれが知っていることは使途項目化《アイテマイズ》できる。情報は事実から、すなわち（しばしば集合や束にしてまとめられる）特定の内容をもつ知性的人工物からできている。非人格的である（意見とは無縁である）。たいていは典拠《オーソリティ》にもとづいて受け入れられており、辞書、マニュアル、教科書、百科事典のなかに見つかるはずである。情報とは「誰が」「なにを」「どこで」「どちらを」「どのくらい長く」「どのくらいたくさん」という問いへの適切な答えになる。典型的な情報とはこういうものをいう。シェイクスピアが死去した日や聖パウロが回心した日、ボーンマスの年平均降雨量、ウェルシュ・ラビット（英国風チーズ・トースト）の材料、アルコールの比重、同意能力を有する年齢（英国で男性との性交に法的に同意できる女性の年齢、あるいは両親の同意なしに婚姻できる年齢）、窒素の原子構造、ミルトンが一夫多妻に賛成した理由、アルバート・ホール（ロンドンのケンジントンにある一八七一年落成の巨大コンサート・ホール」の収容力。

周知のようにクイズでは情報が不活性であるが、それを別にすれば情報は知識の一成分であり、また（知識そのものとは異なって）有益であることもないこともある。有益な情報は特定の伎倆ないし能力に関係する事実でできている。本来的に有益でない情報というものはない。目下の問題とは無関連な事実があるだけである。

身も蓋もない情報を伝えるかにみえる事実――「母ちゃん、ミセス・スミスは鬘を被ってるぞ」「わが家では料理にガスを使います」「あれは自転車だ」「これはバスーンだよ」――もあるとはいえ、それが不活性でないのは、もっぱら会話のなかにあるからである。だが情報の重要性は、能力と関係するルール、あるいは疑似ルール的命題を具備しているという点にある。どんな能力にもそのルールがあるのだが、情報とわれわれが呼ぶ知識成分はルールを内蔵しているのだ。それが明確なのは、数学や化学の公式、または「ガラスは割れやすい」とか「毒ニンジンには毒がある」のような情報の場合である。だが同じことは情報の使途項目を変えてもあてはまる。レシピは料理をつくるときにどんな材料を使えばいいかを教えてくれるし、アルバート・ホールの収容力の知識には、入場券を何枚販売すればいいかがわかるという使いみちもある。

ところで、個々の情報のかたちで提供されるようなルールないし疑似ルール的命題を知識に（すなわち特定の能力ないし伎倆に）関係づけるやりかたにはふたつあり、そのいずれでもよい。ルールが情報の使途項目になる場合には、パフォーマンス可能であるための条件として周知されていなければならない。または、あるパフォーマンスが不適切だとわかるための基準となる場合だが、誤りを摘発する唯一の手段ということではけっしてない。

第一の例。モールス符号とアルファベットの対応について正確な情報があたえられていなければ、誰だってモールス信号のメッセージを読んだり受けとったりすることはできないだろう。これは厳密な意味での情報である。一連の事実（特殊な知性的人工物）であって意見ではない。命題のかたちで言いあらわせる。典拠にもとづいて受けとられる。忘れてしまうこともできるし、想起される必要がある。そしてしたがうべきルール――パフォーマンス可能であるための条件として知られ、また想起されねばならないルール――となってあらわれてくる。

第二の例。言語の文法は、あるパフォーマンスが不適切だとわかるための基準を構成するといってよかろう。事実からできており、命題のかたちで言いあらわされ、ルールとなってあらわれる。しかし文法の情報は、賞賛にあたいするパフォーマンスを遠回しに促すことはあっても、必要不可欠ではない。この情報を所有したためしのないひとにも、かつてはもっていたがもう忘れてしまったというひとにも、賞賛にあたいするパフォーマンスはできるのだ。あるパフォーマンスと直接に関連しており、知らない人物にはこのパフォーマンスができなくなる、というものは多い。だが、知性的に語らい、言語のかたちで話されることを理解する能力や、誤りを摘発する能力は、そのうちに入らない。その場合のルールはパフォーマンスのなかで遵守されており、だから知られているといってよい。不適切なパフォーマンスを定める基準になる。しかしルールの知識は賞賛にあたいするパフォーマンスの条件ではない。

実は疑似ルール的な命題には第三の種類があり、他の種類と区別するために「原理」と呼ばれることが多い。原理とはなんらかのパフォーマンスのかたちで進行中のことを説明するために提起された命題をいい、パフォーマンスの「基底的根拠」とでも称しうるものを提供する。そうするとわたしの理解によれば、原理はパフォーマンスを構成する知識成分では断じてないことになる。原理自体は別個独立のパフォーマンス——あるパフォーマンスを説明するというパフォーマンス——の一部なのである。わたしのいわんとすることの例をふたつ挙げよう。

ひとつめ。自転車に乗ることは、身体的運動を適宜おこなうことから全体ができているひとつの伎倆である。この伎倆を享受するにはある種の情報が習得済みでなければならず、またこの伎倆の「文法」と呼べるものもあるかもしれない。ところがそれをいっさい無視して、この伎倆は機械論の諸原理なるものの実例だという場合がある。だが、こうした諸原理はどんなに卓越した自転車乗りにとってすらまったく未知のものであり、暗唱できたところでさらに腕前が上がる助けになるわけでもない。基準にもならない。原理の価値はただひとつ、現在進行中のことをわれわれが理解するのに貢献することがある、という点である。要するに原理は、伎倆の学習にも実行にも無関係なのだ。それは別個独立のパフォーマンスの、説明するというパフォーマンスの一部である。

ふたつめ。道徳的な営為とは立派にふるまう能力のことだといってよいだろう。その場合にもやはり、ある種の情報が既知でなければならず、また道徳的営為の「文法」と呼べるもの——あるパフォーマンスが「不適切」だとわかるための基準となるルールや疑似ルール的命題——もあるかもしれない。ところが、やはりそれをいっさい無視して、道徳的営為のなかで現在進行中のことを理解・説明可能にする「原理」がある、あってしかるべきだというのである。たとえばアリストテレスは、およそよい営為の「基底的根拠」と信じるものを「中庸の原理」に定式化した〔『ニコマコス倫理学』一一〇六b参照〕。しかし、どんなものにせよ、とにかくそのような「原理」の知識は立派にふるまうことができるための条件ではないし、この原理も、それに照らすとあるパフォーマンスが「不適切」だとわかるような基準とはならない。原理はよい営為の学習ともよいパフォーマンスとも無関係である。

そうすると、わたしの理解によれば、あるパフォーマンスの説明（とともに、あるパフォーマンスのルールの説明）を意図しているが、そのパフォーマンスを構成する知識成分では断じてないある種の情報が存在することになる。もちろんそのパフォーマンスが、たとえば歴史や科学におけるように、それ自体が理解や説明といったパフォーマンスである場合ですらそうなのである。

だがこの不必要ということもない脱線から戻ってくるとしよう。情報という内容物はおよそあらゆる知識に存在する。情報を構成する事実は、察知と同定（どんな種類の知識も無規定の意識からそうやって生じてくる）にはじまり、どの伎倆や能力（われわれは自分が知っていると称してよいことをそうやって携えている）を使うかを告げるルールや疑似ルール的命題（明示的に知られ、遵守されるときもあるが、いつもそうだとはかぎらない）にまでおよぶ。それでも、この情報という内容物が、われわれの知識の全体では断じてないのである。情報が「判断」の協力を仰がなければ、どんな具体的な伎倆ないし能力も姿をあらわすことができない。情報という「なんであるかの知」(knowing *what*)に「どうやっての知」(knowing *how*) が付加されねばならないのである。

わたしが「判断」というのは、暗黙的ないし非明示的な知識成分、つまり命題のかたちで詳記されていないというだけでなく、命題のかたちではそもそも詳記不可能な内容物のことである。判断は知識成分ではあるが、ルールという形式では姿をあらわさず、それゆえ情報には解消できないし、情報に特徴的なやりかたで使途項目化することも不可能である。

われわれがそのような知識を享受していることは否定できないと考える著述家もいた。かれらはわれわれの注意をまず伎倆に向ける——すなわち、ある重要な意味で身体的運動から成り立っている能力に向ける。われわれは、なにごとかをするやりかたがわかっていても、当の活動のしかたを明示的に言いあらわせないことがある。たとえば水泳や乗馬、針にかかった魚を遊ばせる、鑿をふるう、ろくろを回して鉢をつくるといった場合がそうであるらしい。かれらはさらにこう指摘する。ある行為が既知のものだとわかっても、なぜわかったのか詳述できないことがある。事物のあいだに類似を発見できるのにどこが似ているかいえない、あるいは、パターンを発見できるのに、それをつくりあげている要素やそれが例証となっているルールは意識しない、ということがある。われわれはある言語を話せるのに、自分がしたがっているルールを知らず、ルールがそもそも定式化されていないことさえあるのだ、と。

これはすべて、わたしが思うにほんとうである。しかし、それがわたしに示唆するのは、知っているのにある種の情報内容（とくにわれわれが「ルール」と呼ぶたぐいの情報）を欠くような伎倆や能力がある、ということであって、およそ「なんであるかの知」から切り離せるような「どうやっての知」が存在するということではない。そこでわたしは、「どうやっての知」を情報から区別するためにも「判断」という語を用いたのであった。わたしが思うに、「どうやっての知」はあらゆる真正の知識の内容物であって、ルールについての無知を特徴とする別個独立の知などではないからである。

　事実、ルール、つまりおよそ使途項目化され明示の情報としてわれわれのもとにやってくるものが、なにごとであれ為したり、つくったり、理解したり説明したりする能力をそれ自体でわれわれに授けることはけっしてない。情報は使用されねばならないが、いかなる場合にせよ、情報それ自体はその使いかたを指示しない。情報に加えてなにが必要かといえば、情報を解釈し、その有意性を見さだめ、どんなルールを適用すべきかを察し、そのルールの許すどの行為が状況に応じて遂行されるべきかをわれわれに発見させてくれる知識である。（要するに）あらゆる能力のなかに看取され、いかなるルールも定められていないこの広大で遮るもののない空間をわれわれに渡りきらせることのできる知識である。というのも、ルールはつねに選言的だからである。ルールが特定するのはある一般的な種類の行為や結論だけであり、選択の必要からわれわれを解放してくれるわけではけっしてない。ルールは部分的な説明以上のものはけっして産みださないのだ。なにかをあるルールの操作例として理解することは、それをきわめて不完全に理解することである。

こうして「判断」は、たんに別種の情報とみなすべきではない。判断は使途項目化して表明することも、覚えたり忘れたりすることもできない。たとえば、「科学的探求なる内容不特定のアート」と呼ばれてきたもののなかにしまいこまれていて、それなしには「科学的知識の明確な内容」が知的に理解不可能なままになってしまう、そういうものなのである〔マイケル・ポランニー、長尾史郎訳『個人的知識――脱批判哲学をめざして』ハーベスト社、一九八五年、四九頁〕。

だから、われわれが完璧に独立独歩の「どうやっての知」という観念から（どんな能力にも事実が、つまり事実とみなされ、命題のかたちで詳記可能な事実という内容物があることを理由に）いささかの撤退を余儀なくされることになっても、いわゆる伎倆という能力のみならず、およそすべての能力、なかんずくほぼ精神的作用にだけかかわる能力においても、わたしが「判断」と呼んだものの協力を仰がずにすむとは思えない。

たとえば乗馬やモールス信号の電文のやりとりは熟達を知識の一部として含むとみられるが、これに対応するものはほかのところにもある。それどころか、手先や肉体の伎倆から離れれば離れるほど、この知識成分の領分は大きくなる。紅茶の鑑定や病気の診断もさることながら、芸術や文学、歴史的・哲学的・科学的理解ともなると、熟達の領分はほぼ計り知れないほど大きい。

その代表例は、本文批評〔現存する写本から書誌学や文献学の手法を用いて昔の文書を復元・再構成すること〕において毀損を被った読みを見つけて修正を提案する予見（*divinatio*）である。複数の手写本の照合と校閲から得られる情報がなくなったところで、ようやくその出番がくる。批評のルールや方法が尽きた地点を越えて唯一歩んでいくのも予見なら、ルールから妥当な訓示を引っぱりだすのに唯一必要とされるのも予見である。本文批評という技巧の実践に必要な資質をいかに網羅した一覧表からさえも抜け落ちてしまうのが予見なのだ。

人間の実践的関係にもそれに似た内容物があらわれる。承認されている権利と義務を命題の形式で定めた道徳的・法的ルールと、このルールに少々の柔軟性をあたえる思慮的な格率は、文明的な生活を営む能力に含まれる知識のごく一部にすぎない。ルールや格率の訓示は、「誰が・いかなる事情のもとに」という観点から解釈を必要とする。訓示と訓示とが矛盾すれば、別のルールを適用しても矛盾は解消できない。「決疑論は道徳的判断の墓場なり」といわれてきたとおりである。

要するに、どんな「能力」にも情報に解消できない知識という内容物があり、伎倆によってはこれが伎倆の実践に必要とされる知識の過半のこともある。さらに、「能力」は抽象物ではなく個々の実例のかたちで存在する。能力を認定する規範は後知恵であって、定言命法ではない。また個々の実例のなかにはおのおのそれなりのスタイルないしイディオムとでも呼ぶべきものがあり、これは命題のかたちで詳記などできない。あるひとのスタイルを見てとらないのは、そのひとの行為や発話の意味の四分の三を見逃しているも同然である。そしてスタイルを身につけなかったということは、もっともあからさまな意味以外になにかを伝える能力をみずから締め出してしまったにひとしい。

そうすると重要なのは、ある言語の話しかたは知っていても自分がどんなルールにしたがっているのか知らないことがある、という所見ではなく、ルールのかたちで明示的に定められてはいないやりかたで言語を話せる域に達するまでは、その言語で意義ぶかい発話はできない、という所見である。もちろん、わたしが「言語」というのは、たんにラテン語とかスペイン語のことではない。歴史、哲学、科学、実際的生活の言語をいいたいのだ。芸術のルールというものはあるが、それは芸術の実践を決定はしない。理解のルールというものはあるが、ルール自体は理解を授けてくれない。ルールは限界をもうける――しばしば、われらが文明の言語のどれかひとつを話したい場合にしてはならない、ことのみを告げる。だがそうした限界と限界のあいだの空隙を進まねばならないすべての者に、ルールは規定をいっさい定めてはいないのである。

4

教師が生徒に手ほどきするのは人間的達成物という遺産であり、これは知識である。そして（この理解にもとづくなら）知識とは諸能力の集合体であり、おのおのの能力のなかには「情報」と「判断」との総合が存在するとみなされる。このような考えかたは、学び教える活動――学ぶとは遺産を相続することであり、教えるとは生徒に遺産を周到に手ほどきすることである――とのような関連があるのか？　学び手にとっても教師にとっても、そこから引きだせる実際的な結論がそもそもあるのかどうか、わたしは大いに訝しんでいる。それでも、思うに、学び教えるなかでなにが起こっているかを理解する試みの一端としてなら、この考えかたにもなにほどか得るものはあるかもしれない。

それが示唆するのはこういうことである。第一に、知識のふたつの成分とわたしが呼んだもの（「情報」と「判断」）は、どちらも伝達したり習得したりできるが、別々にすると――少なくともそれぞれを別個の機会に、すなわち別個の「課業《レッスン》」ですると――伝達も習得もできない。重要な能力ほどどの経路で相続するかが重要になることを思えば、これはたしかに真実であり、不活性な情報でも伝達や習得は可能であるとか、情報という成分が極少の伎倆もあることが観察されても、深刻な制約を受けない。

しかし、第二にこの考えかたは、知識のふたつの成分が同じやりかたでは伝達できないという示唆がある。それどころか、わたしの理解によれば、「情報」と「判断」の区別は知の内容の二分法というよりも、異なるふたつの伝達のしかたの区別なのである。そしてわたしにいわせれば、この区別は知識の本性についての反省からではなく、教えることと学ぶことについての反省から生じる。こうして教えるとは、「情報」を伝達し（これをわたしは「教習」instructingと呼ぶことにする）かつ「判断」を伝達する（これをわたしは「伝授」impartingと呼ぶことにする）二重の活動といってよかろう。また学ぶとは、「情報」を獲得しかつ「判断」を自分のものにする二重の活動といってよかろう。

わたしの話の残りは、この区別と、学ぶことと教えることのなかで起こっている事態にこの区別がどんな理解をあたえてくれるかについてである。

すべて知識には情報という成分があるのだから、すべからく教えることには教習という成分がある。教え習わせるひととしての教師とは、自分の生徒に情報を周到に伝える者の謂いである。

情報をつくりあげている事実は、内容が特定され、非人格的で、たいていは信用にもとづいて受けとられている。堅固で孤立しており、どうにでもとることができ、不活性な場合が多い。百科事典や辞書に収められていることもある。事実が直接に訴えかけるのは、生徒の理解したいという欲望ではなく好奇心、無知でいるのは嫌だという欲望——おそらくは虚栄心である。この無知でいるのは嫌だという欲望は、ものごとをその名前という観点から知り、ことばや表現の意味するところを知れば、たいていの場合は満たされる。生徒はごく幼いころから、自力でそのような発見をする習慣ができている。初歩的なやりかたで事実と事実ならざるものとを区別することに慣れきっている——それでいて、このとき自分がしたがっているルールはもちろん知らない。たいていの場合、生徒はこのすべてを、自分が住みついた世界でくつろげるようになる過程の一端としてやってのけるのに慣れている。こうして、生徒が教え習わせるひとの手にあずけられるころには、情報を、わけてもすぐに使える情報を獲得するという活動は、すでにかれには馴染みのものとなっているのである。

　教え習わせるひととしての教師の任務は、直接の実用的意義を欠く事実に生徒を引きあわせることである（もしそのような事実がなかったり、あってもわれらが遺産の重要ならざる部分である場合には、教師は欠くべからざるものというより贅沢品に成り下がるだろう）。それゆえ教師の最初の仕事は、生徒にどんな情報を伝えるべきかを考慮のうえ決定することである。状況が決め手になる場合もある。陸軍教官は、空冷式軽機関銃《ブレン・ガン》の各部の名称や用途をクラスに熟知させるべきかどうかなど考慮しなくてもよい。だが状況が決め手にならなければ、すべては教え習わせるひととしての教師の考慮にかかってくる。われらが遺産たる情報のどの部分を自分の生徒に伝えるべきか、と。

第二の任務は、自分のもてる伝えるべき情報をもっと学びやすいものにすること、そのために情報を体系化して事実という成分の不活性な性質を緩和することである。

情報の体系化が生徒の実際的生活への直接的な適用を目的とするようだと、いかがわしくなる。教師のもてる伝えるべき情報は、大半がそのような応用力をもたないので、この方向に振り向けられたら台無しになってしまうだろう。辞書や百科事典にみる情報の体系は、学びのためではなく、特定の内容について無知だとわかったときに、対応する情報の使途項目を手っとり早く発見するために考案されている。また思考の諸様態ないし諸言語の分化は、文明の最大の達成物だとはいえ、この観点から情報を体系化するのは初学者には高尚すぎる。そのような事情からわれわれが妥協し、教え習わせるひとも妥協してくれそうなのが、学校や大学のカリキュラムの多少なりとも恣意的な「教科」別という観点からの情報の体系化、すなわち地理、ラテン語、化学、算数、「時事問題」、その他である。いずれも情報の体系化であって、思考の様態ではない。それでも、それぞれ事実にその疑似ルール的な性格（なにごとかを為し、つくり、理解するさいに用いるべき道具としての性格）を露呈させ、不活性な性質をいくぶんか捨てさせはするのだ。そのうえ、教育上の目的から、われらが文明の重要な思考の諸様態とは別に特別の情報体系を講じることには、思うに若干の積極的な利点がある。思考の諸様態自体は情報を体系化したものではないので、ひとつの様態が学校の一「教科」に――たとえばリセのカリキュラムの「哲学」に――なると、往々にして性格が歪んで表現されてしまうからである。

「地理」や「ラテン語」ですら獲得すべき情報といっても大過あるまい。だが、たとえば神の存在の第二証明や、デカルトが夢についてなにを語ったかを暗唱する能力となってあらわれる「哲学」には、どこか珍妙なところがある。

教え習わせるひととしての教師には、ほかにもふたつの任務があるのは明らかだろう。ひとつには、事実のやや恣意的な体系にそれぞれ収められた情報を自分の生徒に伝える順序を考慮しなければならない。シラバスの工夫、教科書の執筆、教育機器のプログラム設計に浸透しているのは、まさしくこの手の考慮である。ふたつめに、自分の生徒にこの情報を習熟させ、すでに獲得したものが獲得された当初とは別の形式であってもわかるようにし、有意な情報をいつでも想起できるようにさせねばならない。つまり教え習わせるひとは、自分の生徒が公教要理、交通規則集、岬や湾の名、九九の八の段、歴代イングランド王を暗唱するのを聞いてやるだけでなく、この情報を適宜活用するべき問いに生徒が答えられるかどうかにも留意せねばならない。情報の重要性は、正確に学んでいるか、すぐに思いだして使用できるか、という点にあるからである。

にもかかわらず、情報なるわれらが遺産はきわめて膨大であるから、教え習わせるひとがその不活性な性質を緩和するためにどんな工夫を凝らしたところで、たくさんの情報を獲得したはいいが、使いみちにかんしては漠然としか思いつかないというはめになる。もしわれわれが、自分にとって明晰でないいっさいが完全に不可解になってしまうようなやりかたで教育を受けられるとしたなら、（リヒテンベルクもいうように〔*Reflections of Lichtenberg*, trans. Norman Alliston (London: Swan Sonnenschein & Co.,

1908), p. 57〕）間違いなくそれに越したことはない。だがそれはありえない。学びは無知からではなく失敗からはじまるのだ。そのうえ、われわれは情報を獲得するときに、ほかにもなにかを、情報自体や、それは使えるしろものだと気づく以外の、もっと価値あるものを学ぶことがある。それがなにかを理解するためにも、「情報」から「判断」へ、「教習」という活動から「伝授」という活動へと赴かねばならない。

「判断」によってわたしが意味するものは、情報は使用せねばならないが、不適切に使用する可能性があることに生徒が気がつくと、いつも顔を出す。その一端は情報を体系化するだけでも、往々にして押しつけがましい有意性の印象をあたえるとはいえ、伝授される。これ自体が情報でないのは明らかである。情報を伝えるやりかたでは教えられないし、情報を学び、記憶し、忘却するのと同じやりかたで学んだり、記憶したり、忘却することもありえない。でもこれではまだ「判断」の暗示にしかならないこともまた明らかである。情報を体系化しただけでは伝授できないもののほうがはるかに多いことに気づいていいはずだからである。事実がルールないし用具であることはわかっているし、ルールがつねに選言的であって定言的ではけっしてないこともわかっている。だが、ルールを使用する能力が身についているかどうかはまた別の話なのだ。

そうすると「判断」とは、情報と統合されてはじめて知識を、つまりなにごとかを為し、つくり、理解して説明する「能力」を産みだすもののことである。思考可能であるということ――とりたててどのやりかたもせずに思考するのではなく、さまざまな思考の様態に属する考慮事項を斟酌しながら思考できるということである。これはもちろん、学習されねばならないことである。判断は自然の光によって生徒がもっているものではないし、判断がわれわれの文明化された遺産の一部であるのは、判断と対をなす情報がやはりそうであるからなのだ。しかし、学んで思考できるようになるということは情報を加算的に獲得することではない以上、情報の蓄えを増やすのと同じやりかたで追求することはできない。

さらにいえば、「判断」は教えられることもある。そして判断を教えることは、教師の周到な企図の一部をなす。だが、生徒はどのように思考するべきかの教習を明示的には受けられない（そのルールがないのであるから）とはいえ、「判断」は情報の伝達と結びつけさえすれば教えることができる。すなわち、たとえば地理の授業でもラテン語の授業でも代数の授業でもない別個の授業で教えるわけにはいかないのだ。こうして思考する能力は、生徒の視点に立ってみれば情報獲得の副産物として学ばれるものであり、教師の視点に立ってみると、教えられるとしたら、教習の最中に遠回しに伝授せねばならないものとなる。そのやりかたは、伝授されねばならないものの性格を考察すれば理解できる。

「判断」、つまり思考する能力は、情報とは使用するもの、資本であって備蓄ではない、とわかっているだけではまだあらわれず、情報を使用する能力――問いに答えるために情報を資産運用する能力――のなかではじめて姿をあらわす。ルールはマスターしてしまったかもしれないし、格率は熟知しているかもしれないし、事実はいつでも思いだせるようになっているかもしれない。しかし、その情報が具体的な使用例《シチュエーション》のなかでどんな具合になっているかを考えてみよう。では、この情報から具体的な使用例（一個の人工物なり理解なり）が生じるにはどうしたらいいのだろうか。ラテン語文法がキケロの著作（ラテン語文法は実にそこから抽出されたのだ）の一頁のなかでどうみえるかを考えよう。ではどうすれば文法に真正ラテン語散文の一頁を産ませることができるのだろうか。道徳的営為を観察して、型通りの格率がそのなかでどんな具合にみえるかを考えよう。ではどうすれば格率に営為を産ませることができるのだろうか。これは事実だ、でもそれでどんな結論を権威づけたり禁じたりすればいいのだろうか。これは文献だ——たとえば磁力にかんする現時点での知識という明確な内容をもつ。だが、それが書き記されている言語、すなわち科学という言語の話しかたを生徒はどうやって学ぶのだろうか。生徒は熟達をどうやって獲得するのだろう。熟達があると、どうすれば有意になるかを決定できるし、そうなれば種類を異にする問いやそのそれぞれが要求する種類を異にする答えの見分けもつき、大味な絶対者から解放されて、賛同にせよ異議にせよ濃淡のあることばづかいでできるようになるのである。

だが思考することを学ぶということは、情報を判定し、解釈し、使用するやりかたを学ぶことには終わらない。知性の徳目がみてわかり、それを享受することが学んでできるようになることでもある。私心なき好奇心、忍耐、知的誠実、几帳面、勤勉、集中力、懐疑を生徒はどうやって学ぶのだろう。小さな差異への感受性や知的優美さがみてわかる能力をどうやって獲得するのだろう。甘んじて論駁を受ける気質をいかなる仕儀により相続するのだろうか。真理と正義への愛をたんに学ぶのではなく、狂信の誹りを受けないようなやりかたで学ぶにはどうしたらいいのか。

このすべてを越えた先に、そのどれよりも獲得しにくく、それでいてもっと重要なものがある。あらゆる発話のなかで、非人格的な情報を伝える発話のなかですらはたらいている個人的な知性を見抜く能力のことである。すべて意義ある行為や発話にはそれ自身のスタイルが、人格的なイディオムが、思考の個人的な様式があって、行為や発話はその反映だからである。わたしがスタイルと呼んだものは、選択がルールに則っておこなわれるのではなく、ルールのもつ消極的な効力により残された自由の圏内でおこなわれることをいう。誰かがいまから語ろうとすることにわれわれが耳を傾ける場合でも、そのなかではたらいている精神が聞こえてきて思考のイディオムを察知できるというのでなければ、なにも理解したことにはならない。技芸や営為、科学、哲学、歴史、これらはルールで定義される思考の諸様態ではない。境界線だけが定義によって決められた領土を人格的に探検するなかにしか存在しないのだ。われらが文明の諸言語を自在に操れるということは、文法のルールを知っているということではなく、豊かに細やかな統辞法と語彙にめぐまれ、それを用いて独力で思考できるということである。それゆえ学びとは感じて思考する能力を獲得することであり、そうした能力に耳を澄まして、他者の営為と発話のなかにそれをみとめることができないうちは、生徒もこの能力を獲得することなどけっしてない。

そこで、情報に加えてスタイルが学ばれねばならない。スタイル（その産物の自重のことではない）こそがわれわれの遺産の実質だからである——そして学びなくしてはなにものも相続できない。

スタイルこそが、どんな情報を選んで伝えるにせよ、それと一緒に教師が自分の生徒に「伝授」しなければならないものである。

スタイルだけを抜きだして学ぶことはできない。明示的に学ぶことなどけっしてなく、実地でしかわからない。だがスタイルは、大工用品店でもラテン語や化学の授業と同じように、たとえなにを学んでもそのなかで学べる。学んでしまえば忘れることなどけっしてありえず、享受するのに思いだす必要はない。実際スタイルは往々にして、ほかのすべてが忘れ去られたあとにも存在する残留物、失われた知識の影〔William Johnson Cory, *Eaton Reform II* (London: Longman, 1861), p. 7〕である。

スタイルだけを抜きだして教えることはできない。時間割やカリキュラムにそのためだけの時間はもうけられない。スタイルがはっきりと金言で教えられないのは、スタイルこそが金言に生命を吹き込むのに必要なものだからである。だがスタイルは、たとえなにを教えてもそのなかで教えられる。情報が伝えられるそのやりかたのなかで、声の調子、教習に添えた身ぶり、余談や遠回しの口ぶり、また手本を示すことにより、押しつけがましさなしに植えつけられる。「手本で教える」のはまずい教えかたで、なにごとかが知られてもそのルールは隠されたままだから杓子定規な知識を産む、といって片づけられてしまうことが多い。だがそれは、生徒に具体的な使用例を意識させることにより、ルールの中途半端な口ぶりから生徒を解放してくれるのである。手本を模倣する生徒は、その場かぎりのモデルを手に入れておしまいではなく、万事を見倣う機会にする気質も手に入れる。あらゆる発話のなかではたらいている個人的な知性に耳を澄ます習慣が獲得できるとしたら、その習慣を身につけている教師を模倣することによってである。つまり知性の徳目は、それを徳目だから心底大事にして、しかつめらしく口先だけで説くのは品性が断じて許さない、そういう教師にしか伝授できないのである。野鴨の群は、鳴き声ではなく一羽の鴨が飛び立つのにつられて後追いをするのだ〔ジャン・パウル前掲書、二二頁参照〕。

学びのなかには情報の獲得以外にもなにかがある、ひとが語る内容よりもそのひとの考えかたのほうが重要だ。最初におぼろげながらもそう意識するようになったのはどうしてか、と自分への義務に縛られるようにして考えてみると、思うにそれは、具体的な使用例を眼前にした折々のことであった。延々とつづく歴史的「事実」ではなく、ひとりの歴史家の議論のなかで事実が（一時）宙づりにされるのをみたときがそうであった。そういう折々にわれわれが暗記させられたのは、ラテン語の *bonus* の語形変化ではなく（もちろんそれも学習しなければならなかったが）文芸作品の一節、つまりある言語を用いて活動する精神の省察であった。そういう折々に、ひとは話を聞かされる一方ではなく、知性的な会話が聞こえてくる機会にめぐまれたのであった。

では、忍耐、精密さ、倹約、的確さ、スタイルの最初の曙光が差したときの事情はどのようなものであったかとお尋ねなら、わたしはこう申し上げねばなるまい。わたしはまず別のところで気づくまで、文学や議論や幾何学的証明のなかにそれがあるとは気づかずにいた。いまこうして気づくようになったのは、陸軍下士官を対象とした体操の教官のおかげである。この教官は「体育」の時代が到来するはるか以前に生きたひとで、体操はかれにとって知性のアートであった――つまり教官が口にしたことはともかく、かれが忍耐、精密さ、倹約、的確さ、スタイルのひとだったから、わたしは恩義を感じるのだ。

（1）わたしのいう馬とは、もちろんエルベルフェルトの馬〔一九〇〇年ごろ、カール・クラルなる人物の育てた馬が高度な数学の計算ができると評判になり、その信憑性をめぐって論争が巻き起こった〕のことである。だがこれは思いだして損はない。古代のアテナイ人がほかのどんな動物にもまして馬に悦びをおぼえたのは、馬にひととの類似を、つまり教育することのできる唯一の動物をみとめたからであった。馬に馬の精神的遺産があったわけではないが、（働かせることならほかの動物にもできるのに）馬はひとから伝えられた遺産を共有できたのだ。つまり乗り手と協調すれば（クセノポン〔「馬術について」、松本仁助訳『クセノポン小品集』京都大学学術出版会、二〇〇〇年〕の所見では）、馬は腕前や技量や、「自然」のままの馬が知らない優雅な動きですら身につけることができたのである。

注記

初出は一九六五年のロンドン大学教育研究所での公開講演であり、のちに *The Concept of Education*, ed. R. S. Peters (London: Routledge and Kegan Paul, 1967) に収録された。本訳書では、原書で割愛された冒頭の辞を初出版から復元している。

教育——果たされぬその約束

1972年

教育とは、最も普通の意味でいえば、次のようなものとして認められているようだ。人間の世代間で起こるべき特有の遣り取り、すなわち〔人生という〕舞台に現れた新参者たちが自分たちの住むことになる世界へと導かれるような遣り取りが、これである。だから、たとえば、中世後期における人間の義務の定式化の中で、両親は自分の子を教育すべきであるとの規則が現れたとき、教育は道徳的な遣り取りとして認められており、疎かにされるかもしれない（が、されてはならない）何物か、つまり、そこで全ての生物が成長し環境に適応するか滅びるかといった不可避な自然の過程とは区別された何物かとして認められていたわけだ。

したがって、教育とはそれについて考えることの出来る何物かと認められる。そう考察するうちに特に二つの主題が現れてくる。第一のものは、この遣り取りを弁別すること、それにおいて起こっていることを見極めること、それに伴う諸関係を特定すること、短くいえば、それを人間に特有な営みとして理解することに関わる。ここでの関心は、「人間の新参者が住むことになる世界の性格はなにか」との疑問に関わるとも言えよう。第二のものは、この営みに固有のものと信じられる手続きや方法や工夫のなんたるかを思案することである。これらの主題の第二のものは、明らかに第一のものに属しており、それについて深く考える者は誰しもこの従属関係に気づいてきた。それについて言うべきことはほとんどない。のちに次の点を強調することを除けば。——いかに近年にいたって手続きや工夫がこの従属関係から解き放たれ、この遣り取りそれ自体に関する我々の理解に自らを押しつけ、不運な帰結をもたらすようになったか、と。私の関心はこれらの主題の第一のものについてである。私は、教育を、ある種の人間の営み、見分けがつくほどに人間的な生活がその持続のために頼らざるを得ない遣り取りとして示したい。さらに、この遣り取りを今や妨げており、そして無効にさえしかねぬ何ほどかの障害物について考察を進めたい。

人間とは、自らそうであると理解する当のものである。人間は自身についての、そして自身が住む世界についての信念でもっぱら構成されている。人間は理解可能なるものの世界に住んでいる。すなわち、物体からでなく、意味がありそこに選択肢があるような仕方で認められる出来事から構成された世界である。この世界における人間のその時々の状況は、それゆえ、自らがそうであると理解した当のものであって、それらに対して彼らは、想像され期待された結果との関連であれよりもこれをと言ったり為したりするのを選ぶことによって応答しているのである。彼らは願望の生き物である。彼らの願望は生物的衝動でもないし遺伝子の勢いでもない。それらは想像された満足であり、原因ではなく理由を持ち、期待され、選ばれ、追求され、獲得され、認められるにふさわしいか認められないかである。

人間の生活は行いで構成されており、それぞれの行いは、自身と世界とについての信念の開示であり、自己演出における実績である。彼は自らが成っている当のものである。彼は歴史を持つが何ら「自然」は持たない。この歴史は進化的な過程でもなければ目的論的な約束でもない。未来に現れるべく隠されている「究極の人」とか、現在この世界を歩いている人々のうちに予示されている「究極の人」などありはしない。人間は自らが望ましいと信じる満足を追求するが、人間の営為は所定の潜在力の開花ではないのだ。

人間が所望する満足は、たいていは、自らの発言や行動が他者から受け取る応答のうちにあるが、当の応答それ自体は他者の所望する満足と関わる発言や行動なのである。こうして、人間の満足は遣り取りの結果であり、それらを求めることは相手または他者との関係に入ることである。これらの結びつきは化学過程のような物理的「相互作用」ではなく、選択され理解された諸関係である。人間は相互に単に「交感《コミュニケイト》する」だけではない。意味を持ち、話す先によって理解される（あるいは誤解される）言葉を話す。聞くとは聴き取ることであり、聴き取るとは考えることである。彼らが相互に交わす応答は、そうする者たちが求める満足によって左右された、回答や返答である。こうして、人間の営為は手続きを承諾するのであって、過程を形作るのではない。これらの手続きは、言われ為されることを決定する原因ではない。それらは、言うべきことや為すべきことを選ぶ際に承諾されるべき諸ルールかルール類似の考慮事項によって構成されている。それらは、さらに多様である（よく用いられるように「社会」という語に対応するような一つの総合的な手続きというものはない）。それぞれが歴史的な達成物であり、現にそうあるものと違うこともあり得た。またそれは行為において用いられるためには理解されることを要する。

人間であるとは、自身を他者と関わるものと認めることであるが、それは有機体の一部としての関わりでもなければ、単一かつ全包括的な「社会」の成員としての関わりでもない。それは理解された多様な諸関係に参加することによってかくあるのであり、理解された歴史的な言語――気分や感情や想像や幻想や欲望や認知や道徳的・宗教的な信念や知的・実践的な企てや習慣や慣習や手続きと慣行や法規や行為の原理原則や責務を指示するルールや義務を規定する職位といった言語――を享受することのうちにかくあるのである。これらの言語はそれらを共有する者たちによって絶えず作り出される。それらを用いることはその資源を増すことである。それらは或る一つの仕方で考え「行動する」ようにとの要求を押しつけない。それらは自己開示や自己演出のための出来合いの定式化のセットではない。こうした言語は、理解し称賛し是認し否認するための様々な誘いとしてそれらを共有する者に届く。そしてそれらは学ばれることにおいてのみやって来る。

つまるところ、人間は「物」からでなく意味から構成される世界の住人であり、この理解によれば、その世界は何らかの仕方で認知され特定され理解され応答された出来事から成る世界である。それは感情と信念の世界であり、（本や絵や楽曲や工具や台所品といった）人工物をも含んでいる。これらもまた意味を持ち、用いられ享受されるためには理解されることを要する「表現」だからである。この理解がないということは、人間でないということであり、人間の条件を知らぬ人ということだ。

　さて、人間の生活をこのように性格づけることから始めてみたが、というのも、人生がこのようなものでなければ、教育は不要な営みとなろうからである。もし人生が、潜在力が現実化する成長の過程であるならば、あるいは有機体が遺伝子の質という点でその環境へと反応する過程であるならば、新参者を現に起きている世界へと明白に導き入れ、そうしてそれに参加することを可能ならしめるべく意図された、世代間の遣り取りのための余地はなくなるであろう。しかし実際はそのようなものではない。人間の生活は、想像され期待された結果との関連であれよりもこれをするという行為や選択で構成されており、信念や意見や理解や慣行や手続きや望ましいことと望ましからざることのルールと認知によって支配されており、そうすることを学ぶこと無しに単に遺伝子の質という点で成り立つことは出来ない。人の右利きであることさえ、人生における他の一切のことと同じく、望ましいと決められているので、学ばれなければならない。歩くのを学ぶ子供は空に羽ばたこうとする雛鳥には似ていない。「ちゃんと歩きなさい」、猿みたいにヨロヨロ歩いちゃダメと言われたことを覚えていないだろうか。三月の兎の繁殖の踊りやツグミの歌声は遺伝子の勢いに帰されもしようが。ワルツや「楽しい日々はどこへ」〔モーツァルト『フィガロの結婚』より〕は歴史的な人間の創作であって、それらが知られ楽しまれ応えられるべきならば、学ばれ理解されなければならない。つまりは、教育という営みが必要となるのは、なんぴとも生まれながらに人間ではないからであり、人間たる性質とは「成長」の過程で実現へと成り行く潜在力といったものではないからである。人間の新参者は、その持続的な存在にとって好適たるべき環境への順応を求める有機体ではない。彼は「学ぶひと」(*homo dicens*)であって、人間的演出の世界の中で考え理解し自らを演出すること、そうして人格を獲得することを学ぶ力のある被造物である。

世代間のこの遣り取りにおいて起きている事柄を考えるに、第一に認めるべきは、それは人間と人間の条件を志願する者との間の遣り取りだということである。そこにおいて新参者は理解と信念との人間的達成物の継承へと参入するわけである。

もしこの継承が自然の「物」や造作から構成されるならば、その伝達はほとんど機械的な定型や物体の引き渡し以上のものではなかろう。しかしそうではない。それは人間的活動、野心、感情、想像、意見、信念、理解の諸相、慣習と慣行、つまりは学びの手続きを通じてのみ参入されうるような心の状態から、構成されている。

もしこの継承が単に心の状態であるならば、そこへの参入は、催眠術や、セラピーや、皮下注射あるいは電気ショックといった手段によって、あるいは所謂「睡眠学習」の中で達成されもしよう。しかしそうではない。それは次のような心の状態から構成されている――その状態は諸々の理解から成り立っているので、それら自体が理解されることによってのみ享受されうるような、そうした心の状態である。人間であることとは自身の為すことを知るという諸活動に関与することであり、したがってこの条件への参入は、新参者が理解することを学ぶという営みにおいてのみありうるのである。

この遣り取りにおいて起きている事柄は、それゆえ、先行世代の所産の新参者への移動でもなければ、現行の成人の人間の行いを模倣する傾向を帯びつつある新参者といったものでもない。それは人間らしく行うことを学ぶということである。教育は、出来合いの理念や想像や感情や信念その他の貯えを手に入れることではない。それは見ること、聴くこと、考えること、感じること、想像すること、信じること、理解すること、選ぶこと、望むことを学ぶということである。それは、人間の条件の志願者さながらである。自身を人間として認めることを学びつつそうするのであり、またこれが可能となる唯一の仕方において、すなわち、自身を人間の諸々の理解と活動の継承という鏡のうちに見ることによって、そうして自身を（ライプニッツの言葉によれば）「内なる働きを恵まれた生ける鏡」〔米山優訳「理性に基づく自然と恩寵の原理」、『ライプニッツ著作集9——後期哲学』工作舎、一九八九年、二四七頁〕を獲得するものと見ることによって、自己開示かつ自己演出である営為において己自身の人間観を世界に投げ返す能力を獲得するものと見ることによって、かくあるのである。

しかしながら、世代間のこの遣り取りは、新参者に取り次がれるべき事柄の価値についてのその時々の信念のない限り、しかもこの確信がとにかくも伝えられない限り、抑えられてしまうであろう。およそ人間的なるものは、その望ましさを認知するという点において存在する。そして、この文明の継承物、意味と理解とから成るこの世界は、次のところでのみ伝達されよう、すなわち、それが、既にそれを享受する人々の感謝や矜恃や崇拝さえをも呼び起こすところ、彼らに彼ら自身が尊重する一体感を与えるところ、占有物というよりは繰り返される召喚として、家宝というよりは営為として理解されるところ、これである。

人間の初期の歴史を構成する世界へのあの不思議な適応を云々するわけではない。それは、受動性からいつのまにか途切れとぎれに生じた能動性であり、行動に成った動きであり、欲求や選択の欲求へと代わられた衝動であり、記憶され回想され認知され徐々に特定されつつ表現と成った提示であり、事件として認められるようになった出来事であり、特徴から生じた「事」であり、記号やその他の意義を表す記号として気づかれた「物」であり、文脈によって決められた意味を持つ言葉として認められるようになる音声であり、自然の過程と区別された人間の手続きである――子供時代の黎明のうちに起こることの全ての変動がこれである。そこには、どの時点でも賢い子供が正確に知っているとか知っていないとかが言えるような次第ではまるでないのだ。

幼少の頃に子供部屋や幼稚園で寛ぎながら、注意や活動は、自ら動き始めるようになるとき、ほとんどの場合は傾向性によって支配される。自我は傾向性である。事物と出来事は（大人によってはっきりと意図され調整されたものでさえ）、それらから何を作れるのかが判る将来になって贈り物だと知られる。一切は認められた機会であり、それが生み出すであろう当面の満足のために探し求められる機会である。学びとはここでは遊びの産物であり、学ばれるものは、たまたま学ばれるかもしれぬものである。

しかし、教育とは、正しく言えば、諸相ある偶発事によって起こされたこれらの偶然の遭遇に、環境に結びついたこれらの移ろいやすい欲求と突然の熱狂とに、感情や信念や想像や理解や活動からなる人間の継承物への新参者の熟慮ある参入が引き続いて起きるところに始まるのだ。それは、遣り取りが「授業」になる時、指示と拘束の状態のもと、学びが偶然による学びでなく、勉強による学びになる時に始まる。それは学び手の現在の欲求や「関心」と直接には結びつかない何物かを伝える教師の出現とともに始まる。

「学校」という観念は、第一に、知性的で想像的で道徳的で感情的な継承物への真摯で秩序ある参入――それにまさに乗り出そうとする子供たちのために用意された参入という観念である。理解の断片とのこれらの偶然の出会い、思いがけなく啓発されるこれらの瞬間、不完全に理解されたかくかくの答え――それらは問われていない質問への答えだから――に加えて、そこには熟慮された学習カリキュラムがあって、それが学び手の思考を善導し、彼の注意を集中させ、彼に区別や弁別することを促すのである。教育への最初の最も重要な第一歩は、「学び」は「縫い目のない服」ではなく、可能性は無限ではないと気づくようになることだとの認識――「学校」はその認識の場である。

第二に、それは勉強によって学ぶという営みである。これは難しい企てである。それには努力を要する。当面の満足を提供しなくなるや遊びの時間が急に終わるのに対して、学びとはここでは根気よく果たされるべき任務であって、学ばれる事柄は理解され記憶されねばならない。この根気、この心向きの鍛錬のうちにこそ、注意や集中や忍耐や厳格さや勇気や知的誠実といった必須の習慣が体得され、学び手は、困難は回避されるべきでなく克服されるべきものと悟るようになるのだ。たとえば、我々自身のような豊かで複雑な文明にあっては、人間の理解や、思考の諸相や、感情や想像力といった継承物と出くわすのは、大部分は、書物や人間の発話においてのはずである。しかし読むことや聴くことを学ぶということは、時間のかかる厳しい営みであって、情報を得るといったこととは殆どあるいは全く関係が無い。それは理性ある意識の熟慮された表現を追求し理解し再考することを学ぶことである。「暗号解読」という狂気へ傾くことなしに意味の素晴らしい陰影を認知することを学ぶことである。他人の思考が己自身の心の中で自ら再演することを許すことである。常に驚くべき注意力ある行いのうちに、我々の自己理解の一部となる事柄を受け入れ理解し応答することを学ぶことである。そして人は注意深く読むことによってのみ、また我々の当面の関心からよく離れている著作からのみ、読むことを学ぶであろう。時事的な書き物から読むことを学ぶのは殆ど不可能なのだ。

「学校」という観念の第三の構成物は、分離という観念である。すなわち学び手の直近の狭い世界からの分離、当人の注意を引かざるを得ない当面の興味や方向づけからの分離がこれである。というのは（「余暇」や「遊び」でなく）これこそが「学校（スコレー）」という語の本来の意味だから。「学校」とは、相続人が自らの道徳的で知性的な継承物に出会うであろう特異な場である。そのさい外なる世界の現在の営みや仕事で用いられるという仕方で出会うのではなく、全体的な限定なき債務なき資産として出会うのである。〔前者の場合は〕継承物の殆どが忘却され無視され曖昧化され通俗化され省略され、つまりは破片においてのみ、当面の企てでの投資としてのみ現れるだけである。「学校」は、注意力が絶えず再方向づけされる中で達成される一つの解放である。ここでは、学び手は、持って生まれた傾向性によってではなく、自らがそれまで決して夢にもしなかった卓越性の暗示や大望によって活気づけられる。学び手は、「生活」に「負わされた」問題への解答でなく、以前には自分に決して起こらなかった問題への解答に出会うであろう。彼は新たな「関心」を獲得し、それらを当面の結果のための必要性に損なわれることなく追求するであろう。かつて決して想像も願望もしなかった満足を求めることを学ぶであろう。

たとえば、この継承物の重要な部分は、諸々の言語から、とりわけ新参者の母国語たるものから構成されている。これを彼はその時の慣用句においてとか、他の仲間と意思疎通する手段として話すことを既に学んではいる。しかし「学校」にあって彼は、それとは違った何物かでもある、それ以上の何物かを学ぶのだ。そこでは、言語を勉強することは、言葉を思想における投資として認めることであり、より正確に考えることを学ぶということである。それはその資源をそれ自体理解の顕れとして開発することである。というのも、言語を単にその時点でのコミュニケーションの手段としてのみ知るということは、次のような人でいるようなものだからである。曰く、表現や暗示や、人間的な感情や認識や欲望や理解のエコーで溢れかえり、人間的反省の想像や発出で設えられた宮殿を相続したけれども、その粗野な認知にあって、己の継承物は単に「住処」の相続でしかないような人がこれである。要するに、「学校」は、俗世的な放縦や偏愛といった騒音が静められ避けられるが故に卓越性が聞かれもする特別な場であるという点において「修道院ふう」なのである。

さらに、「学校」という観念は、「教え手」と「学び手」との間の人格的な遣り取りといったそれである。「学校」の唯一欠くべからざる備えとは教師である。(「教育」装置のみならず)あらゆる類の装置を良しとする昨今のありようは、「学校」にとって殆ど完全に破壊的である。教師とは、自らのうちにこの相続物の何らかの部分や観点や経緯を生かしている者である。彼は伝えることに長けた者（無知な教師とは矛盾である）と言ってよく、その価値と、己の知る学び手に伝えるべき仕方とを、熟慮している。彼は自身、「慣行」の管理人であって、それを通して人間的理解の相続物が生き残り新参者に伝えられつつ絶えず更新されていく。教えるとは、どうにかして教師によって意図された価値の何物かが学び手に学ばれ理解され記憶されるといった事態をもたらすことである。それ故に、教えるとは色取り豊かな活動であって、そこには暗示したり示唆したり励ましたり宥めたり元気づけたり指導したり指し示したり会話したり指図したり通知したり物語ったり講義したり論証したり運動させたり試験したり検査したり批判したり訂正したり世話したり叩き込んだり等々と、まさに理解を伝えるという営みに違わない一切のものが含まれよう。そして学びとは、見たり聞いたり立ち聞きしたり読んだり示唆を受け取ったり指導に従ったり記憶に与ろうとしたり質問を発したり議論したり実験したり練習したりノートを取ったり記録したり再現したり等々と、考え理解するという営みに違わないあらゆるものであろう。

おわりに、「学校」という観念は、教師と生徒との歴史的共同体のそれである。大きくも小さくもなく、自らの伝統を有しており、誠実と敬虔と愛情を呼び起こす。人間的風景への新参者の引き続く世代を人間たることの栄光と労苦へ招き入れることに捧げられる。矜恃と寛大をもって思い出し感謝とともに思い出される母校である。良き学校の標とは、そこにあって学びがそれ自体、それを薦めるべく外から何ら金メッキされる必要もない黄金の満足として認められること、それがその同窓生に懐かしい少年時代の贈り物を授けることである。――より利益ある営みへの道を急かされる時間の通過としてではなく、感謝を伴う、人間という状態の神秘への喜ばしき参入としての贈り物、自覚と満足できる知的で道徳的な一体性といった贈り物である。

それゆえに、世代間のこの遣り取りは、何らかの外的な「目的」や「目標」を持つとは言えない。教師にとっては、それは己が人間であるという営みの一部であり、生徒にとっては、人間になることの営みである。新参者に何か特殊なことをするよう備えさせるわけでないし、何ら特別なスキルを与えるものでもない。他者に対する物質的な優位を約束しないし、何ら最終的に完璧な人格を指示するものでもない。各々はこの遣り取りに参加する中で、人間的理解の相続物の大なり小なりの部分を保持することに携わる。これは鏡であって、その前で当人は己自身の人生の諸相を演出する――単に当世の意見の流行から解かれて、また移ろいやすい幻想やダッフルコートや核兵器廃絶運動バッジや、あるいは「イデオロギー」の中に貧弱な一体化を求めなければならぬことからも放たれて。教育は、より効率よくこれやあれを行うことを学ぶものではない。「生活の事実」が絶えず「生活の質」によって彩られる人間状態というものの理解を何ほどか獲得することである。いかにして同時に人生に対する自律的で文明化された加入者であるかを学ぶことである。

さて、これは教育の単に幻想的もしくは想像上の性格づけではない。もちろん、大人の人生に入るべき新参者の修業期間の長い歴史においては、教育についての別の観念がしばしば侵入してきた。信念と理解についてさほど複雑でない相続物しか持たぬ民族は、世代間のこの遣り取りについて概してより単純な概念しか持たなかった。またもちろん、今もかつてもより良い学校もあれば悪い学校もあるし、いかなる学校の歴史にもより良い時期と悪い時期がある。しかし私が述べているのは、古代アテネ人がパイデイアとして理解していた事柄である。そして、時にはより狭く、時にはより広く、それは（適宜に変更されながら）ローマ帝国の学校から中世キリスト教世界の大聖堂やカレッジ組織やギルドの学校やグラマースクールへと引き継がれていった。大いなる栄光と価値のある知的かつ道徳的な相続物だという鮮やかな意識に動かされながら、ルネッサンス・ヨーロッパの学校に伝わり、我々自身のグラマースクールとパブリックスクールと、ヨーロッパ大陸におけるその同種の学校のうちに存続する教育の概念となっていたのだ。

しかしながら、近年になって、教育のこの理解と慣行は、二つの多少異なる方向から侵食されつつある。どちらの場合も、侵食の力は何世紀かの時代を越えて自ら集結していき、両者とも短かからず一時的な成功をもって報われた。それらの共通の企ては、教育を、何か他のほとんど全面的にそれとは異なる成人生活への修業の観念に、そして「学校」を、何か他のほとんど全面的にそれとは異なる参入の慣行に、置き換えることである。

これらの侵食の第一のものは、「学校」という観念に向けられた教育への攻撃と認められよう。「学校」を、まずそれを腐敗させることによって、ついで禁圧することによって廃止することが目論まれている。

教育するという営みは、そこで新参者が、自らが学びの手続きの中でのみ獲得できるもの、すなわち人間の理解と想像との歴史的な相続物を享受するだろう、世代間の遣り取りである。「学校」の観念とは次のようなものである。準備のできた新参者がこの相続物に出会うであろう――現行の使用の中でそれが被る偏見や無視や省略や腐敗によって限定されることなしに出会うであろう特別な場、偶然によってではなく、注意と集中と厳密さと勇気と忍耐と弁別と、そして思想と行為における卓越性の認知という習慣を促すべく考案された指図と制止に従って勉強することにより学ぶという営み、そこで自らの当座の事情とは違った観点で己自身を認知し特定することを学べるような成人生活への修業期間といった観念がそれである。

我々が今や考察すべき教説とは、この全てに対して、子供じみた得手勝手の領域が取って代わられるべきだとするものである。衝動や性向を含むにせよそれらを思慮深く見識ある選択へと転じるような一切のことが、そこからは意図的に除外されてしまっている。子供がその衝動の駆り立てるままに粗暴であり、その性向が示すままに忙しいか怠けているかといったような場である。そこには何らの勉強のカリキュラムも、何らの学習における秩序ある進展もあってはならない。代わりに衝動が、「学習の縫い目なき衣服」や「あらゆる発現における生」〔A・N・ホワイトヘッド、杉本正二訳編『教育の目標』万流社、一九八一年、二九、二〇頁〕と呼ばれる一様な混乱に向けて解き放たれねばならない。学ばれるかもしれぬことは、まるで予見できず、全くどうでもよい事柄となる。

どの子供も、そうした個々の所謂「実験的」活動のプロジェクトを営むよう期待される。それらを自分自身の仕方で、そうすることの嗜好が続く限りで、追求したいと感じるままにである。学びは個人的な「気づき」でなければならず、したがってそれは偶然の貧弱なそして不完全に理解された「発見」の産物となる。何物も「発見」しなくても、何事かを命じられるよりは良しとされる。子供は、自分自身の無知と知的な驚きといった屈辱（そう考えられている）から匿われなければならず、自身の性向という妨げなき胎内のうちに匿われなければならない。教えは、躊躇気味の（できれば言葉なき）示唆に限定されねばならない。機器が教師よりも選ばれるべきということだ——教師は思慮ある参入手続きの管理者でなく、物言わぬ出席者、環境の備品を調節するインテリア装飾者、音響・視覚装置を手入れする機械工と認められている。

「発見」は「自由な」集団討論の主題となろう。あるいは、「発見」を作文に書いて評価されることもあろうが、それはその理解可能性を理由としてでなく、表現の「自由さ」の故であろう。それらが「創造的」である限り、どのように書かれようと問題ではない。いわば自力で口ごもることは、母国語の自己訓練をものにするといった成果よりも優れた成果である。空想は想像へと花開くための何らの励みにもならぬであろうし、衝動の表出は優雅さという知的価値を手中にするための何らの励みにもならぬであろう。厳しさについては言うまでもない。見ることと行うことが、考えることと判ることよりも選ばれる。絵画的な演出が話すことや書くことよりも選ばれる。覚えることは、学びの養母であるが、隷従の遺風として蔑まれる。理解と行為の基準は無視されるだけでなく禁忌である。衝動の所謂「内面規律」が、説得と身体的介入〔体罰〕と相まって、行為規範に取って代わる。要するに、「学校」は、まったく無関係な幼稚園の性格を強いられることによって腐敗させられてしまう。「中等学校」は「初等学校によって既に示された手本に倣うだろう」と告げられる。もっとも、これとそっくり同じことが存在するかどうかは疑われよう。我々が考察しなければならないのは、現に行われていることではなく、権威ある立場の人士によって今や声高に唱えられている教説である。

この状態を望ましくもあり不可避でもあると信じる著述家の多くについては言うに及ばぬ。彼らはこれ見よがしに次のごとく信じるのだ――人間的理解と行為の適切さという継承物への学び手の思慮深い参入としての「学校」では、子供たちは細胞にも似た教室での監禁さながらの存在たるべく罰せられ、全ての個性を破壊する退屈で無意味で堅苦しいルーティンに従えとの脅しを強いられ、それが自分たちの「関心」から、また自分たちがそれまでに遭遇したものから疎遠であるが故に自ら理解しないし出来もしないことを学ぶように無理強いされるし、されるに違いない、と。反抗すれば有利な職業に就く将来の機会をふいにしてしまうだろうという理由だけで自らの堕落した状態に黙従する、「人生」に対する謀略の犠牲者というわけだ。この錯覚からする能弁な嫌悪の表出は、「真理の探求」や子供の現世代のいっそう優れた理解と称するものについてのガラクタに補われもするが、これら著述家が教育について考えている振りを保つために必要な一切なのである。

しかしながら、この「学校」廃止を促すいっそう実質的な理由を持つ（あるいは持つと評される）者もいる。たとえば、その者たちにとって、人間的理解のあらゆる継承物は、尊重されるべき何物かであるどころか、また感謝を呼び起こし子供に生きる喜びと人間たらんとする熱意を抱かせるべきものであるどころか、耐え難き重荷である。「自らに語るのだが」と、人間の条件からの或るそうした自称〝亡命者〟は書いている、「自らを忘却の河に投げ入れ、我が魂から全ての知識、全ての技術、全ての詩歌の記憶をすっかり消し去るならば、どれほど幸福となろうか。裸のまま最初の人間のように彼岸に達するならば、どれほど幸福となろうか」と〔Michail Ossipowitsch Gerschenson, *Correspondance d'un coin à l'autre* (Paris: Editions Corrêa, 1931); cited by Gabriel Marcel, "The Concept of Spiritual Heritage," *Confluence*, Vol. 2 No. 3 (September, 1953), p. 4〕。

そのような人物が教育と（どのように上手く運営されていても）「学校」の中に、清らかな無知な者に対する忌むべき侵犯しか見ないということは理にかなっていよう。〔教育と学校は〕もっぱら廃止され、無垢の知性を持った導き手なき探求者の「実験的」活動によって置き換えられることだけが相応しいというわけである。しかし、これは幻想である。この熱望は、追憶される人間的神話の言葉で実に念入りに表現されてはいるが、それ自体が歴史的な人間的感情なのである。ここで公にされている事柄は、人間的理解という継承物から解き放たれたいという願望ではなく、人間的理解の我々の継承物で最も感動的で繊細な構成物の一つである感情なのだ。全てのヨーロッパの詩歌の核心にあるあの優しい郷愁であり、不可能な解放というあのイメージであり、我々は教育されることにおいてのみそれに出くわすのである。表明されているのは、人間的条件の理解であって、それそのものが教育を廃止するための理由では決してありえないのである。

「学校」を廃止するというこの企てのいっそう流行りの擁護論は、人間的理解のあらゆる継承物が必ずや挫折を引き起こすという信念に由来するのではなく、次の確信に由来する。曰く、我々の唯一の意味ある継承物（すなわち「科学的知識」と呼ばれるもの）と主張されているものは、あまりに最近のものであるし、「すぐさま時代遅れになるような形式的な知識の一団を子供たちに詰め込むこと」が明らかに徒労に終わるほどの急速な変化の過程にあるという確信である。人間的理解の「当を得た」継承物が何もないところでは、昨日の知識の最前線が明日には想念のゴミ捨て場となるところでは、行動の技法や基準が消えゆくような科学革命の真っ直中にいるときには、「創造的調査」でないような学びのための余地など、また技術的問題を解決することに関わらない「教育」のための余地などありはしない。確かに「学校」は、祖先から知見を求めなければならない者たちにとっては十分に適してはいたが、今や教育も「学校」も時代錯誤であり、そこで学ぶべきものは何もない、と。

しかし、「学校」を廃止するというこの企ては新規な冒険ではない。こうした熱望と表明は、その古さに対して、またその自己弁護のよって立つ信念に対して、あまり正当な扱いをしていない。「学校」と教育とは、新参者が独力で「発見」と「気づき」の活動に携わるような大人の生活への修業に、取って代わられるべきだといった現今の見解は、一世代が次世代に伝達する唯一の継承物は、言葉で伝えられる「事物」についての情報であるといった、そしてこの理由から信用できぬ、誤謬の切れ切れの名残なのである。

くだんの教説は言いつのる、知識はもっぱら経験と「事物」の観察からのみ導き出され、それが

「物に対する人の支配」を表すのだ、と〔桂寿一訳『ノヴム・オルガヌム』アフォリズム一二九、岩波文庫、一九七八年、一九六頁〕。そしてそれが自分自身についての知識であるならば、それは人間の「尊厳」の道徳的理解ではなく、精神物理学的過程の知識であると。この知識は言葉において記録され、言葉において伝えられる。これらの言葉が常に「事物」についての正確な報告であるならば、何ら重大な損害は被らないだろうが、たいていの場合これは当てはまらない。言葉は「事物」の歪められたイメージであり、伝達するとされる情報を損なってしまう。「言葉は理解を妨げる」〔『ノヴム・オルガヌム』アフォリズム四三、八五頁〕。それゆえ、もし知識について真摯であるならば、「我々の注意の対象」たるべきは「手堅い事物」であって言葉ではない〔『ノヴム・オルガヌム』アフォリズム五一、九二頁〕。「学問の最初の病気は、事物でなく言葉を研究する時に起こる」〔服部英次郎・多田英次訳『学問の進歩』岩波文庫、一九七四年、五一頁〕。教育に関わろうとするのなら、我々の観察を他者に言葉によって伝達しようと試みてはならない。というのも「知識はそれが得られたのと同じ方法によって」、すなわち「事物」の観察において独力で営まれ、己自身の発見をもたらす調査によって「届けられ浸みわたるべきだ」からである〔*De augumentis scientiarum,* Chap. 2, Bk. 6〕。さらには、これは正しい学び方であるばかりか、真の発見の保証を請け合いもする。というのも、重要な「発見」はしばしば何らの偉大な知性なき人々によって偶然に為される――彼らは「発見」したいとの衝動に従う子になっていようからである。(1)

私はフランシス・ベーコンの著作から引用している。「学校」を廃止する企画の父と認められようその人である。実際のところ、彼が有名な学校となったチャーターハウス校の設立を阻止しようと最善を尽くしたことには、興味がないわけでない。他のグラマースクールと同様に、新しい少年世代を人間的理解の継承物へと参入させるという誤った営みにそれが関わることになるからという理由に基づいていたのだ。もちろんベーコンの著作のうちにはこの教説の他に多くのものがあり、それを修正する何物かもある。しかし、時を隔てた今日なお進行中なのは、うら若き者を教育する方法への価値ある上乗せと認められもする（たとえば「子供に見て触れと促すこと」といった）示唆ばかりでなく、教育という営みそれ自体のくだんの誤解なのであり、そのよく引用される「言葉でなく事物」という標語や、[2] その寡黙な教師とともに、「言語は知られることに益のある事物を我々に伝達する道具にすぎない」〔ジョン・ミルトン、私市元宏・黒田健二郎訳『教育論』未來社、一九八四年、一二頁〕という誤った信念や、文学の全くの無視や、カリキュラムの欠如や、ナマの情報の強調や、性向の称揚や、実用への熱意や、人のアイデンティティは人間の理解と感情と信念という継承物への己の関係性にでなく「手堅い事物」の世界への関係性のうちに見出されるべきという確信を伴ってのことなのである――これらの全てを私は「学校」廃止と教育破壊とを目指す現今の企画の最初のものと見なしている。

ベーコンと彼のほぼ同時代人であるコメニウス〔Johannes Amos Comenius, 1592-1670. チェコ東部モラヴィア生まれの教育学者。現代の学校教育の構想に多大な影響をあたえた〕やハートリブ〔Samuel Hartlib, c.1600-62. プロシア生まれの商人・教育改革家〕やミルトン他の教説にあっては、「教育」が表すものは、人間的な理解や感情や想像などなどの継承物へと参入させられる人間の世代間の遣り取りではなく、この全てからの解放であった。そこでは人は、汚されていない「事物」と「法則」の「自然」世界の作用についてと、またこの世界の一つの姿としての自己自身の作用についての「客観的」知識を獲得するのである。この教説は早いうちから一連の常套句の中で記憶されていたが、その後の数世紀にわたってのその反復は近代教育理論における「進歩的」系統の一つとして持続した。それはヨーロッパの人々の教育の営みに何ら直接には影響しなかったが、後世になって教育を廃止する構想の理由づけとして現れたのである。

だが、教育という営みへの現今の侵略者たちは、「学校」としての性格を剝奪することにより諸々の学校を腐敗させようとするこの企てに止まるものではない。彼らは学校の禁圧を構想し見通すのだ。これらの改革者でより煮え切らぬ者たちは、「学校」と外の世界との間の区別の解体という点で学校の解体を想像する。子供と「学校」との廃止といっても、彼らの穏健な展望ではもっぱら別個の場所としてである。代わるべきものは「コミュニティーセンター」であり、地方議会の連合体、人民法廷、村の公民館、情報センター、クリニック、社会指導機構、スポーツクラブ、遊園地、ポリテクニック、「カルチャーセンター」である。そうしたいと自ずと感じるならばそこに子供も大人も寄り集まるであろう。そこでは彼らはともに自身の性向のままに振る舞い、子供の場合なら「教室という箱から飛び出してしまう」衝動的なエネルギーを発揮するかもしれない。そこでは、一二歳かそこらの年齢で、知識は多様であるとの迷信と称されるものから解放されて、大人の活動のローカルな世界への対等な参加者となり、生活という広い書物から己の「教育」を勝ち取るであろう。このコミュニティーセンターにあっては、子供＝大人は教師でなく、「訓練されたソーシャルワーカー」を見出すであろう。「自己表現」のためと未知の「発見」を為すための果てしない機会を提供しようとする「設計された環境」を見出すであろう。「テクノロジカルな機器」すなわち、中央の放送学校から放映される画像や講義を中継するためにプログラムされた教育用の機械と装置とが備えられた部屋を見出すであろう。そこでは、義務を知らず、欲求不満から救済されて、「大人の干渉という侵害」から解放されたと称されて、自己決定的「教育」を享受することとなろう。制限といえば法規で定められた以外の選択肢だけが排除されるくらいのもの。むろんのこと、「学校」のこの禁圧は、一六世紀ヨーロッパにおける修道院の解体に匹敵するような学校の解体のうちにのみ実現しよう。それは「啓蒙」政府の仕事となろう。

全ての年代のため娯楽街と遊技場というまだしも馴染みある光景のさらに先を見る者もいる。近年の機械の発明によって約束された保証に励まされて、彼らは各々の家庭が「基礎的な学習ユニット」となるような未来を見通す。それは「中央コンピューターシステムと結びついた電子制御卓や、コンピューターによって国立テレヴィジョン網とともに管理されるヴィデオテープとマイクロフィルムのライブラリー」を含むであろう。全ての「教育」は「中央教育ハブ」から施されるであろう。もはや子供たちは「登校する」必要がなくなろうし、「押しのけあって教室に入る」必要もなくなろう。どの子供もボタンに触れると各々の用途のために設計された「学習パッケージ」を利用できるであろう。「コンピューターによって管理される記録済みの教示に答えてテレヴィ画面に似た表面でタイプする」であろうし、「ボタンに触れると、「教師たち」が到達度の概略を表してそれに応じた助言をするかもしれない」。子供は「自分自身の教育上の目標を選ぶこと」も、それらを自分自身のペースで追求することも出来るようになろう。

しかし、これらの提案や予測にまだしも生きながらえている教育というものの残存する認知は、我らが「教育」企画者の最も大胆なる者の計画には欠けている。その者たちは「学校」と諸々の学校ともどもの最終的な解体を期待するのである。彼らは子供の廃止のみならず人の廃止をも構想する。「何を学ばないといけないの。私に教える機械はどこにあるの」と自問する子供は、「いかなる類の「人間」を我々は欲するのか。そしていかにして彼は最も容易に製作されようか」との問いに関心のあるソーシャルエンジニアに取って代わられなければならない。「こうした可能性は」とこれらの空想家の一人は書く、「実際上、我々の想像力を無用にする」と。ここでは、教育に関すると称されているにもかかわらず、教えや学びや理解のあらゆる見掛けもが放棄されている。望ましい子供たちとは制御された遺伝子的選択の産物であろうし、彼らの「行動」は電流により刺激され、また他のいっそう秀でた脳からの抽出物の注入により、化学物質の接種により、他の抗しがたい条件付けの過程により刺激された脳によって決定されよう。非の打ち所なく行動し、ノイローゼと無縁な、何らの挫折感に悩まされない、(何ものをも必要としないから)自分自身のアイデンティティについて無頓着な、しかし理解することも行為することも出来ないこのゾンビの類の出現とともに、「人間の最良の夢は」と、先の同じ教育学の教授は言う、「ほとんど我々の統御のうちにあるように思える」と。

勉強によって学ぶという真剣な営みとしての性格を奪うことにより「学校」を腐敗させること、またそれを狭い世界の活動や「利益」や偏頗さや矮小さに同化させることによって、かつその代わりにゾンビを製造する工場へと置き換えることによって、廃止すること、まさにこれらは教育を破壊するための現今流行の企画の二つの側面である。それは人間を廃止するための企てである、第一に彼を廃嫡することによって、第二に彼を無化することによって。この企てに携わる者たちが己の教説を教育という営みの改善された理解として当然に表現すること、自らを子供たちの友であり解放者であると当然に主張することは、予想されぬわけでない。むろん、その表現は虚偽であり、その主張は欺瞞である。

この企てとそれを支える教説とは、教育という営みを廃止する現今の企画で最も注意深く工夫されたものであるが、教育への現今の脅威はこれに尽きるものではない。この営みをいよいよ阻み今やそれを抹消する脅威となっている他の企て。それについての短い考察をもって締め括ろう。

教育する営みは、新参者をそこに参入させる人間的な理解と信念という継承物などないとの確信によって、あるいは次の信念によって妨げられよう。以下の通りである。そうした継承物はあるけれどもそれは必然的に無価値なのだから、各々の新たな世代の成人生活への修業とは、調べるだけでも腐敗的な代物〔継承物〕への正式な拒絶であるべきで、「乱されもするし乱しもする創造的な種類の議論」がこれに続き、その議論の中で各世代はそれ自身の理解を創始する。その際（想像せねばならぬが）〝自己否定の掟〟――「進歩」をその秘訣を次世代に明かすことによって禁じるなかれという掟

——に服しつつ、と。

しかしながら、それはまた以下の信念によって損なわれ（実際、ある重要な点ですっかり妨げられ）もする。曰く、人間的な理解や感情や信念その他の意義ある継承物——それによって新参者が己の間近の世界の束縛から解き放たれ、思想と行為における卓越の基準を知る文明人としての自己を理解し自覚するようになるもしれない、そうした継承物は有るかもしれないけれども、殆どあるいは全く当の世界の現今の事業や活動に反映されていないため、このものは混乱を招くとともに「社会的に危険である」といった信念である。それは日常の実業の生活から注意を逸らすし、万人によって等しく到達可能なものではないから、それは統合的というよりは社会的に「分断的」となろう。それゆえ、新参者の大人の生活への修業は、人間的理解の偉大さ（*grandeurs*）への参入でなく、彼がそこに現に実際に生まれた狭い世界を形づくる技術や活動や事業への参入でなければならない。大人の生活への志願者は、自己を追求し自己を演出することを学ばねばならないが、それはさながら公務員（*fonctionnaires*）の結合体の中で指定されるか自ら選んだ役割に関してなのである。

これを私は教育の「社会化」による代替と呼ぼう。それは教育の営みの妨げと「学校」の破壊と認められねばならない。というのもそれはこの修業を成す教えや学びに外部からの「目的」や「目標」という性質を帰するからである。すなわち、現今通用する「社会」——持続させることを求められている技術や活動や事業や理解や感情や信念の集合体——への新参者の統合がそれである。要するに「最も「通用する」——この言葉が法貨について用いられる意味において「通用する」者となれるように育てること」[3]である。それは教育という営みの、私が既に触れたものとは異なった妨げと認められるかもしれないが、むろんのこと、それらの間には偶々の結びつきがあろう。

私が「社会化」と呼んでいるものが教育に取って代わられるべきだとの信念は、第一に次の信念と区別されるはずである。我々は社会に住んでいるが、その社会は人間の結合体であるが故に人間たる成員、つまり一定程度に教育された人々である成員に依存しているという信念である。というのは、これを信じることは、これらの人々が人間の性格を身につける営みに、何か外部の「目標」を帰することではないからである。「人間たること」とは、ここでは、目的に対する手段（すなわち他の人間と生活すること）としてではなく、いわば条件——それについて人間存在に関する正当化を求めることが無意味であるような条件として認められている。さもなければ人はどうあるべきなのか。第二にそれは、教育された人々の資質は「社会的」機能の遂行においてしばしば価値があろうといった認識と区別されなければならない。というのは、教育という営みは、「社会的」機能の遂行者を生産するように意図されていない（これが何の外部の「目標」をも持たぬと言うことにより意味されている事柄である）し、「社会的に」無価値な人々を生産するようにも意図されていないからである。

我々が考察している企てをここで最も正確に記述しよう——新参者の大人の生活への修業における教育的配慮を「社会的」なそれに代替する企てである。もちろん、一つの一連の配慮を他のそれへと代えるこの代替は、教育という営みと「学校」という観念とに対して敵対的である。それが教育的価値を持つかもしれぬ一切を必然的に排除するからではなく、この修業に固有に属すると見なされるものは何であれ、もっぱらその所謂「社会的」価値に関して許されており、もっぱら所謂「社会的」目標に関わって認められているからである。「共同体への奉仕」は「教育」に関わって多様な解釈を受けやすい表現である――それは稀な能力や普通の平等性に適うかもしれない――が、そのための準備が教育に取って代わられるところでは、「社会化」は教育という営みの位置を占めることになる。

教育を「社会化」に、学校を「社会化」の道具に置き換えようとする現今の企画は、ヨーロッパに関する限り、たいていは一七世紀後半に始まった近代ヨーロッパ国家の統治者たちによって促進され実行された、いくぶん異なった企てから生じた。ここで私が言及していることは、教育という営みそのものに関する（カトリックであれプロテスタントであれ）統治者たちの活動ではない。一六世紀に始まり統治者たちが次第に中世の教会の教授権（*auctorias docendi*）を侵害していった時のその活動ではない。これらの活動はしばしば広範囲で、むろん自らが統治する人々の統合を促進すべく目論まれていた。それらには学校や大学における教師や生徒に対する信仰告白の要件の強制も含まれていたが、その他の点で教育という営みを深刻に修正したわけではない。それらはたいてい世俗の主権者に転り込んだ教会の権威の行使であり、この時期に国王や公爵の許可状の下か私的な篤志家によって創設された多くの学校や大学は、既に存在していたものと似た制度であった。それらは「新しい学問」から生じた教育の営みにおける変化を反映することだけが新奇であった。伝えられるべき人間的理解の意義ある継承についての（一五世紀に端を発する）新たな称賛に関わる変化がそれである。さらに、後年になって政府が臣民の教育について、学校のカリキュラムと教師の任命について広範囲な統制を及ぼすようになるが、その際でも教育という営みと「学校」の観念への敵対的な考慮を強いることはなかった。私が今考えているのは、このどれでもなく、その何れかに嘘を付く企図、すなわち、教育の代替物の準備である。

ドイツ諸邦の多く（とりわけプロイセン）やフランスや、大英帝国やその他で一八世紀初頭に始まったことは、既存の学校や大学の性格を変えるとか、教育という営みを修正するといったいかなる試みでもない。それは大人の生活への或る代替的な修業制度を、主としてその貧しさという理由によって殆どあるいは全くその種のことを享受できない人々に提供する企図であった。ヨーロッパ大陸の「啓蒙的」統治者たちが実に上品にも呼ぶところの下層民（*canaille*）のことだが、彼らはいわば負債と見なされるようになった。伝統的な様式に強く留め置かれ、経済的・技術的な変化に取り残され、上手く自活することが出来ずに、彼らは自分たちが生まれ落ちた社会の生産的な事業に不十分な貢献しかできないと断罪された。この企画は、彼らの子供たちに、慎ましやかだがより近代的な技能を備えさせることによって、「国民」の負債というよりは資産と成るようにするというものである。読むこと、書くこと、数えること、計ること、「指示を受けること」、図表を読んで描くこと、金銭での遣り取りを理解することを教えなければならず、通常は宗教的な訓育がこのカリキュラムに加えられた。そのように設えることで、彼らは「国民」の福利にもっと大きな貢献を為すことができ、その自然的資源の知的な構成部分——その「人的資本」としてますます明瞭に自らを認知し始めることができるだろうと考えられた。全く無学な兵士は何ほどかの負債とさえ見なされたし、しかも当時の大陸の常備軍は大規模であった。さらに、貧民を「共同体」に、そのより有益な成員たるべく備えをさせることによって「統合する」この企ては、所謂「教育」の国家体制、公教育（*education publique*）あるいは国民教育（*education nationale*）を約束するように思われたが、それ自体が、統治者は自らの臣民を訓育する権利を持ち臣民(とりわけ貧民)は「国民」の福利に貢献する義務を持つとする、生まれつつあった教説の象徴である。[4] 英国でも貧民の無学に伴う資源の浪費という同様の認識はあったが、この種の訓育は、一七世紀後半このかた教区学校と慈善学校において、また「キリスト教知識奨励協会」や後には「国民協会」といった組織によって創られ引き継がれた諸々の学校において均一には提供されなかった。政府が何らかの役割を演じ始めたのはやっと後年になってからであり、その時でさえ、子供たち（とりわけ貧しい子供たち）は「国家」に属するという大陸式の教説は根付くのに時間がかかった。

こうして、英国のカレッジ学校とグラマースクールと大陸におけるそれらの対応物と並行して、その短期性によって特徴づけられる大人の生活への修業制度が生じた。というのもそれが教育的配慮でなく「社会的」配慮によって支配されるが故にである。それは既に「国民のニーズ」と考えられていたものを満足させるために調整されたし、「国民」の福利は、貧民の子供たちの訓育が彼らの将来の職業に相応しいものであるべきことを求めるものと認められた。この訓育が施された制度は、どこでも新旧の混合体であり、地方の継承物を反映していた。この教育の代替物は、中世キリスト教界に残存していた村落の学校から生じたが、それは地方の慈善活動の不確かさや教区の司祭の活力しだいであったから、明らかに長らくそうした偶然の事情に左右されたままであった。しかし、通常は統治者の命令の下にこれらが削減された時、登校が強制であるとされた時、その外的な目標がより正確に理解され定式化された時、それは明瞭に出現するに至る。

この教育の代替物は、元来は貧民のために「社会化」の企てとして構想されたが、もちろん「社会的」変化に敏感であって、産業的な職業の出現とともにそれ相当に拡張していった。たとえば英国では、一九世紀初頭には教区学校と慈善学校の他にも、貧民のためでなく、産業・商業社会の事務員やその他の職業を目指す数多くの志願者の用に供すべく創設された私立学校や「アカデミー」が現れた。その時からこのかた、ヨーロッパのどの国でも、教育への代替物として、「近代」国家における家庭生活・産業生活・商業生活への体系的な修業制度が次第に出現していったのだ。

それは引き続き熟考され再編され再設計され改善された。新たな「ニーズ」への対応の中で拡大された。カヴァーする年限の期間は延長され、それが認可する資格はいっそう几帳面となり、より厳格な達成度において得られることが求められるようになった。が、その一般的な性格は不変のままである。今や大方のヨーロッパ諸国において、読み書きと計算が学ばれ練習される第一段階、これらの成果が伸ばされ一定の一般的な知識(とりわけ「科学的」知識と呼ばれるもの)が獲得される第二段階、そこで一定の専門化された技能や技術が徒弟制や商業学校や技術学校やポリテクニックや、出席が全日か仕事の合間かであるような私立機関において学ばれる第三段階、これらがある。今や「国民のニーズ」が満たされるべきほとんど全ての技能や技術や技芸や手工業や商売や職業を含むに至った。

最近の五〇年ばかりの間に、その全体が（単に初等の段階だけでなく）ますます政府の指導と管理の下に置かれるようになった。以上のことが実態である限り、それは「人的資源予算」に伴う一種の計算になじむようになる――そこでは「国民」は各々その最適の編制とともに技能と職業とを連動させた集合体として解される。しかもそれは単に、無視されてきた貧民に「国民」の福利にもっと多くかつ多様な貢献をさせるための装置であることを止めて久しくなったので、この教育の代替物、とりわけその第二段階を擁護し理解させるために他の諸々の理由が見出されなくてはならなかった。大部分は、「国民のニーズ」は他の仕方では満足され得ないとの信念や、熱心な教育が無益な営みであるような子供たちがいるという信念に依っていた。しかし所によっては、これは教育そのものでありその代替物ではないとの主張によって補われていた。

家庭・産業・商業生活へのこの修業制度は、その端緒にあっては、学校や大学において追求されてきた教育の営みとは別物であった。むろん両者の間に結びつきはあった。グラマースクールへの（または「進学準備」校の発明以前にはカレッジ学校への）入学者の多くは、「小」学校と教区学校の出身であり、ドイツでもフランスでもギムナジアとリセはその生徒をゲマインダー学校とコミュノー学校〔それぞれ「公立」学校の意〕から得ていた。「国民」の「専門職的」ニーズとして特徴づけられるものを供給する者（弁護士、医師、その他）は、産業や商業に従事する多くの者と同様に、自らの専門職のための資格を有するか、学校とおそらくは大学に通った後に自らの仕事を学ぶ人たちであった。しかし、このほとんどは教育という営みそのものには反映されなかった――「軍隊同期生」や「数学系」の出現は些細な変化である。

さらには、その「社会的」構想にもかかわらず、教育の代替物は教育の様相を決して全面的に欠くというわけではなかった。その始期において、およそ一一歳までの子供たちに関わる時には、おそらくそれが含む唯一の有意義な文化の要素、それを享受する者にそれが与える唯一の示唆、自らを目してやがて「生産的システム」と考えられるようになる事柄の潜在的な単位以上かつ以外の何者かだと自認させる示唆とは、宗教的訓育であり、それはフランスでは白眼視されたが他の所ではカリキュラムの一部であった。この教理問答式の教えは、すぐれて感化的というわけではありえなかったが、少なくともアイデンティティや「人生の事実」を越えた「人生の質」といったものを暗示した。聖書の物語において人間的理解の継承物に似た何物かが少なくとも薄暗く見て取れた。そして多くの者にとって聖書は自分たちの知る唯一の「文学」であった。昔年にはこの「第一」段階が教育上の実験の主たる分野となっていた。そうしたところ、ほとんどのヨーロッパ諸国において「学校」への準備としてより適切であったりなかったりと両義的な結果が得られたものである。同様に、大人の生活へのこの修業の第二段階によってカヴァーされる年限がいくぶん延長された時、[5] その「社会的に」構想されたカリキュラムは、そこでの「社会的な」理由のためというあり方にもかかわらず、何か教育的であることが保証されるような様相を帯びた。たとえば、国民の歴史にまつわる当今の神話の一瞥の如し。

しかしながら、我々の関心は、(その第二段階が英国に関する限り一九二六年にハドウ委員会によって再検討されもした)[6] この歴史上の教育への代替物の中にあるかもしれない何であれ薄弱な教育的な様相についてではなく、ヨーロッパの学校や大学のうちに存在していた教育という営みがこの代替物から被った侵害についてである。というのも、これは教育の機会をそれまで享受していなかった人々の更に多くに拡大しようとの短いが全く非効率的というわけではない試みの後に、ヨーロッパの「教育」の最近の歴史で最も顕著な様相となったからである。教育を「社会化」で代用するという企てがそれである。[7]

「社会化」によって(繰り返させてもらうなら)、私はここでは外部の目標によって支配された大人の生活への修業——教え、訓練、訓育、知識の伝達、学び等々——と意味づけている。この教育の代替物の最も普通の類型は、「国民」の福利へのより効率的な貢献をさせるべく貧者に必要な備えをさせようとの統治者その他の者の努力から現れ、それ以来、諸々の事業を維持し近代の産業商業社会ならではの満足を提供するために求められる知識と技能を引き続く世代に伝えるための多少とも体系的な調整へと工夫されてきた。ここでは教育を「社会化」に代用させようとの企ては、教育という営みに、この外部の目標にかなう考慮を強要しようとの企てである。教育の「社会的」代替物のその他の顕著な類型は、より最近に出現して違った方向へと引き寄せる。すなわち、全ての子供たちにとって同一でなければならぬという「社会的」考慮によって支配された大人の生活への修業といったものである。ここでの構想は機会の不均等を減じるか廃して「完全に統合された」社会を生み出すことである。ここでは、しかしながら、当の構想と教育という営みへのその強要とは不可分である。この構想それ自体が、全ての学校は同一でなければならず、いかなるものも「学校」であってはならぬと要求するわけである。

この代用の企図を進める中で、主な主体はもちろん政府であり、それは種々の次元で、また直接性の程度も様々に諸法案において追求された。同時に「啓蒙的な」政府理解を伴ったが、それによれば統治者は、ある実体的「目標」の達成や実質的満足の享受とが志向される結合体の管理者と認められたし、「教育」は選ばれた目的のための手段と見なされるのみであった。この企ての一類型は、我々にとって昔話である。一八二一年に議会で、英国のカレッジ学校とグラマースクールに対して（イートン校とウェストミンスター校を例外として）――教区および慈善学校において、またこの目標のために設けられた全ての類の私立の「アカデミー」や制度において提供されていた――一種の初等ないし職業志向の訓練を提供させることを求めるように目論まれた法案の可決が計られた。当時、この活動に勤しむべく自らの創立の要件から離れてしまったグラマースクールの例もある。この企てのその他のより最近の類型――「社会的統合」の考慮によって支配される大人の生活への修業をもって教育を置き換えようとする企画は、その推奨者の一人の提言のうちに描き出されていよう。「時は来た」と彼は書く、「学校間の現在のカリキュラムの相違が社会的に分断を生じさせているか否かをいっそう厳格に問うべき時が」と。そしてこう示唆するのだ、ラテン語の彼の言うところの「語学訓練」は分断的で、その理由に基づき廃止されるべきであると。この教育の代替に際して広められるべき「共通文化」について彼が思索を進める時、その企画は「学校」の廃止であることに疑いはない。それが基づくべきは「柔軟で正確で感情豊かな発話、創造的な筆記、生ける芸術の涵養、マスメディアへの理解、世界の出来事への関心」というわけである。

私は、教育を「社会化」によって置き換えようとするこの構想の歴史を辿ったり、未来を予測したりすることを提案しているのではない。ヨーロッパの大半の地域で、それは遅々たる営みであり続けた。ある劇的な時期には活気づけられ、また政治的熱狂ならではの愚かさに導かれつつ。それは政策と成るはるか以前から一つの企図であった。そこにおいて、これまで教育の代替物しか享受していなかった人々の更に多数の者に、教育の機会を利用させることに献身していたかもしれない者たちは、その代わりに自らその廃止のために献身してしまったのである。真正の教育という営みがあれば何であれ、それへの現今の代替物と同じく、政府が既にこれを管理していたところでは、一方を他方へと吸収させる任務は難しくはなかった。その結果は（ロシアにおけるように）大人の生活への修業の単一「システム」であったが、それは若干の内部の多様性を許容しつつも、全体としては「社会的」考慮に従属していた。英国では（全ての大学を含む）教育の営みの相当の部分は、最近の五〇年以上にわたって自らを、困難な環境下にあってその存続のために真に関心を寄せる良性の政府と想定されるものに、売り渡したが、実は自らを「社会化」に売り渡して自身の破壊を扇動してしまったことが判っただけであった。残存するのは解体の脅威に耐えねばならぬ無力化された断片である。近代の政府は、教育に関心はない。かつての相当の教育の営みの今なお存続する断片に、あれやこれやの類の「社会化」を強要することだけに関心があるのだ。

この状況は、しかしながら、単に立法政策――（想像されるに）或る者が望まぬか役立てても出来ない事柄〔教育〕を否定することに傾く立法政策――の結果ではない。それはその時々の環境によって促され、知的混乱によって煽られなかったなら、その現在の重要性を決して獲得しなかったであろう。ある種の「社会化」で代用することによって教育を廃止する企ては、私が既に述べた「学校」の破壊のための別の同時並行の企画と、ある特徴において同類であった。それは教育の営みにおける革新によってしばしば期せずして促されたり、最近五〇年間の騒々しいことこの上ない（所謂「知性」の測定と分布に関わる）議論によって曖昧にされたり、さらには教育という営みそれ自体についての腐敗した考え方のうちに確認されたりした。これらの営みのぼろが出た点について逐一何事かが語られねばならない。

教育の代替物は、事実上の無に代わる何物かとして貧民のために発明されたが、（大部分は政治家たちによって）大人の生活の修業として構想されていたものの、その修業たるや、学び手の狭いその時期の世界の即時性や部分性や短縮性からの解放をもたらすどころか、その既に馴染みある言葉遣いの中でこの世界を再生産し、学び手に既に彼の手の届くところにあるものについての一層の情報と、それらの使い方と己自身の能力を既に知っているが故にそれに「興味がある」と考えられる技能とを提供するものである。その営みは彼を難しくて馴染みがない人間的理解と感情の継承物へと導き入れることではなくて、彼にありのままの自分自身と「生活の事実」とに「相応しい」と当人が認めているものの何であれいっそう確たる理解を与えることである。彼は新しい文脈の中で自己を理解したり、より豊かなアイデンティティを獲得する〝新生〟を経験する機会が与えられない。彼は己の現在の世界の鏡の中でいっそう明瞭に自身を見るように急き立てられるだけである。この教育の代替物を推奨する者は、その成果は「社会のより有益なメンバー」であろうと信じた。彼らは大人の生活へのこの修業を教育の営みと混同しなかったが、それは教区学校をグラマースクールと、エコル・コミュナール（公学校）をリセと、「公立」学校をボストン・ラテン語学校と、レアルシューレ（実技学校）をギムナジウムと、（ハドウ委員会の意味における）「中等学校」をグラマーあるいはカレッジスクールと、あるいは専門学校を大学と混同しないのと同様である。

にもかかわらず、この教育の代替物という構想は、教育の営みそれ自体のより良い理解であると称されるものと概念上も歴史上も関係している。それは「教育」を以て「言葉でなく事物」への関心、「生活からの学び」と「からくり」の発見とするベーコン流の観念と同類であり、次の事柄と同類である。曰く、不慣れな区別を示唆することによって学び手を混乱させるかもしれぬカリキュラムの欠如（毎日は注視されるべき「経験」を提供することが当てにされている）、「子供たちに彼ら自身の興味から発展しない諸問題を押しつけること」への逡巡、「学校」と狭い世界との相違が解消されることから生じる「学校」の期待もされ予見もされる廃止。要するに、教育を「社会化」に代用させようとの政治的企図は、教育の営みそれ自体についての次なる信念に支えられてきた。代替物は、価値はあるけれども明らかに劣った代物としてではなく、元来は貧民のために構想され教育的には優れたものとして現れるのだという信念である。（偽物ではあるが）この助力がなければ、代替物のこの企ては、疑いなくいっそう困難であったろう。

これらの信念はヨーロッパの教育の営みにほとんど影響を及ぼさなかった。それらは諸々の学校のその時々の欠陥に対してではなく、「学校」という観念に根ざす美点に対して敵対していた。教育を代替物に同化することによってそれを破壊する企て。(ギムナジウムやリセやグラマー・カレッジスクールやその他に代表される)営みは、それに抵抗できるほどの教育上の伝統を有してはいた。しかし近年になってカリキュラムと教授方法に変化が生じ、それが教育的考慮を追い出し幾分か「社会的」考慮を許すことによって、時に期せずして当の営みを代替物の方向へと押しやるようになっている。学校のカリキュラムにおける「科学」の出現と、語学の科目とは、教育という営みのこの自堕落の多くあるなかの二つの事例である。

もし「科学」が人間的理解と信念の継承物の一要素と認められた知的冒険への参入としての教育の営みに加わるならば、それは疑いなく、既にそうであったものに良性で適切なものを付け加えたことになっていたであろう。しかしそうはなっていない。「科学」はその代わりに第一に、「社会化」のために構想された教育の代替物に属していた。何らかの技能や技術や製造活動と関わりある世界についての役立つ情報と認められていたのである。――ハドウ委員会がのちに「実践科学」と呼ぶものである。また、そのように理解されつつ、教育の営みの一部を構成する段階まで進むことが許されるとき、それは当の営みにとって明らかに奇矯となる。言葉ではなく「事物」の、観念ではなく物体の、思想ではなく観察の知識(と称されるもの)といったこの素朴なベーコン流の表現のうちに定着するようになって、今なおリセの課程に現れるルソー式の「物の授業」(*leçon des choses*) のように、その奇矯さは確証された。その知的な卑しさは覆うべくもなかった。

にもかかわらず、「科学」は「学校」の中に自身のための場所をしかと見出した。それは、多少の困難はあっても、眼前の職業上の考慮とは距離を置いていた。それは長年にわたって、誰しも教育のある人なら知っていなければならない自然世界についての「役立つ情報」であり続けたが[8]、時を経るにつれ(現に記憶にあるように)、それに、人類の偉大な知の追求の一つとしての認知を与えるべく、何事かが為されている。顕著な成功はしなかったが。それは今やより真剣に教えられ学ばれているが、現今の教育上の編制の中での位置づけは曖昧なままである。たとえば化学は、洗練された料理法の類としてのその性格を越えて成長することは決してなかったし、「科学」は今なお教育的でなく、「社会的な」考慮から擁護されたままである。「我々は第一級の外科医と技師と化学者と心理学者と社会科学者その他を必要とする」と。彼らが学校からその道に進まない限り、我々は、我々の豊かさへの願いがその実現のために求めるものを、得ることはないだろうと。

状況におもねられ昔からの異端と結びつきながら、「科学」そのものを、「文化」——そこで人間が「物」と「物に対する支配[9]」との関係で自らを確証する——として促進すべくある試みが為されたわけだが、それは今や誰をも騙せていない。少年らは自己認識を得ることを期待してではなく、職業選択上の理由から「理科6」を選ぶのだ。遺憾ながら、学校や大学のカリキュラムへと押し込まれている所謂「社会諸科学」のこれに劣らぬ欺瞞的な要求については、まだそうなってはいない。もっとも清算の日も遠からず。現世代ではそれらはビジネスの中だけにその専門技術的な見掛けゆえに残存している。

語学に関しての教育の営みは、学び手を人間的理解と感情の源泉かつ貯蔵庫としての言語へと導き入れることであり、これこそ英国のカレッジ学校とグラマースクールとその他の所の同種の学校がラテン語とギリシア語に関して、そしてまた程度は小さいながら母国語に関して取り組んできたことであった。学び手が自ら従おうとするのは、「語学の教練」ではなく、思考の厳格さと感情の寛大さへの参入であり、文学への参入であり、そこで「生活の事実」が「生活の質」によって照らされる歴史への参入である。(最初はおそらく女学校で)現代の諸言語が我々の教育の営みの一部となった時、それらはその文学について選ばれ、より広いヨーロッパ文化という観点で学び手に自らを自覚させることを促すべく構想された。それはレッシングやゲーテ、モリエールやラシーヌ、ダンテやレオパルディ、セルバンテスやカルデロンを読むことであった。

しかしながら、教育の代替物においてこれに対応する物は、異なる類の企てであり、それは「言語は、知られるに有益な事柄を我々に伝える道具でしかない」との信念に支配されていた。教えられる言語は教育的でなく「社会的な」(すなわち商業的または地方的な)考慮という点で選ばれ、もっぱらコミュニケーションの手段としてのみ学ばれた。この外部の「目標」こそが、関連する言語と文学と歴史との深い知識を持つ者たちの代わりに、音響・映像系の言語マシーンや「ランゲージ・ラボラトリー」や「ランゲージ・ラボラトリー・アシスタント」がそこから生み出されるような学習方法を、相応しいものとさせたのである。言語マシーンの利点と称されるのは、「人々に自信を持って言語を話すことを教え、それを速める」こと――当の企てに相応しい利点である。もっとも、言語の選択においてであれ学習方法においてであれ教育の代替物に相応しいものが、教育の営みと思い込まれず教育を腐敗させることがなければ、何の害悪ともならないのだが。子供は母国語を学ぶように「それが話されるのを聴くことによって」外国語を学ばねばならないと言われる時、見過ごされているのは、「学校」の教育の営みにおいて彼が母国語で学ぶものは、まさしく「それが話されるのを聴くこと」によっては決して学ばれ得ないということ、これである。

大学の自堕落はヨーロッパの諸国民の教育の営みのその他のいかなる部分のそれをも凌駕している。過去には英国の大学はしばしば教育する営みの無精な保護者であったし、またしばしばのようにそれを復活もさせたが、現在の一世代のうちに自らを「社会化」の道具へと変形させる政府のほとんどあらゆる構想を先取りしてしまい、己自身のこの破壊を引き受けるにほとんど利益誘導される必要もないほどである。とはいえ、もちろん、大学はこの方向への相当な圧迫を受け入れている。特に「高等教育に関する委員会報告」(一九六三年)においてであるが、それは大学を所謂「高等教育」の体系へと同化させるものである。〔高等教育の体系は〕国民が「経済成長の目的」を果たし、「急速な技術的・社会的進歩の領域で他の高度に発展した国々と成功裡に競争」〔*Higher Education: Report of the Committee appointed by the Prime Minister under the Chairmanship of Lord Robbins* (London: Her Majesty's Stationery Office, 1963), p. 8〕せねばならぬとすればますます求められる、特別に複雑な技能と多能性を身につけさせるよう考案された何らかの資格を得た学習者への投資と解されているわけだ。疑いもなく大学は委員会によってこの「高等教育」の中でそれ自身の場を持つように意図されてはいるけれども、やはり外部の目的、「社会的」考慮に従属せねばならず、そのため教育の代替物と同然になっている。結局のところ、災難は大学がほとんど教育以外のものを探し求める人々によって圧倒されていることでなく、自らがほとんど全面的に破壊されているということだ。

教育に「社会化」を代用させる構想は大いに進展して、今世紀の最も重大な出来事、我々の文化を襲う最大の逆境、野蛮な豊かさに捧げられた暗黒時代の始まりとして認められるに至っている。それは三世紀ほど前に、理由は何であれ教育の営みの外側に置かれた人々に、教育の代替物を提供するために始められた（愚かでもなければそれ自体が教育の営みへの脅威ともならぬ）企てから生じた。その時代以来、この代替物は変化する環境に対応すべく調整されてきた。大人の家庭・産業・商業生活への修業を形づくるまで改良され拡張されたし、それ自体の多種多様な変種を生み出した。そして大抵は政府の統制に服した。実際、それは、自らが創造の手助けをした世界が「サーヴィス産業」と認めることのできるものとなった。「国民」の福利への貢献として構想された。それがもたらしつつあると称される豊かさを理由にして歓迎されるか受忍された。その成果をコストと便益の観点から計算する諸々の試みが為された。そして、それが擁護されたのは、自らが生み出すべく構想されたものを根拠にしてであり、ある種の子供たちにとって最も相応しい修業制度であるとのいっそう疑わしい口実に基づいてであった。教育へのこの便法はしかしながら、ヨーロッパ諸国民の教育の営みを腐敗させることとなり、今やその望ましき後継者と公言されている。簒奪がここかしこで進行中である。しかし、この企ての犠牲者は単に歴史上の教育の営みだけではない(どれほどの欠点と短所があるにせよ)。犠牲者は人間的理解の継承物への参入としての教育という理念でもある。この参入によって人が「生活の事実」から解き放たれ「生活の質」という点で自らを認めることになるはずなのだが。この企ての災厄は、その企画者の知的腐敗と見合っている。

過去には、この企ての最もありふれた類型を素朴に推奨する者たちがいて、彼らは以下の事態を望ましくないと信じたものである——学び手に当人がまさに入ろうとする世界についての情報を伝えるようには特に構想されていないし、そして実際しばしば人間的理解の継承物への学び手の関心ゆえに十分な量でこの情報を伝えられない学校が当然にあるということ、これである。しかし彼らはそのような学校が存在することを拒みはしなかった。ベーコンのように、彼らはウェストミンスター・カレッジを認め、おそらく何らかの利点はあると認めていたが、グレシャム・カレッジの方を選んだ。E・ロビンソン氏でさえ彼が「アカデミック」教育と呼ぶものの存在を認めていた。「新しいポリテクニクス」によってもたらされる興奮と比べれば、大人の生活への酷く不完全な修業としてそれを嘆いてはいるけれども。

違いを拒まないが、区別を誤る者もいる。或る種の「社会化」に抗して教育の営みを擁護するつもりでいるが、彼らが用いる議論といえば、教育を他の種の「社会化」と同一視するだけのものであり、この仕方でおそらく期せずして教育を現場から追放する代物なのである。たとえば、大人の生活への修業を支配する考慮が「社会統合」への圧倒的な関心であるような類の「社会化」に反対する著述家がいる。しかし彼らが自らの反対論のために与える理由は、当の企てが教育の営みにとって破壊的だというものではなく、その結果はほとんど確実に達成基準の低下であろうということ、つまり第一級のエンジニアや医師やエコノミストや教師や数学者や化学者や技師などなどの不断の供給への社会の需要を満たすことが結局できないというものである。誰にでも予見できるのなら、予想はほぼ当たると見てよい。いずれにせよ、これらの著述家は、自分たちが反対するものは、学問的な達成物に対する意図的な無関心と、愚者の連帯（*solidarité de sottise*）〔プルードン〕を押しつけようとの熱望であると認識しているという点では正しかった。しかし、それが「我々の生存が懸かっている高度な技能を身につけた大人たちの継起」の出現を妨げるであろうとの根拠でそれに反対することは、教育は豊かさという点でアメリカやロシアや日本によって引き離されまいとしての国家の人的資源の投資として理解されるべきだという間違った教説に屈することであった。要するに、これらの著述家は、教育とその代替物との違いは認めているが、その区別を誤って、外部の「目標」追求における達成基準の一つと捉えているのだ。

ところが、教育を破壊する企ての断乎たる推奨者たちは、教育の営みのそのような未練がましい認識によって抑制されてはいない。彼らは、偏見が他者には隠している「真理」を把握する人物であると自任している。その真理とは、すなわち、一切は「社会的機能」を持ち、一切はその「社会的機能」がそうであると宣言する当のこと、したがって、新参者の大人の人生への修業という点に関して「社会的」考慮から区別されたものとしての教育的な考慮は決して存在しなかったし存在し得なかったというものである。そうしたわけで次のように言われるのである、「パブリックスクールと大学システム（ママ）との機能は統治エリートを養成することであった」、「パブリックスクールは帝国を経営すべく発展させられた」、「ヨーロッパの旧来の大学は聖職者と医師と法律家の養成を促すために設立された」、現代の大学の機能は「特殊な養成を必要とする技能」を伝えることである、たいていの大学生はその通りだと知っていて、そうした技能を得るためにやって来るのだ、等々と。[10] 要するに、教育は「教練という点での社会のニーズ」に（しばしば不完全に）関連する「社会的投資」以外の何物でもあり得ないと、言うのである。したがって(と彼らは続ける)、教育についての知的考察は、現今の社会のニーズに対する現今の教育の営みの適切さについての考察でなければならない。そして、教育改革は（それがもっぱら教授と学習の方法のみに関わるのでないときは)、現今の社会を全体として形づくる「諸機能」とは何かを模索し、これらの機能の最適の遂行者を最も経済的に生産するであろう「教育のシステム」を考案することなのだ、と。これらの企画者が「経済発展」、「経済的生存のための戦い」、あるいは「経済的競争に付いていくこと」を、提供されるべき営為であると決めてかかり、自らを大人の生活への修業制度——その中であらゆる子供は自身を一開発公団の（おそらくは機能的に区別された）一員と自覚することを学ぶのだが——の設計者と任じる時、彼らが教育の営みを時代遅れの「社会的」考慮から解き放ち最新式にすることしか行わない親切な改革者として立ち現れることに何の困難もない。彼らの「教育」構想が一七世紀に貧民のために考案された教育の代替物に（もちろん、それ相応に拡大されて）対応しているという事実は、かの代替物の発明者の才能に対する一つの称賛と見なされている。くだんの発明者が批判されうるとすれば、その当時でさえ機能遂行者に対して低下するばかりの意義しか提供しなかった学校や大学の破壊を同時に手がけなかったという点だけというわけなのだ。こうして、教育の営みの破壊は、概念上のナンセンスと歴史上の廃物といったヴェールの背後で進行し、今や「教育の社会学」と呼ばれ、破壊されつつあるものはかつて一度も存在しなかったと我々を説得することが目論まれている。

教育とは、力説してきたように、人生の新参者が己の住むことになる世界へと導き入れられる、世代間の遣り取りである。これは理解と想像と意味と道徳的・宗教的信念と諸々の関係性と慣行――人間的な状態は意識の試練の認知とそれへの応答であると明瞭に察せられるような心の状態――の世界である。これらの心の状態は、それ自体が理解されることによってのみ入れるし、そうすることを学ぶことによってのみ理解されうる。この世界に導き入れられることは、人間となることを学ぶことであり、その内部で自由に動くということは、「自然的」でなく「歴史的な」状態としての人間だということである。

それゆえに、教育という営みは、同時に規律と解放である。それは他方であることによって一方である。それは勉強による学びという難しい営みであり、注意力の持続的で厳格な方向づけのうちに、また謙遜と忍耐と勇気を要する理解の洗練のうちに為される。その報酬は単なる「生活の事実」からの離脱であり、生まれた場所と時間という直近の偶然性からの、瞬間の暴虐からの、単に現今の状態への隷属からの離脱である。人間の自認という報酬であり、とりわけて人間的な生活を構成する道徳的で知的な冒険を多少なりと為しうる人格という報酬である。

したがって、教育は、新参者が欲求と満足との死の舞踏（*danse macabre*）での最新のステップを学び、そうしてこの世界での「現今の」価値を獲得する、かの環境への適応と混同されてはならない。これらのステップの或るもの、高等教育報告書が言う「特別に複雑な技能と多能性」は込み入っており、それらを学ぶのは厳しい仕事である。しかし、人がこの点で学ぶかもしれぬ何事も、決して教育と関わりある事柄ではないのである。

我々の教育の営みがそれにダンス・スクールの性格を負わせることによって腐敗させられ始めてから、ほぼ二世紀が経つ。この簒奪は、当の遣り取りそのものについての混乱した信念によって促進されたし、また「啓蒙的」政府によって調達されてきた。今やそれは深く進行している。しかしながら、教育という営みの断片は残っている。教育機関の性格をすっかりとは明け渡していない、相対的に堕落していない諸々の学校と大学、そしてダンシング・マスターになることを拒む教師たちがこれである。さらには、少なくとも幾らかは、勉強によって学ぶという真剣な営みの性格を奪うことで「学校」を破壊しようとの衝動は、ことによると、「社会化」という巨悪を避けるための筋違いの試みと解釈されるかもしれない。ともあれ、教えることが「社会化」と同一視される場合は、教育は何ものをも教えない営みとなる。斜めに相対する教説のこれらの破壊力ある風に襲われて、我々の教育する営みは切れぎれに裂かれている。

(1)「自分の勉強について外的な職業上の関心をもつ学生は、その頗る奇想天外な諸々の着想を常に正当化しそうだ——それらは上手くいく、と」。E. E. Robinson, *The New Polytechnics* (London: Cornmarket, 1968).

(2) このほとんど無意味な表現は、近代のいわゆる教育理論の歴史を通して貫流しているが、教育という営みの我々の理解を他の何にもまして腐敗させることになる。

(3) ニーチェ『我らの教育施設の将来について』、I〔渡辺二郎訳『ニーチェ全集3 哲学者の書』ちくま学芸文庫、一九九四年、六三頁〕。

(4) ホッブズは早くからこう示唆していた、教育に代わるこの代替物は国家主権者への「服従」の義務を教えることにだけに当てられるべきである、と。

(5) 英国では、一九世紀初頭にあってさえ、「国民協会」の学校や他の教育機関の中には、一四歳までの子供のために設けられたものもあった。その場合には、外国語や時には多少のラテン語さえ教えられた。

(6) ハドウ委員会への委託事項は、「中等教育」と呼ばれるようになっていたもの、すなわち「初等教育の後の」一五歳までの教育の代替物を、同委員会に検討するように求めていたことが記憶されよう。報告書の全ページ(と少なからずその史的レヴュー)は、大人の生活への修業にその関心を示しているが、その修業は、自分たちが自身と自身のローカルな「社会的かつ自然的な環境」にもたらすと想像される「利益」を考えれば、それを享受する者たちにとって同意できるものであり、彼らの限られた知的能力とみなされるものに相応すべきものであり、「生活と生計」との結びつきを明らかにすべきものであった。ハドウ報告は、おそらく、明示的に教育の代替物に関心を示した最後のものであった。

(7) 政府によって進められた後年の審理(特にニューソム報告と高等教育報告と学校審議会のたとえば第七号と一一号などの多くの調査文書)は、教育の営みに関心があると時に称しつつも、主としてこの代用物に関心を寄せるものであった。すなわち、当今の「国民のニーズ」に役立たせるべく求められる、その営みの腐敗とその代替物の拡大がこれである。

(8) トマス・ハクスリーが、学校のカリキュラムに「科学」のないことを嘆いたとき、かれが嘆いたのは、学び手が「物理学という店から調達された道具一式」や「物理学が前世紀に成し遂げたことの知識」を獲得する機会を持てないことであった〔佐伯正一・栗田修訳「科学と教養」、『世界教育学選集36　自由教育・科学教育』明治図書出版、一九六六年、七二頁〕。

（9）ルナン〔Joseph Ernest Renan, 1823-92. フランスの宗教史家〕は「実証科学」を学校教育の「浅薄な人間主義」と対立させて、それを一つの道徳文化として認めた〔*Souvenirs d'enfance et de jeunesse*（Paris: Calmann-Lévy, 1883)〕。

（10）高等教育委員会報告書の第二五節は混乱しているが、そこでは少数の学生は「純粋な知識」を獲得するという少しばかり異なった外部の目標のために大学に行くことが許容されている（そうと確認されるためには「社会的機能」がやはり見出されなければならないが）。しかし、なんぴとも外部の目標でまったくないもののために、自分の教育をもっぱら続けるだけのために、大学に行く資格はないのである。何となれば、教育されるといったような一切の活動の可能性があらかじめ除外されているからである。

注記

本篇は *Education and Development of Reason*, eds. R. F. Dearden, P. H. Hirst and R. S. Peters（London: Routledge and Kegan Paul, 1972）が初出である。また本篇を再録したアンソロジーに *Philosophy of Education, Major Themes in the Analytic Tradition, Vol.1: Philosophy and Education*, eds. Paul. H. Hirst and Patricia White（London and New York: Routledge, 1998）がある。

大学の理念

1950年

以下は私の好みとする理論である。すなわち、人々が「理想」や「目標」と呼ぶものはそれ自体は人間の活動の源では決してない。それらは行為の実際の源泉、つまり或る事柄を行う性向やそれらを行う仕方についての知識を、簡約に表現したものである、と。人間は、到達すべき目標に惹かれるときにのみ休止から出発し急に活動しだすというわけではない。生きているためには絶えず活動的でなければならぬ。我々が特定の類の活動に帰する目標とは、これやあれやの活動においていかに振る舞うべきかについての我々の知識の簡約版にすぎない。

このことは、たとえば、我々が「科学」と呼ぶ活動において明白に当てはまる。科学の活動は予め熟慮された目的を追求することではない。それがどこに到着するかは誰も知らないし想像できない。我々の心の中に予め形づくられ、我々が当面の業績をそれによって判断する基準として設定できるような完全体というものはない。科学を結びつけそれに起動力と方向性を与えるものは、到達されるべき周知の目標ではなく、科学的な研究の行い方について科学者が持っている知識である。彼らの特定の追求と目標とは、くだんの知識に上乗せされるのではなく、その内部で生じるのである。あるいはまた、料理人はパイの映像を最初に描き、次いでそれを作ろうとする人ではない。彼は料理の技量ある人であり、彼の計画も達成物もともに彼の技量から生じる。あるいは第三の例を挙げると、人は人生において或る「使命」を持っていると考えるかもしれず、己の活動はこの「使命」によって支配されていると考えるかもしれない。しかし事実はその逆である。彼の使命感に燃えた活動はある種の仕方での振る舞い方を知ることのうちに、またその仕方で振る舞おうと試みることのうちに存するのであり、彼が己の「使命」と呼ぶものはこの知識と努力との速記ふうの表現にすぎないのだ。

この理由から、大学の「使命」と「機能」についての現今の論議は、私の能力をいささか超えている。意図されていることは理解できていると考えるが、それは私には不運な論じ方のように思える。それは「大学」と呼ばれる何物か、ある種の仕組み、もし十分な資力があれば明日にでももう一つ作られそうな何物かがあると想定しており、それについてそれは何の「ため」と問うことが理に適うというわけだ。そして現代の大学に関する批判の一つは、それらが自らの「機能」についてそうあるべきほどには自覚的でないという点である。私は全く驚かない。我々の大学には批判されても当然であろうことが多々あるが、自らの「機能」について自覚的でないからといって争うことは、大学の性格について過つことになる。大学は特定の目標を達成したり特定の結果を生み出すための機構ではない。それは人間活動の一様式である。そして大学にとって特定の目標を追求するものとして自らを宣伝することが必要となるのは、あまりに無知であって赤ちゃん言葉で話されなければならぬような人々に語りかける場合のみ、もしくは大学がそこに来る人々を抱え込む力にあまりに自信がなくて枝葉末節の魅力に注意を向けさせなければならない場合のみであろう。しかしながら、私の印象では、これを必要とするほどには我々の大学は未だ落ちぶれてはいない。大学は自らが何の「ため」にあるのかを知らないかもしれないし、自らの「機能」について甚だ茫漠としているかもしれないが、私の考えるに、大学はそれより遥かに重要な事柄——すなわち大学であることの職務についての処し方を知っていることは確かである。この知識は自然の賜物ではない。それは伝統の知識であり、それは習得されなければならず、常に誤謬や無知と混じり合っており、全く失われてしまうおそれさえある。しかし、(私は失われていないと信じるが)この種の知識を探究することによってのみ、我々は大学の「理念」と呼ばれうるものを発見することを望めるのだ。

大学とはある種の活動に携わる一群の人々であり、中世はそれをストゥディウム(学問研究)と呼んでいた。我々はそれを「学びの追求」と呼ぼう。この活動は、文明化された生活様式の資産の一つであり、実に美徳の一つである。いかなる文明社会にあっても、学者は詩人や祭司や兵士や政治家や実業家とならんでその位置を占めている。しかしながら大学はこの活動を独占するものではない。学問をする隠遁学者、特定の分野の学びで有名なアカデミー、幼い子供たちのための学校は、各々この活動への参加者であってその何れもが賞賛に値するが、それらは大学ではない。大学を特徴づけるものは学びの追求に携わる際の特殊な様式である。それは各々が学びの特定の分野へと専念する学者たちの統合体である。それを特徴づけるものは協同体的な事業としての学びの追求である。この協同体の成員は世界のあちこちに広がっていて、たまたま出会ったりまるで出会わなかったりというものではない。彼らは互いに常に近接し合って生きている。したがってそれを一つの場として考えることを怠ると、我々は大学の性格の一部を必ず見過ごしてしまう。さらに大学は学びの本拠であり、学びの伝統が存続され拡張される場、そして学びの追求のために必要な設備が集められる場である。

大学を構成する学者と言えば学びに寸暇をも惜しんで、その仲間は彼らとの会話からの知識という利益を得て、世間はおそらく彼らの著作から恩恵を受けるといったことが予期されよう。この種の学者のいない学びの場は、大学と呼ばれうることはまずない。しかしながら、学ぶと同様に教えることに自ら携わる者たちもいるであろう。しかしここでもやはり、大学を特徴づけるのは教育的な事業の特殊な様式である。教えられるために大学に来た者は、自分が単に初心者でないという証拠を提出しなければならない。そして自らの教師から学んだことを当人たちの前で表明するばかりか、勉学のカリキュラムが提供され、続いて試験と学位の授与が伴う。それゆえ三つの部類の人が我々の知る大学を構成することになる——学者、教師でもある学者、そして教えられるために来た者、すなわち学生である。これら三つの部類の存在と彼らの間に行き渡る関係とが、我々が学びの追求と呼ぶいっそう広い企ての中での大学の独特の位置を決定づけている。

これら三つの部類の活動について考察しよう。それについて何ほどかを知っている者は誰でも、学びの追求と情報の獲得との間に違いのあることを知っている。それは微妙な違いではある。というのは無知な者は学のある者とは滅多に呼ばれ得ないからである。しかし学者とは考えるに値せぬ些事を拾い集める者以上の何物かではある。彼は自分が探し求めているものについて何ほどかを知っているし、自分の知っているものと知らないものとの間に区別を設けることができる。「哀れな衒学者」に対する世間の軽蔑はしばしば誤っている。世間は学者の活動をその有用性によって判断し、それが無用に映るときにそれを衒学的と見て取る。しかしこれは悪い基準である。非難されるべき事柄は、何らの即座の有用性をもたぬ知識の追求でもなければ、博識さにあっては避けられない細部に対するあの留意でもない。学びの断片の間でのあの盲目な手探り――博識さが時に堕落して落ち込む――がそれなのである。このことは世間が考えるほど頻繁には起こっていないし、おそらく他のどこでよりも大学において起こりそうでない。

実際には、何が学びの世界を構成するのかを決める何らの単純な方法はない。たとえば有用性といったような明確な理由が学びの世界の構成要素を正当化することはあり得ない。学問が表すのは、前以て思い描かれた目的ではなく、ゆっくりと変化する伝統である。年月が経つにつれて、新たな学問が地平線から立ち上り、古い学問は新たなそれと接触するようになることで若返りを果たす。不可避的に、各々の学者は選択された分野を開拓していく些かの専門家である。もっともこれが極めて狭い分野であることは稀にしか起こらず、学者は或る分野から他の分野へと転じたり自分の主要な仕事でないものに鼻を突っ込んだりといったところをしばしば見られもする。それでもやはり、学びの追求は断片的な企ての姿を取るものであろう。たとえ外側から見られたときだけそのように見えるのではないかと疑っても、全体の追求に対して整合性と調和とを与えるべく何らかの優越的な統合力があればいいのではないかと尋ねることは不自然には映るまい。真しやかにこう問われるかもしれない、我々は地図を、学びの世界の諸部分の間の関係が明確に表示されるような地図を必要としないであろうか、と。少々の膠で固めておけば一切がもっとよくなりはしないか、と。まさに、このことについて最も強くそう感ずる者たちが、自分たちは絶対に必要な物を提供しているとの信念のうちに、「文化」と呼ばれるベタつく汚物をもって諸科学のあいだの隙間を塞ごうとするのはよく見られることである。ところが診断も治療も両方が悲しむべき誤解に発しているのであるが。

学びの世界はそれを固めておく何ら外部のセメントを必要としない。その諸部分は単一の磁界の中で動いており、その流れが謂われなく切断されたときにのみ媒介者の必要性は生じる。学びの追求は競争相手が最良の場所を得ようと立ち回るレースではない。議論やシンポジウムでさえない。それは会話である。そして(多くの学問の場としての)大学ならではの美徳とは、大学としての性格の中に会話を体現していることなのであり、そこでは各々の学問は、その調子が横暴でも悲壮でもなく謙虚で会話らしい声として現れている。会話は議長を必要としないし、前以て決められた道筋を持つものでもない。我々は会話が「何のため」にあるのかを問わないし、結論によって会話の卓越性を判断しはしない。会話には何ら結論がなく、常に他日のために取って置かれる。その統合性は上から押しつけられるものではなく、語る声々の性質から生み出される。会話の参加者たちの心に残した痕跡のうちにその価値は存する。

さて学者は学びという活動への関与の仕方を知る者であり、彼の本来の声は説教者や教習者《インストラクター》のそれではない。しかも学者の間に教師が見出されるべきだとしても、そして大学は何事かを学ぶ期待を持って行くはずの場であるべきだとしても、驚くには足らない。あらゆる学者が偉大な教師になることに共感するとは限らないだろうが、あらゆる真正の学者はそれを理解できる者たちには学びの追求の仕方についての己の知識を避けがたく伝えてしまうものである。彼の教える力は己の知識の強さと閃きや、学びの追求への己の没頭から生まれるが、それらは学者になろうとの熱意とほとんど無縁の者によってさえ感じられよう。また、自らの学びと共感とが万全な者や、己の知っていることを伝える能力に秀でた者でさえ、熱心な教習者とは異なった何物かであると期待されるはずである。彼らは諸々のルールを知っているものと信頼されているが、結論を教えることにはあまり関心がなさそうである。ある種の美術学校へ行けば、猫の一〇通りもの描き方や、目を塗る際に覚えておくべき数多くの線画を教えられたりしようが、教師としての学者は、線の引き方や色の塗り方ではなく、いかにして見るかを教えるであろう。彼はやすやすとその意を言葉にできることもあろうし、あるいは己自身の疑問や躊躇を投げ捨てるのは難しいと思うこともあろう。しかし、彼は学者であるから、何ら特定されぬ仕方で語るということはその性格になじまない。つまりは学びを単に試験に合格したり資格を取得するための手段と見なすような学びの通俗化にはいっさい関わろうとしないであろう。

もっとも大学には個々の学者のそれを超えた教育力があると信じられてよい。それは単一の傑出した人物から霊感を引き出すアカデミーといったものではなく、人格上と学問上との双方の互いの不完全さを補い合う学者たちの団体である。それは多くの類の教師たちを抱えており、いずれの教師もその力を他の類の教師たちとの交際から引き出している。我々が、やすやすとその意を言葉にできる同僚――我々の全ての問題に対して用意周到な解答を持っている同僚を推賞するとき、心に留めるべきは、彼が単にこの上なく生き生きした精神の持ち主だということではなく、さほど歯切れ良くないが多分もっと深遠で独創的な精神の持ち主のしばしば代弁者であるということである。日々に交際する彼らなくしては彼はまず存在しなかったであろう。してみると大学は、人類の弱さや無知に特に好適な制度である。大学の卓越性は普遍的な天才の出現に依っているのではないからである。そうした者が出た場合の余地をつくっておくすべも心得ているが。さらには、庶民院や古く確立された職業のように、大学は明示的に教えなくても何物かを伝える。そして大学がこの仕方で伝える事柄は、少なくとも会話の作法である。

学者、教師、そして最後に教えられるために来る者たち――学生。彼または彼女も特徴ある性格を有している。第一に、学生は子供ではないし初心者でもない。他のどこかで既に学校教育を受けてきているし、外洋で運試しをしてみるほどに、道徳的にも知的にも十分に学んできている。子供でもなければ大人でもなく、人生の不思議な中間の時期にいる。己自身と己の前を過ぎていく世界を、もっと知りたいと願うほどには十分に知っている時期である。己の愛するものを未だ見出していないが、時間や好運や好敵手を羨んだりしない。おそらくお伽噺からの一節が彼にお似合いであろう――彼は知の財宝を探しにやって来たと。けれども更にいうと、彼は学校から大学に合格した最初の者ではないし、求めるべきものを何も知らぬ異邦人の如き者でもないから、到着するや一切を平易な言葉で説明してもらう必要もない。そしてもし彼の属する伝統が彼に既に何事かを教えているとすれば、それは彼にこう教えもしよう――自らの知の財宝を大学での三年間のうちにすっかり見出すことはないだろう、と。彼は、それゆえに己が見出すことになるものと相性が良く、それを用いる準備ができていると察せられよう。

さて学生は何を見出すのか。不運でないならば、力強く溢れる活動の流れ、学びの追求に勤しむ男女たち、この活動に何らかの仕方で参加することへの誘いを見出すことになる。この誘いは、すでに学びの人生への野心に冒された者にも、そうした野心をまるで持たぬ者にも同様に向けられる。大学は学者を作るための装置ではない。その理想は学者しか住民のいない世界ではないのである。およそ四〇〇年の間、英国では学者候補者と世間の人との教育は同一であったし、実際この伝統は我々の大学の理念に属している。

これ以外に、大学は学生に一定限度の多様な諸学を提供して学生に選択させているのがわかる。というのも、もちろんのこと、大学は教える事柄について識別し、また学者の注意を引くあらゆるものが学生の勉強にとって適していると考えられないからである。科目群のこの独特の選別がどこから来たのか――それを言うのは難しかろう。古いものもあれば新しいものもある。あるものは――医学や法学のように――半ば専門職的な様相を呈するし、あるものは外の世界とほとんど直接の結びつきを持たない。確かなことに、これらの学問が大学のカリキュラムの中にあるのは、専門職的な有用性といった単純な理由によるのでも、あるいは当の知識が教えやすいとか試験しやすいという理由によるのでもない。実際のところ、それら全てに共通する唯一の特色とは、学問研究の認知された分野であるということである。各々の分野において学びの追求が反映されていて、したがって各々がそれ自体の内側に――我々がそれを深く吸収するならば――教育する力を持っている。全体としてそれらは、大学において続行中の会話を少なくとも大略で表しており、学生は自分の大学を、唯一の声だけが聞かれる専門学校や、型通りの声々だけが教えられるポリテクニックと取り違える気にさせられることは決してないであろう。

これこそ、まさに学生にとって大学の際だった特色である。そこは彼が教師と仲間と彼自身との会話において教育の機会を持つような場であり、教育を職業訓練とか商売の要領の習得とか社会での将来の特殊な事業のための準備とか人生を通じて切り抜けていけるための一種の道徳的かつ知的な道具一式の取得とかと混同するようには奨められないような場である。この種の先々の目標がその姿を現すならいつでも、(機能でなく人格に関わる)教育は、裏口から忍び足で抜け出してしまう。それがもたらすかもしれぬ権力ゆえに学びを追求することは、あの強欲なる利己主義に根源があり、所謂「社会的な目標」として現れても利己的もしくは強欲であることに変わりはない。大学はこれとは何の関わりも持たない。大学のカリキュラムの形式は何らそのような構想を持たない。実際、その教えの様式は何らそのような意図を持たない――教師たちは、生徒自身と生徒の考えていることと生徒の心の資質と生徒の不死の魂とに関心があり、どんな種類の学校教員や管理者に養成できるかには関心がないのだ。

　しかも更に、大学は学生に提供するその他の物を持っており、これを私はその最も特色ある賜物と捉えている。それは大学にしかなく、始まりでもなく終わりでもなく中間としての大学教育の性格に根ざしているからである。人生のいかなる時にも人は新たな学びの分野を探し求めたり、新たな活動に携わることを始めるかもしれないけれども、ただ大学においてのみ彼は、時間とエネルギーといった己の乏しい資源を配列し直さなくてもこれを為しうるであろう。その後の生活では彼は実に多くの事どもに関わりあって容易に物事を投げ出せなくなるからだ。大学の特色ある賜物とは、合間という賜物である。青年期の熱い忠誠心を棚上げにする機会がある、同時にその代わりになる新たな忠誠の対象を手に入れる必要なしに、である。取り返しのつかぬ出来事の無慈悲な推移の中での小休止がある。まさに、己の背後に敵対者を感じたり、決断せよとの絶え間ない圧力を感じることなしに、世界と自分自身とを見回す時期であり、同時に結末を詮索する必要なしにミステリーを味わえる時機である。そしてこの全ては、知的な真空の中にあるのではなく、我々の文明の全ての継承された学問や文学や経験によって囲まれてある。一人ではなく、相近しい精神を持つ仲間がいる。単独の職業としてではなく、認知された学問分野を研究する学部と結びついてある。さらに（振る舞い方や考え方について全く無知な者たちのための）教育における最初の第一歩としてでもなければ、裁きの日に人を備えさせる最終の教育としてでもなく、中間のものとしてある。この合間は呼吸を整えるための息継ぎほどありきたりなものでは決してない。思うに、その種の機会をもらって「ありがとう」などと言う若き男女はいないであろうが。それは活動の停止ではなく、独自な類の活動の現れなのである。

この目覚ましい機会の始まりを確定するのは難しかろう。おそらく（ルクレティウスが人間の四肢がそう生じたと想像するように）、様々な程度でこの機会を用いることができる人々のいる所から生じたのであろう。ともあれ私の考えるに、それはヨーロッパにおけるあらゆる大学が幾分はその学生たちに提供してきた事柄である。それを享受できるかどうかはある程度前以て準備しているかどうかにかかっている（保育室で学んでおくべきことを知らぬなんぴともそれを利用できるとは望めない）けれども、それは何であれ特定可能な予め存在する特権や、結局のところ己の生計を立てる必要がないという点に依存するわけではない——この機会を享受すること自体が「学生」であるという特権であり、スコレーすなわち自由時間の享受なのである。誤解を承知で、以上のことを大学の性格についての教義へと還元する者がいるかもしれず、それを暫定期間の教義と呼ぶ者がいるかもしれない。しかしこの教義は、あの一〇月の最初の朝に学生であることがどう感じられるかについての手短な表現以上のものではなかろう。ほとんど一晩のうちに、不快な事実の世界は無限の可能性へと溶け出している。何らの「有閑階級」にも属さぬ我々が、アダムの呪い、仕事と遊びとの重々しい区別から、暫しのあいだ解放されるのだ。我々の前に開かれているのは一つの道ではなくて、果てしない海である。風に向かって帆を広げるだけで十分である。直近の目的地という悩ましい緊急の問題はそこにはなく、義務はもはや重圧とはならず、退屈と失望は意味なき言葉である。死は考えられもしない。しかし暫定期間という性格に属する以上、終わりはやって来る。一切のものには時間があり、何物もその時間を超えて延長されるべきではない。永遠の学生とは失われた魂である。

そしてその収穫についてはどうか。誰しもこのような大学から感化されずに卒業することはありえない。知的には、彼は何らかの知識と、さらに重要なことに、或る種の心の鍛錬、帰結の把握力、自己自身の諸力への一層の統御を修得するようになったと想定されてよい。彼はおそらく知るであろう、「観点」を持つだけでは十分には良くないこと、我々が必要とするものは思想であるということを。彼は己の信じる事を証明するための諸々の議論の兵器廠を所持して卒業しはしないだろうけれど、知的フーリガンの手の届かぬ域に自らを置く何物かを修得したことであろうし、何が彼の研究の主題であるにせよ、彼は人類を大きく動かしてきた事柄のうちに何かの意味を探し求めることができると期待されてよいのだ。おそらく彼は己の知的な愛着の収斂する点を見出しさえするかもしれない。要は大学でのこの時期は、すぐれて効率良く生計を立てられるような備えをさせないかもしれないが、より意義ある人生を送る助けとなるような何物かを彼は学んだことであろう。また道徳的には――彼は道徳的理念の衣装一式、新しい出来合いの道徳的三揃いを得たということはないであろうが、己の道徳的感受性の範囲を広げる機会を持ったことであろうし、騒々しい相争う青年期の絶対性をもう少し腐敗しにくい何物かに置き換えるだけの自由時間を持ったことであろう。

学びの追求は他のあらゆる偉大な活動と同じく避けがたく保守的である。大学は、その時だけの風の流れを捕まえては揺れるゴムボートの如きものではない。大学が傾聴すべき批判者とは、学びの追求に関心ある者たちであって、大学以外の何かでないからとの理由で大学を不完全と見る者たちではない。もっとも、ともかくも近年における大学の理念は「高等教育」とか「先進トレーニング」とか「成人向き再教育コース」といった観念と混同されるようになった——いずれもそれ自体としては賞賛すべき事柄ではあるが、実際には大学とはほとんど関係ないのだ。まさに混乱を解きほぐすべく今や何かが為されるべき時である。というのは、これらの理念は力と効用の世界、開発の世界、社会的または個人的な利己主義の世界、活動の世界に属していて、その意味はそれ自体の外側に、何らかの些細な成果や業績にあるが、まさにこれは大学が属すべき世界ではなく、真の意味における教育が属する世界ではないからである。それは大いに強力な世界である。富んでいて干渉的で善意に満ちている。しかしそれは特に自己批判的というわけではない。自らを世界全体と取り違えがちであり、愛すべき迂闊さをもって、何であれ自分自身の目標に寄与しないものなら何か逸脱していると想定する。大学はこの世界による庇護に用心する必要がある。あるいは一椀の羹《あつもの》のために家督権を売ってしまったと気づきもしよう。また気づきもしよう、世界の言語や文学を研究し教育する代わりに、通訳を養成する学校に成ってしまっているということに。科学を追求する代わりに、電気技師や工場の化学者を養成することに携わっているということに。歴史を研究する代わりに、何か隠された目標のために歴史を研究し教育しているということに。男女を教育する代わりに、まさに社会での何らかの適材適所の任を果たせるべく彼らを訓練しているということに。

　大学は他の一切のものと同じく、自らが属する社会の中で場というものを持っているけれど、それは社会での何か他の類の活動のために寄与する機能を担う場ではなく、それ自体であって他の物ではないというのがその機能である。その第一の職務は学びの追求とともにある――大学にあってこの欠如を埋め合わせるであろう何らの代替物はない――し、第二にその関心はこの活動の過程のうちに生じることが知られている類の教育とともにある。その学びがこんにちリサーチと呼ばれているものに堕落するなら、その教えが単なる教習《インストラクション》となり学生の全時間を占めてしまうなら、教えられに来た者たちが自分たちの知的な将来を探るのではなく、活力も出ずに消尽するあげく物の役に立つ知的または道徳的な道具一式を提供されることだけを望むということになってしまうなら、つまりは学生が会話の作法を何ら理解することなく、もっぱら生計の維持のための資格や世間での利得に己を役立たせてくれる免状を欲しがるだけになるなら、大学は存在することを止めるであろう。

注記

この一篇は、最初 *The Listener*, XLIII (1950) で公刊されたが、一部は以下の「大学」一七六―一八三頁の凝縮である。しかしながら、本篇は幾分新たな素材を含み、当の主題についてのオークショットの思想への簡明な導入になっているため、その全文がここに再録される。

大学

1949年

1

大学の批判はどのような世代にも現れる。批判は内部からも外部からもやって来る。教える者からも教えられる者からも偉大な世界からもしばしば無知な世界からも。悪意ある非難から、全ての実りある改革の源たる明白な欠陥についての静かな考察までの幅がある。しかも大学の生活のあらゆるレヴェルに関連する。私の前にある書物はこの批判の図書館に最近に加わった一書であるが、共同事業の成果である。同じ心の男女の集団（自薦の作業部会）が、この二年間に及ぶ会合において、それ以前に大学の危機的状況と認められていた事柄を考察したのであり、ウォルター・モバリー卿が議論の「中間結果を明確化する」ことを試みている。この集団は、必要な資質のほとんどを備えた代弁者を見出したわけである――英国の大学についての彼の知識は豊かで長期にわたっており、彼の心は活発で、トマス・アーノルド〔Thomas Arnold, 1795-1842. 英国の歴史家・教育者でラグビー校の校長。マシュー・アーノルドの父〕の「大学をよく知らず、大学をよく愛さぬ者は、なんぴとも大学に口出しすべきでない」〔A. P. Stanley, *The Life and Correspondence of Thomas Arnold, DD.*, Vol. 2 (London: J. Murray, 1877), p. 69〕との言明に従っている。決して甘やかしの愛ではなく、その流儀が行き過ぎて常軌を逸した無分別な厳しさを示すような時もある。しかしその結果は研究されるに値する一書である。

批判者はしかしながら批判を呼ぶ。盲目で些細な忠誠心の持ち主だけが、現在の英国の大学の短所についてのウォルター卿の診断に憤慨するであろうし、改善のための彼の示唆のうちに有益なものとして省察すべきものを何も見出さないのは心が不自然に頑なな者だけであろう。そして本書が書かれた調子に影響されないままでいるためには極めて鈍感でなければならないであろう。だが、これらの点の何れにおいても、なお語られるべき何物かが残っている。それは明瞭に、できるだけ遠回しでなく語られるならば、おそらく議論への貢献として認められようし、異質で非友好的な声と誤解されることもないであろう。しかし最初に限界がどうしても見て取れる。本書は「キリスト教的観点から書かれている」が、この観点を調べることは私の意図するところでは全くない。ここに現れている特定の形式のキリスト教は万人のキリスト教ではないとだけ言っておこう。実際、それは私には余りにも奇矯に思える。しかもその観点を考慮することなしに本書について関連深い何事かは言えるのである。これは本書が言わねばならぬことのほとんどは、キリスト教的な素因とは無関係だからである。実際、著者の心の中で、危のキリスト教がその議論にとってもっぱら周辺的だという意味ではない。実際、著者の心の中で、危機の診断も改革のための示唆もそしてむろん本書の調子もキリスト教の確信から生じているということ、これは明らかとなっている。しかし、キリスト教徒になれとの訓告よりも、もっと正確で詳細な事柄が必要だと認められており、さらに大胆にも「キリスト教への回帰」は危機の偽の救済策のうちに位置づけられている。

要は、本書の議論は以下の通りである。我々は例外的な危機の時代に生きている。我々の状態は、極端な肉体的不安・感情的不安・知的不安に関わるそれである。発見と発明の長い歴史の結果として、我々は既に甚大な力を所持しているし、この力を我々に与えた過程は衰えないまま続行している。この力は、避けがたく少数者の手中にある。「クレムリンかホワイトハウスでの一決定が何百万人ものの生活を一変させるであろう」。ある人々は、権力の感覚に酔いしれて、この状況の中に、もし開発されうるなら死そのものさえの征服へと至るかもしれないような機会を見出す。しかし権力は既にあまりに強大なので、普通の人によって己の死命を制するものと感じられており、したがって彼の主要な経験は希望なき肉体的不安のそれである。同時に、そして部分的には同じ原因から生じて、我々の世界像は粉砕されており、我々は自らの方向感覚を失い、己の不確実さの中で、感情的にも知的にも「流民」となっている。「人々の行動を支配する信念は流動している」。これは我々の生きる世界を襲った最近の変化の中で最大のものであるが、唯一のものではない。その他の重大な変化とは、「民主主義」の語で示されるそれである。その多種多様な意味合いの一つとして、統治階級というものにおける何物かの消失が生じている。なんぴとも有効な権力を統御する者のうちに自らを見出せようというわけである。

過去には、我が国と他のヨーロッパ諸国における大学は、自らの知る世界を普通は反映しており、当の世界の何ほどかのニーズのためにしばしば応じてきた。ニューマンやパウルゼン〔Friedrich Paulsen, 1846-1908. ドイツの哲学者・教育学者〕が描いた大学は、前者においては当時流行していたキリスト教的・ヘレニズム的伝統の例となり、後者においては教養教育の伝統の例となるが、各々彼らの世界に適合していた。したがって、我々は、どちらかというと現在の英国の大学は「不安の世界に自ら適合するために」立ち働いていると考えるべきである。ある点では、我々の大学は既に生じた変化を反映している。今や過去のものとなった状態への適合の名残がこの反映を歪め弱めているけれども。しかし、さらに我々が、現代の危機を鎮めるために我々の大学が何かを提供しているかどうかと問うならば、その答えは、何もしていない、となる。実際上、大学生が求め欲している心と魂の安定をもたらすために何らの試みも為されていない。己の質問に対する何の「答え」も与えられないばかりか、大学生は自力で「答え」を見つけるように促されてさえいない。「たいていの学生は、真に根本的な諸問題について己の精神を働かせるべく強いられることが一度も無いままに我々の大学を卒業する」。「諸々の学問の余りの断片性の故に」大学生たちの精神は、統合された世界観に達するための何らの励ましをも受け取っていない――大学はポリテクニックとなってしまっている。そして諸々の断片は「根本的な諸問題を避ける」ような仕方で提示されており、結果として大学生は教師と同様に「教育されぬ」まま留まっているが、より若いだけにこれを良しとはしていない。この惨めな失敗が「大学における危機」である。

この状況に対する現今の救済策は、調べてみれば怪しげなものと判る。過去にあった「古典的ヒューマニズム」の伝統なりキリスト教の伝統なりへの回帰は不可能である。またたとえこれらの伝統の何れかが成功裡に復興したとしても、大学は現代世界に疎いままであろう。「古典的ヒューマニズム」は「特権に基づく社会に縛られて」おり、「自然科学のための余地がほとんどなくその意義を過小評価するゆえに普遍性が不十分である」。また「キリスト教的な制度の枠組み」の内側に閉ざされた大学は「多数者の意見からあまりにもかけ離れていようから、ただ強圧によってか抜け目ない駆け引きによって設立されうるであろう」。そして所謂「科学的ヒューマニズム」によって示唆される救済策（今日の世界の主たる要求はさらなる技術の増進であり、所期の統合は、それじたい何の後見人も必要としないこの企ての中にみいだされるべきとする見解）は、真剣な考慮に値する一方で、一〇年前よりも不完全で信頼性に乏しくなっている。それゆえ、この危機を克服するためには、まさに革命的な変化、「劇的な回心」が必要である。大学の全体の目的と基礎が精査されなければならない。大学が今こうむっている「根深い障害」が取り除かれるべきならば、大学の授業のカリキュラム、教授方法、生活様式、社会との関係性が再検討されなければならない。その任務は最大の喫緊事である――残り時間はなくなりつつあるのだ、と。

2

この議論の大前提は、我々の生きる時代の危機的性格と称されるものにある。「文明の歴史にとって、一九五〇年周辺は、一八五〇年や一九〇〇年周辺がそうでないのと同じ程度に危機的である」。そこで我々は第一に、提示されている危機の解釈について考察せねばならない。二つの世界大戦、原子爆弾の発明、それを使う意志の推定上の存在が我々を地獄の穴の淵にまで連れてきた――と診断は進む。我々は紀元七九年の夏におけるヘルクラネウムとポンペイの住人の状況にいる。差し迫った災難の懸念によって我々の活動が不如意になるわけではないが、それはただ「我々の想像力が我々の理性に追いついていない」ゆえにである。しかし、若者はそれほど惑わされてはいない。丸ごと一世代が、人生についてあたりまえの期待を持てなくなった――そしてそれを知っているのである。「多くの学生の生活は不安（*Angst*）に支配されている」。

さて、これは診断にとっては不運なスタートである。単に偶発的な事柄――まさに些細な事柄――がもっぱら強調されている。人が必要とする肉体的安全の程度は、まさしくその人が馴染んでいる事柄しだいであるし、我々は五〇年前にあたりまえであったことのごく僅かにしか馴染めずにいる。若者が何を考えているかについての敏感さにもかかわらず、およそ若者が知っているよりもはるかに大きな度合いの安全に慣れた心から、本書は生まれている。さらにいえば、知的・精神的安定は肉体的・社会的安全の単なる関数ではない。実際、人を根底まで揺るがすような類の自省が、全く平穏な肉体的・社会的安全を背景に持つということはしばしば起きる。なんぴとも一八四九年におけるマシュー・アーノルド以上に自己自身について煩悶したことはないが、彼が当時そうしていた以上の大きな「安全」を享受した者もほとんどいない。事実は以下の通り――なんぴとも固い信念があれば自らの生存の期待の減少を理由にして何らの安眠をも妨げられはしないし、単なる人命の長さほどその人の信念に関わりの乏しいものもないということである。原子爆弾の影がここでは診断を曇らせている。

しかしウォルター卿の心にはそれ以上の何物かがあり、原爆は単にそのシンボルにすぎない。「最近の二、三世紀における応用科学の目覚ましい大勝利は、生活の状態を変える全く新たな力をもたらしつつ、歴史の大きな転換点の一つとなっている」。我々は莫大な力を持っているがその使い方に分別を欠いている。ここでの危機は分別の欠如であり、それに伴い自分たちが創造した何物かに統御されているという感じである。この脅威は個人の存在に対してだけでなく、我々が「文明」と呼ぶものに対しての脅威でもある。示唆されるところは以下の通りである。「我々が今その下で生きている科学的・技術的・経済的革命。これに匹敵する道徳的・知的・精神的革命によってのみ文明は救済されうるのだ」と。

しかしこのより広い見解についても、状況の解釈は、私見では、余りに心配性的にして余りに楽観的である。本書の調子は、絶望的な緊急性のそれである。信仰復興運動家の集会のヒステリックな雰囲気を持つ。もし人の魂を救済し酔っ払いを改心させようと試みるならば、これで大変に結構であるけれども、この意味で諸々の文明は「救済され」得ないし、文明が禁酒の誓いをしてその時以降は一滴も飲まないなどということは出来ない。今日の世界を見回せば、過熱した想像力は落胆のための理由を一ダースほども発見できるが、およそ確かなことがあるとしたら、我々の文明の崩壊は新聞の大見出しに取り上げられるような——土壌汚染さえも含む——事柄のどれからも来ないということである。人類を怖がらせることを好む著述家は常にいるだろう。連中は得てして生徒用の本を書き、そうすることで良い職に就くというものだ。さらには、（キリスト教の語法で言えば）神の目的と我々の特殊な生活様式の存続との同一視は、まさか許されまい。もちろん我々は力及ばずともそれを守らねばならない。そうすることは生活様式に属しているのだから。しかし、単に勝利の投影である世界像は、危機の時代には、あるいはいかなる他の時代でも、ほとんど価値はない。要するに、絶望的な緊急性は、ウォルター卿が心に抱いている規模よりもはるかに小さくはるかに重要でない規模の出来事に属する何物かなのであり、私は内心、本書を信仰心のかけらもない本だと思っている。さらには、（たとえばF・G・ユンガーの著書『技術の完成』（*Die Perfektion der Technik*, 1946）に現れているような）我々の状況のより深遠な診断は、我々を「救済する」かもしれぬ革命が遂行されうると想定する楽観論のための余地を提供しないであろう。自然世界と人間仲間との使用と制御から得られるものが、己の必要と考える唯一の基準となるとき、人類の大部分がこの搾取のうちに良きものをまるで見出さぬほどには望みが皆無ではないにせよ、それもやりすぎてその痛苦を十分に露わにするまでのことである。これは、すぐに見るように、何事もしないための議論ではない。革命の展望やその可能性によってさえ慰められてしまわないことの根拠である。これらの水域を航海する者は、そのような重荷を自ら担うようにと誤って助言されている。彼が必要とする物は難破した時に一緒に水に浮かぶ物なのである。我々の状況は、私の読み取るに、ウォルター卿が考えるよりもはるかに絶望的で、しかも同時にはるかに心配するには及ばない。原爆についていえば、もちろん考えに入れなければならないが、それが我々を意気消沈させることを許すべきではない。さもなければ、我々は「奴らが忌まわしい物を投下して決着をつけるだろう」ことを欲する心の状態に陥ること必定である。いずれにせよ、最近何十年かの東ヨーロッパで作り出された大混乱はいかなる原爆の惨状と同じほど悪く、欺かれた人間たちの強力な集団はいかなる原爆よりもはるかに破壊的なのである。

もちろん根本的には、本書が考察する危機とは、外的ではなく感情的で知的なそれである。新聞日曜版を読まない者でさえ、我々の状況における危機的と呼ばれもしよう何物かには気づいている。しかし、我々は肉体的かつ経済的のみならず感情的かつ知的な安全についても過度に高い基準を手にしていることが心に留められなければならず、これらの基準によって自分の心の状態を判断しながら、自分自身のうちに全く異常なほど一貫性の欠如した代物を思い描きがちなのである。我々が「まさに崩落しつつある世界を習慣的に意識しながら生きる」世代とすれば、それは部分的には、我々が不当にも自分の安全の基準を引き上げているからなのである。我々は自らの文明史における過去の諸々の時期を振り返り、現実に持っていたよりもはるかに一貫した世界像をそれらに帰して、たとえば中世や一九世紀の感情的な知的な安定性をひどく誇張することによって、自分自身には架空的といってよいほどの不安を帰している。むろん、他の時代はより頼もしい行為習慣を持っていて「人間存在の終局という明瞭なイメージ」は、ごく少数の稀な個々人を除いては決して享受されてこなかった。社会としてそのイメージを得ていないゆえに我々は五里霧中にあり、それを獲得するために他の一切を脇に置いてかからねばならないとする見解は、一片の合理主義的な誇張である。

3

議論を考察する中で小前提を詳しく見ることは、まっとうなルールである。それは大抵の議論が道に迷うポイントである。本書の議論の小前提は、大学と世界との関係に関わるが、人が望みうるほどには明瞭には述べられていない。大学は世界を反映すべきとのことらしい。そしてこの観点からすると、「大学における危機」はその失敗例である。モデルとして適するこの世界とは何かと問う時、我々が得る答えは以下の如し。「大規模な機械文明」であるとか、「民主主義の」世界であるとか、「出来事の全くの速さ」が「計画」を必至とするような世界であるとか、「不安の世界」であるとか、知的かつ精神的にその自信と方向感覚を失った世界であるとか、それは「爆発しかかっている」とか。大学がこの種の世界に小さな程度では上首尾に適応していることは否定されない。モデルに適合すべく、大学の科目の全体のバランスは既にあまりに大きな変更を被っていて、新しい「死活的な時代の理念に触れている」ものが、旧来の文学・哲学・歴史の研究を「二流で迂遠で非効率に見せる」ほどである。さらに、「戦争に勝利するさいに科学者によって果たされた決定的な役割」が、ようやくながらの「大学の民主主義化」と結びついて、「公衆の心の中に、大学についてより生き生きした共感ある関心と、国民に対するその価値という新しい感覚を生み出した」。適応の過程は緩慢で躊躇があり一貫していないが、始まってはいるのだ。大学を世界の反映にするとは「大学の基本的な諸前提は国民の諸前提でなければならない」という意味であり、大学は「主たる共同体のニーズと、現実に起こっている重大な共同体の変化とを、より生き生きと理解」しなければならないという意味である――要するに、大学は時代の傾向を受容し推定せねばならないという意味である。

とにかくも、かく成るにいたった世界を十全かつ正確に反映するこの大学の理想像は、むろんのこと、いわば〝分別の欠如〟への無条件降伏より良いわけではない。後者は他方では今日の世界の性格だと捉えられているからだ。真しやかな生産性の倫理によって動かされる世界は、「危機」を先延ばそうと協力して良く働こうと、進んで大学に基金を贈ろうとする。そして大学の職務は、基金の条件に適合することである。世界は「爆発しかかっている」、ゆえに大学も爆発するべきだ。これは明らかに、大学と世界との関係について少々あまりに素朴な見解であり、引き続いて第二の義務が公言される。「リーダーシップ」の提供という義務がこれである。この義務は、単に最初に爆発するという義務以上の何物かとして解されている。それは、新しい世界像や、我々に自信を取り戻させるイデオロギーや、世界をそれ自体から救済する福音を提供するという義務である。この第二の義務を遂行するために、大学は世界の急迫の圧力から解放されねばならない。その動機づけは世界が現在行っている仕方とは別の何かでなければならないというのである。

大学と世界とのこの二重の関係は、私に見える限り、ウォルター卿が決して考察しない明白な疑問を提起する。もし〔大学が世界を〕反映する関係と指導する関係とが対立すれば、この思慮深い行動計画《スキーム》に何が起きるのかとの疑問である。この問題についての私自身の見解はこんにち絶対的であるというもの。しかし当の問題を力説しないことには、本書から、両者の間に真しやかなりとも調和を打ち立てようとする一切の試みが著しく欠如することになってしまう。まさにこの不整合が多くの点で議論に影響しているのである。二つの例が挙げられよう。「学生」と大学との間にここで現れている関係を考えよう。ただし登場する異常な「学生」像はしばし措く。こんにち学生は向上しているが満たされていないと示唆されている。この失敗には種々の理由が与えられているが、それを解釈しつつも本書はどの理由でそうなのかを全く確定していない。すなわち、学生はいわゆる確実性や、世間が提供しない生の哲学を求めているのに、大学においてもやはり提供されないままであるからなのか、それとも、学生は当世流行の無分別の哲学に心がすでに十分に満たされるようになって来ており、大学は自分が既に知っている結論と無縁だと見ているからなのか。何れもが不満のもっともらしい理由である。君はガイドを欠いていて大学には躊躇した煮え切らないガイドを見出すかもしれない。あるいは、君は大学に、既に自分のガイドと見なしているものか、自分自身の精神的不安定の不完全な反映を見出すかもしれない。だが、二つの心の状態は互いに排他的である。君は言うかもしれない、「外の街では何か新しいことが起きつつあり、それは学校で教わる全ての三段論法や公式を打ち砕くだろう。従うか退けるかだ」と。あるいはこう言うかもしれない、「外の街は混沌だ。どうか悪から善を区別できるよう私を助けてくれ」と。しかし君は正気なら両方を同時に言うことはできない。「共同体にとって有用であるためには」とウォルター卿は言う、「大学は共同体に対して大幅な自律を保持せねばならない」と。しかも彼はこれを「逆説」と呼ぶことによって両方の世界の最善のものを持てるようにと望んでいる。しかし、逆説的では全くない。大学と世界との関係をめぐる或る観点からすれば明らかに虚偽であり、別の観点からすればそれは自明なのだから。

同様の不整合は「科学的ヒューマニズム」の教説が本書で受ける扱い方を通しても貫流している。この教説は（見られるところ科学と技術についての教説であってそれ自体はいかなる意味でも「科学的」でないが）、大学と世界との関係をめぐる両方の見解を結びつけているように思える故に、ウォルター卿にとっては明らかに魅力的なのである。第一に、それは「現在の文化において最も死活的なもの」を直接に反映する教説であり、その擁護者は、大学に望まれる世界への適応を十分に為し遂げようと願う。第二に、それは流行の知的混沌に対する代替物をもたらすように思える教説である——「統合」を提供するのだ。そしてこれら両方の性格づけを理由にそれは「高いメリット」を持つことが判る。「科学的ヒューマニスト」は「他の者たちよりも、現代世界における重大な変化を、人間の事物に対する制御の革命的な可能性を、大学で起こっていることとその外で起こっていることとの関係を、いっそう確実に看破していた」と言われる。彼らはその「社会的良心」ゆえに称賛されている。

しかもなお「科学的ヒューマニズム」は「偽の救済策」の中に置かれている。無分別な生産性という真しやかな倫理の素朴な言明、無邪気な権力崇拝、強大な事象の流れに対する素直な屈従であることが判っている。いつになったら我々は飢えなくて済むのかを知る助けとなる何らの基準をも持っていないことが判っている。しかし何故このことが最初に気づかれなかったのか。何故この苦心の全編が、「羹《あつもの》に懲りてなますを吹く」ではないが、無価値のものにメリットを見出そうとするのか。思うに、ウォルター卿が二つの対立し合う目標を堅持しようと試みることにより自ら混乱しているからであり、教説とレトリックとを区別できないでいるからである。大学に関しての「科学的ヒューマニズム」の教説は、疑念も限定もなしに、「大学の基本的な諸前提は国民の諸前提でなければならない」との見解や、限りなき技術的改善の企図と結びつけられた世界は協力的な大学を有すべきといった見解を受容することである。これがウォルター卿の第一の要求に正確に適合しているのである。他方で、当のレトリックは分別のそれである——より大きく、より速く、より民主的な、より国際的な、より広い自由な類の自由、「社会的進歩を作りだす全ての諸力」と連合した大学というように、諸価値はよく見れば曖昧なのではあるが。そして、これがウォルター卿の第二の要求を満たしているように思える。しかし実際には、それは単にレトリック上の満足である。他の諸々の道徳的教説との関連で考察されるべき道徳的教説ではない。道徳的理想のレトリックに偽装されつつ、道徳的判断は不必要であるとする言明である。「科学的ヒューマニスト」は、現代世界における変化の意義に気づいてはいない。もっぱら変化に気づいているだけである。これは新しい状況ではない。人類とともに古いのだ。人間が自然世界から必要とするものは、そこから得ることが出来ると自身が考えるところのものである。それ自体においては、この搾取の過程の中に道徳的なるものは何もない。搾取の過程が道徳的たるべきならば、道徳化されなければならないが、そうすれば道徳は状況に服するものとなり、分別もつくようになって、もう結構と言うべき時がわかるようになる。

結局のところ、疑いもなく、大学は自らがそのうちに存在する世界のある種の反映に常に近づこう。大学はかの世界から隔絶され得ず、世界が最終の発言権を持つものなのである。戦争、英国審議会、バーロー委員会〔ロンドン大学の都市計画家P・アーバークロンビーを座長に一九三七年に発足し、グレーターロンドン大都市圏計画を提案した〕、特定の寄付金、政府補助金の各々が与って、大学は外部世界における何物かへ接近する。圧力は持続的であり、いかなる圧力も中立的ではない。紐付きでない贈り物はなく、政治屋は見えぬ紐を好むものだ。しかし、もっぱら流行しているとか、来るものは拒まずといったことは、さほど高貴な理想ではない。そこで、自らの性格に合わないと考えられる寄付金を拒む力のある大学は、その力を行使する時に、自己自身の性格と身元についての何らかの意識を持っているはずだ。この性格は変わることもあろうし確かに変わってもきたが、避けなければならぬことは、大学がその身元意識を失うような類の変化である。大学は世界と歩調を揃えて動くべきだ、それも同じ速さで、世界の流行のあらゆる奇抜さを帯びつつ、あらゆる提言に答える責めを負いながら、といった教説は、一片の進行性の迷信であり、誰でも正気の者にとって許されるはずもない。世界に遅れないでいることは、二つの重要な限定つきの理想である。すなわち、世界は既存の大学によって模写されるべきモデルとして望ましいとせめて思える何物かを提供せねばならず、かつ、肖《あやか》るという活動は身元の喪失を起こさないような仕方で実行されなければならないのである。我々の現在の状況について意見は様々に異なろう。私自身の見解はこうである。現代の世界は大学にとって何らの望ましいモデルを提供しておらず、したがって現行の肖るという活動は速さでなく分別を欠いているのだ、と。ウォルター卿の意見は、時とともに動かないことはそれ自体が重大な失敗であるとする意見に思える。彼は「現代世界における理念の動きに精通している」者が大学にあっては甚だ少数であるとの事実を嘆いている。「新しい科学的文化」は正しく歓迎されておれば既にはるか先まで進んでいたであろうに、と。つまり彼はこう考えるのである。大学を速やかに最新化することと、世界に欠けるものを提供するように大学を適合させること、これらを同時に果たすべき革命を企てる時は今なのだ、と。

4

本書の不整合の多くは、当の議論が共同の産物であるという事実に由来することはほとんど疑えない。あまりにも相異なる見解が統合されねばならなかったし、各々の見解がそれなりに是認された。そこで、小さな不首尾（とかなりの量のありふれた無思慮）は看過するとしても、なお注意を要するいっそう重要な欠点がある。本書のどのページにも批判と自己批判との価値への無限定の信念が証されている。一切を暴露し、新しいスタートを切るという見方とともに大学の全体の目的と基礎を新たに考え抜くという企図は、我々が活気と責任ある制度を持たねばならぬとするならば、望ましいばかりか必要物とも見なされている。この企図を手がけないことは、「いい加減な考え」と「慣習的な先入見」の罪でなければならない。この意見に同意することに何の困難も覚えない人は多いであろうし、議論のためには私もそれを受け容れる準備はある。しかし、述べておかねばならないが、本書には今起こっていることに目覚めて反応することの望ましさが極端な仕方で解釈されるあまり、己の血液を自由意志で流せるようにといったゴドウィンの願望が想起されるほどになっている場合がある。物事に対する批判的態度の価値を否定するほど何人も愚かではなかろうが、しかし確かに、「内からと同じく外からの絶え間ない批判は大学の健康にとって必要である」と言うことは少し節度を欠いていよう。絶え間ない批判は誰にも何事にも決して為にならない。それは人を挫き、制度を乱す。

しかし本書の命題はそこに止まってはいない。批判は必要であり革命は不可欠であるだけでない。今こそその審理と改革の時であると告げられもするのだ。学生への教育が全体として考え抜かれたことは一度もなかった。それは明確な目的へ向けられた明瞭な思想によってではなく、環境の圧力によって形づくられてきた。しかし今や、こうした思考を進める時であり、その結果を実現させるため必要な変化に一歩を踏み出す時である。そしてこの注目すべき見解を支持するいくぶん説得力ある議論を探すとしても不当でなかろう。思うに、二つの可能な議論があって、いずれも多少は説得力があるようだ。すなわち、現在の大学が絶望的なまでに腐敗していると示されるなら大学自身と全体社会とに対する危険が、あるいは現在が実りある改革のための目立って良い展望をもたらしていると示されるなら、今やラディカルな改革論がそれぞれ確定されたと考えられるであろう。本書は全体としてこれらの議論の第二のものに依拠している。たしかに我々の意のままになる時間は残り少ない――原子爆弾や土壌浸食を想起させられる。しかし一般的な見解は次のように思える。世界が逆さまになっているのだから、今は大学を裏返しにするのに最も適った時機なのだと。

そこに現れている正味の議論は教訓的である。二つある。第一に、こう示唆されている。大学改革は我々を今のところ新たなより良い世界へと押しやっている「社会計画」の大波に乗ってのみ実行されようから、今こそ大学改革を企てる時機である、と。「社会的ニーズ」や「社会正義」によって我々が意味するものについて、今や我々はかつてよりも明瞭な観念を持っている。したがってそれを大学に適用する時は熟している。私に言わせてもらうなら、これはナンセンスである。「社会的ニーズ」の当今の解釈は数世紀の解釈以上に、狭く奇矯で不整合である。また、百歩譲っても、方向感覚を失った全ての文明論はどうなるのであろうか。ウォルター卿は我々が「計画」と呼ぶものを活力と自信との証と取っているが、それは我々の方向性の欠如と頼みになる行動習慣の喪失との兆候と受け取るのが、より正当ではなかろうか。しかし第二の議論は、いっそう重要である。それは現時まかり通っている最も有害な虚偽の一つだからである。我々は総力戦の状態から現れ出たばかりであり、それゆえ（と議論は進む）、まさに社会のあらゆる部門で有益な改革を実行するのに最も好ましい時機である。数年前にカール・マンハイムは我々にこう告げた。「人は常にしかと理解しているわけではないのだが、調整をほどこせば、戦争のニーズは新時代のニーズに対する適合の原理をも包含しているのだ」と〔長谷川善計訳『マンハイム全集5　現代の診断』潮出版社、一九七六年、二九二頁〕。それ以来、あらゆる性急な改革者は、あらゆる危機は社会を改造するため神から与えられた機会として歓迎されていると、陰険にも叫んできた。そして我々はここで次のように告げられる。大学を世界に適応させるという任務、大学を粉々にして再び寄せ集めるという企図は、我々が戦争をくぐり抜けてきたばかりであるが故に、今こそ最も有効に遂行されるであろう、と。さらにはこうも告げられる。我々の戦争経験は大学改革という活動にとって最も信頼できるガイドである、「戦時経験との類比が示唆するのは、大学から最大限のものを引き出すためには、大学は自らを超えた或る大義のための奉仕労務に登録されなければならぬということである」と。これらは〔不撓不屈の〕「ダンケルク精神」の自滅的な政治である。

さて、我々はつくづく思い知っている。政治において、またあらゆる他の活動において、戦争は有益な変化への最も実りない機会しか提供しないのだ——戦争は文明生活にとって盲目のガイドである。戦争においては我々の伝統のうちで最も皮相なものが勝利のために有効で必要でさえあるからとの理由だけで奨励される。「武器ノ間デ法ハ黙スル」(*Inter arma silent leges*) とは古い格言であるが、広く解釈することができる。法が停止されるばかりでなく、社会の全体のバランスが攪乱されるということだ。戦時社会の性格からの推定の他には何らの社会進歩の理念も持たない者は多い——人工的な統一、狭隘で圧倒的な目標、単一の大義への献身とそれへの一切の従属——これら全てが彼らを活気づけるようだ。が、彼らの称賛の方向は彼らの魂の空虚さを明かしている。破壊的な戦争から出現したばかりの社会は、大学において有益な改革を為すには、あり得べき最悪の位置にある。そればかりか、戦争を思いつくこと自体がそうした企てにおける全ての着想のうちで最も人を誤らせるものでもある。もしそこに何であれ並の程度でも安定性を備えた物が残されているのなら（ウォルター卿はむしろ不承不承に、他国の大学におけるよりも現在の英国の大学の方に大きな安定性があると認めるのだが）、当座は残しておこうというわけだ。それは頼るべき何物かだから。大学を混沌の世界へと適応させようとするや否や、大学は確実に我々の伝統の中で最も些末なものへと近づくであろう。緊急性から直接に発せられる、変化のためのあらゆる提言は、一時的で偶然的なるものによって不可避に左右される。[2] これは単なる理論上の話ではない。大学が既に被っている主要な「適応」は、現時点で絶望的なまでに詰め込みすぎる結果となっており、「時代のニーズに応じきれない」よりも大きな損害を大学に与えているのである。十分に奇妙なことに、ウォルター卿は、過剰な学生総数から生じる「大学における危機」にわずかばかりの注意しか払わず、[3] 偏見なき者なら誰でもバーロー委員会の知見に賛成するだろうと想定している。大学の真の目的と基礎について考えることには何の害もないというわけだ。有益な結論に達するための現状の見通しは朧気であるけれども。しかし疑いもなく、大学をして世界で起こっている事柄と歩調を合わせさせるべく根本的な変化を促すには、どの時機よりも今が最悪の時機である。結局のところ、このような企てのために現在という時点を選ぶことを良しとする唯一の真しやかな議論は、次のような当今の政治的議論である、曰く、あまりに混沌とした世界にあっては、無秩序に何を少々付け加えたとしてもまず気づかれはしないし、もし事が失敗すれば環境が非難を引き受けるために控えているといった議論である、と。

5

「大学における危機」をめぐるウォルター・モバリー卿の解釈について一般論を既に見てきた。危機はこの国の大学が外なる世界で起こっている変化へと自己を適応させる際の緩慢さと、必要な指針を提供できずにいるから生じている、というのである。今はこの診断をより詳しく考察すべき時である。大学の状態は混沌のそれだと言われている。大学は自分たちが何の「ため」にあるかを知らず、その問題について一度も考えたことがない。大学は様々な専門分野において適度に効率的な教育を提供しているものの、知的世界の概括が試みられるどころか示唆されるだけの定見が大学にはないために、一般に見られるその外貌は諸々の断片の種々雑多な集合体のそれである。誰も「生の統一された概念」を欲求するよう(いわんや獲得するよう)促されない。誰も「人生の目的を責任を以て決める」ために何の助力も与えられない。大学は、何らの自覚的な単一の世界観もないため、何の「圧倒的な経験」をも提供しない。

この全ての原因は遠くを探すに及ばない。大学教員たちの知的かつ道徳的な無能である。「科学的ヒューマニスト」――〔私に言わせれば〕彼らの語る事柄のためでなく、たんに話すがゆえに認められている人士——は別だが、今日の全ての重要な問題についての沈黙の陰謀があるのだ。大学教員たちは単なる専門家であって、何の「哲学」も持たず、「哲学」を会得する道へと己を導くかもしれぬ自省の類に関わることにも乗り気でない。自堕落な愚者である彼らは物事一般について何も言わないことは「当人の無能力の印」だということに気づいていない。なお悪いことに、彼らは「真に重要な」ことについて尋ねられると、偽の中立性を装うことによって自分の専門分野以外の何事にも関心を欠いていることを弁解する。「今日の火急の諸問題」について考える段になると、彼らは怠惰で臆病で言い抜けをする無責任な横着者である。「エレガントなお調子者」でない者は、かの厳格ならざる役割すら演じられぬほどに鈍重である。無精で高慢で激しやすく、講義案はいちど書いたら二度と変える気もなく、その心は己の専門分野の轍に固定されつつ、世間が常に連中はそうであろうと想定する通りに「迂遠で無力」である。

さて、この告発に関して何が考えられるべきか——誇張ゆえに必要な割引が為されるとしてである。思うに、ウォルター卿の狙いは適度に密な集団を構成すると考えられているようだが、不運にも標的の端にある。のちに見るように、彼は一点の「金的《ブル》」を得るが、それは集団から非常に遠く離れた地点に当たっているため全体の効果を減じているわけなのだ。言い換えると、この告発はウォルター卿の諸々の独断からほとんど不可避に生じているのであって、その告発の強さはそれらの説得力しだいである。これらの独断が何であるかは、提案される救済策のうちに現れている。

救済策の着想は、容赦なく追求される単一の自覚的な目標を持たぬいかなる大学も大学であることの任務を果たせないはずだとの信念である。何らかの価値の基準への関連づけによる他には、大学にとってその研究や団体としての活動を計画することは不可能であり、「人間存在の目的についての何らの明瞭なイメージがないうちは、価値の合理的な基準を持つことは不可能である。それこそが人間と世界との本性についての何らかの概念をもたらすのに」。そして、その「運営哲学」が後ろ暗い大学は「知的誠意に欠くであろう」。この着想からはもちろん、自覚的に示されないものは何物も価値ありとは認められないということが確かめられる。明示的に設計されないものは存在しないと見なされようというわけだ。したがって、私見では、我々は悪い始め方をしている。我々は昨日生まれたとか、また大学には伝統のもつ利点も己自身の性格についての意識もないとかの独断ゆえにである。だが更に、それは我々にあの「計画」という甚だ困難な問題——一切が決定されてしまうまでは何物も決定され得ないという困難をもたらす。もし「看護婦の正確な人数」を、あらゆる他の職業で雇用されるべき正確な人数を決めてしまうまでは、決められないとすれば、いったいどのように事を始めるべきなのか。正気の者なら誰もこの仕方で何事かに取り組むなどということは決してないと指摘することによって、アリストテレスは何世紀も前にこの問題を解決した。彼は白紙というものを想定しないし、森羅万象の謎を解いてしまうまでは、粥を楽しむことも息子を教育することさえも出来ないと考えるほどの馬鹿者ではない。しかしアリストテレスは今や頻繁には読まれていない著述家の一員である。この二世紀というもの、我々は代わりにドイツ人たち——多かれ少なかれ白紙で事を始めて、いかに生きるかを学ぶ前に哲学者となった唯一のヨーロッパ人——とともに就学するようになっていて、最初に世界観（*Weltanschauung*）を把捉せねばならぬとの途方もない教説を信じるに至っている次第である。しかし〔本書では〕以下のことが十分に明らかからしいのだが。曰く「大学の成否を実際に決める事柄に関して、第一の疑問に立ち戻り、大学は何の為にあるのかとか、大学は同窓生に対してどのような影響を与えるべきかとか、外の世界に対するその責任とは何かとかを問うとき、我々の尋ねる疑問に、大学教員の少数派はまちまちな答えを返し、大多数は全く明瞭でない答えしか返さない」と。そうとあっては救済策は革命的な改変でなければならない。

さて、自覚的な目標の導きの下での革命的な適応の必要性というこの教説と混和して、本書には「再建の鍵は我々の伝統のうちに見出されるべきだ」という趣旨の他の教説がある。どのようにしてこの二つが一致させられ得るのか、私には言うことができないが、英国の大学教育の諸々の伝統がここで受けている扱いは、ウォルター卿がそれらに小さな信頼しか寄せていないことを物語っている。第一章は所謂「大学の任務についての変わりつつある諸概念」の検討に当てられている。しかし、それと認知できる大学は決して登場しない。というのも、ニューマンやヒューウェル〔William Whewell, 1794-1866. 英国の科学者・哲学者・神学者〕やパウルゼンやマシュー・アーノルドによって述べられたような大学の定式化された概念と、大学が相異なる時代毎に現実に提供する類の教育との隙たりについては、何ら説明されていないからである。これらの「大学の任務という諸概念」は何れもそれ相当に立派であるが、実態を理解する際の幻覚以外の何物にも起源をもたず、現実の大学はかかる諸概念の行間から逃れてしまうということが忘れられている。この種の理論はきれいに対照化されようし、互いに「移行する」とか「交代する」と言われもしよう。しかし、理論の歴史は大学教育の歴史ではない。ニューマンの大学もマシュー・アーノルドの大学も（封建制とレセフェール経済がそうであるように）かつて実在しなかった。そして今日存在するものとしての大学を、昨日か一昨日の大学についての理論と対比させることは、互いにかみ合わない事柄の間に比較論を立てることである。これらの「大学の任務という諸概念」のどれかひとつに「戻る」運動が不可能である真の理由は、時代遅れだからではなく、それらが決して存在しなかったからである。我々は今日「混沌たる大学」を持つとウォルター卿は言うが、理論に注意を集中させることによって、混沌たる大学以外の何物も決してなかったという事実を、自身から隠してしまっている。思うに、これこそ彼が「古典的ヒューマニズム」の伝統と呼ぶものを誤解している理由である。彼にとってそれは「大学の任務という一概念」であるが、それにあっては「大学の機能は支配階級を養成すること」であり、「最高の社会的威信を持つか持っていた専門職業」を提供することである。彼は一理論としてしか見ないゆえに（それはいよいよ中味を抜かれてヨーロッパ文明におけるキリスト教の要素と無関係に存在するものとさせられているが）、「古典的ヒューマニズム」の伝統は「特権に基づく社会に縛られている」と言っている。彼はオックスフォードとケンブリッジを昨日まで「有閑階級」の教育を生業としていたと描きさえして、キリスト教的・古典的文化におけるこの偉大な教育を「満たされぬ社会正義の諸要求」と何かしら対立すると見て取るのだ。「これらの事ども〔諸要求〕はもはや不変となった。我々はそれらを受け容れなければならぬ」と言う者のまやかしの剛胆さとともに、本書は当今の陰険な流行語の中でも最悪のものにあまりに頻繁に屈してしまっている。それは「社会的」を「正義」の前に置くことによって何か意義あることが言われていると示唆し、利他性と平等主義の当今の同一視を受け容れ、「社会の進歩を促す全ての諸力」と連携していると主張する全ての者へと、無差別な是認を拡張する。ところでこの有閑階級とは何なのか。それはピールやグラッドストーンの階級のようであり、両者ともよく知られているように安逸と無精の人生を送ったものであるが。大学を卒業した学生の大多数が生計を立てねばならぬのは何か新しい事柄であるという見解は純然たる空想であり、〔他方〕自らの生計を立てない者は不可避的に価値なき活動に携わるとの示唆は馬鹿げている。実際のところ、二〇年か五〇年か一〇〇年前の大学教育が論じられている数頁は、ほとんど罪悪感によってまったく不可解にも曇らされている。

混沌状況の診断と救済策の着想がこのようであるならば、救済策の性格は明白である。大学は、自らに課せられた任務を果たさねばならないとすれば、内気な中立性を放棄し、その阻害を克服し、「それと判る意識的な方向づけ」を獲得しなければならない。「真の知的争点」や「日々の燃えさかる諸問題」についての「究極の諸問題」を議論することは、不適切と見なされるのでなく、根本的な責務と認められなければならない。何物もタブーであるべきではない。さらに「大学の中に何かしらの場がなければならない」——そこで「生の哲学」を獲得することの必要性が学生に力説され、学生がそれを獲得するための助力を与えられるような場である。現時点では彼には方向性もなければ指導者もない。大学は学生が己を「摑む」理念を与えられるように取り計らうべきである。彼は重大な経験によって救われることを欲している。大学はその経験を提供しなければならないが、それはJ・S・ミルがベンサムを読むうちに自身に訪れたと記しているような経験である。「私は今や意見と信条と教義と哲学を持った……」と〔朱牟田夏雄訳『ミル自伝』岩波文庫、一九六〇年、六五―六六頁〕。単に（大学の堕落である）ポリテクニックに留まるのでなく、大学は道徳的で知的な世界の概括的で統合された見解を提供しなければならず、「生の統一された概念を教える」必要がある。

さて、これら全ては、我々がイデオロギーと呼び慣わしているものへの訴えにも似ており、実際その見かけは次の一文を読むとき確認されるように思える。曰く「大学のそれと判る意識的な方向づけ」は「我々の時代の挑戦を技術的な観点というよりは人格的な観点で見る共通の道徳観または世界《ヴェルトアンシャウンク》観の形を取るべきだが、それは殊更にキリスト教徒のというわけではないにせよ「キリスト教化されている」。キリスト教によって深く影響されていて、キリスト教徒と非キリスト教徒の大多数とがその上で心から共に働くことの出来る土台であるという点においてである」と。しかしながら他の個所では、イデオロギーをよく伝えるよう意図された大学の事業は否認されている――「いかなる特定の生の哲学を教え込むことは何ら大学の義務ではない。しかし、当の学生たちが傷つき役立たぬままに社会へと出てしまわぬよう、彼らが自身の生の哲学を身につけるのを手助けすることはその義務である」と。だが、二つの理由から、この否認には説得力がない。第一に、提示されている全体の見解――要は誰しも生の哲学を持たぬ者は「傷つき役立たぬ」という見解――がそれ自体イデオロギーであり、しかも最も狭隘で最も不条理なその一つである。そして第二に、ウォルター卿が、もし一切を包括する合意されたイデオロギーを我々が持つならば、あらゆる問題への正確な解答とあらゆる経験のための整然たる場所を我々が持つならば、我々は幸福になるに違いないと考えていることは明らかである。「聖トマスの『神学大全』を偲ばせる」首尾一貫した体系は、悲しい哉、現時点では不可能であるが、正統な「長期の目標」としてそれは提示されている。混沌状態が排除されていた空想上の世界へのこのノスタルジックな後顧はなんと判りやすいものであろう。また『神学大全』を転じて、昨今の著述家が「一種の幹部学校の教説」と呼ぶもの——イデオローグたちの心のうち以外には決して存在しないもの——にしてしまうこの誤解は、なんと途轍もないものであろう。大学において議論されるべき「争点」と「問題」の巨大さと重要性は、本書で頻繁に力説されているが、その正味の性格については疑問が残されたままである。実際のところ、「想像を絶する悪徳の乱行」について書きながら、自分は汚れない想像力を持っていると我々に信じさせる小説家のように、ウォルター卿は決して一般論という本道から離れはしない。大学が解決すべき「主要な問題」とは「人はいかに生きるべきか」との問いのようであるが、なるほどこれを「根本的な」と語ることは私は誇張ではないと思う。それがいかに有益に議論され得るかということと、いかなる類の解答が期待されるかということとは、別の事柄である。しかし、より厳密な詳細な明確化がないから、読者には、新体制の下では大学は全ての状態の中でもあの最も無価値なそれ——諸々のイデオロギーの議論のための公開討論会の状態へと堕落するであろうとの印象が残されてしまう。そして、これらの「燃えさかる諸問題」についていえば、真夜中あたりに炎の微かな明滅をもたらして翌朝までには燃え尽きる類のものではないかと私は疑っている。ぜひともそれらをして議論されるに任せよ。されどその些末さにまた気づかんことを。いかなる問題とて生来「燃えさかっている」わけでなく、重要な問題を些末にする最もありそうな仕方はそれを更に熱することなのだ。

この救済策に適用されうる多様な手段が本書で提示されている。明らかに求められようものは、より責任感があってより能弁な大学教員であるから、応募者への試験と任期制を求める案もいくぶん慎重に検討されている。最終的にはそれらは却けられているが、採用委員会の一員である者は自身が悪意と知的不誠実を疑う候補者に票を投じてはならないとの条件づきでである。適切に組織された大学寮から時に生まれるような学生のために強化された共同生活や、異なる学部間での教職員と学生との間の拡張されたコミュニケイション手段も、大学に当てられた目標の達成を促すものと期待されている。しかし主たる力点は、科目カリキュラムと教授方法との改革にある。(医者は医学についてと同様に「生活」についても何ほどかが教えられるべきというような)広い専門職課程があるべきであるし、一つ以上の分野と結びついた優等学位課程が展開されるべきであるし、アメリカの大学に存在するような「広範かつ一般的な学位課程」の可能性が探究されるべきである、と。しかし、とりわけ現在の大学の断片的な専門分野を統合する努力の中で、「学生に生の哲学の問題を示し、何であれ解決を与える」諸々の講義の単一の統合課程があるべきである。ウォルター卿は概して講義の価値に懐疑的であるが、それらが「動的な性質」を持つならば利点ありと認容している。

さて、本書の仮定の内では、これらは全て理に適った示唆である。主たる仮定は以下の通りである。

曰く、唯一の良い種類の大学教育がある。現今のイデオロギーの中から最善のものを選ぶという視野を以てする教育的訓練がそれである。曰く、唯一の良い種類の大学がある。単一の明瞭に規定された自覚的な目標を持つ大学がそれである。曰く、唯一の良い種類の共同生活の組織がある。学生が大学寮やカレッジで生活する場がそれである。曰く、唯一の良い種類の大学教員がいる。「日々の燃えさかる諸問題」に強く関心があり、それらについて表現する能力のある、博学のヒッピアス[4]さながらの男女がそれである。曰く、唯一の良い種類の学生がいる。「難問」に関心があり「生の哲学」を欲する男女がそれである。曰く、唯一の良い種類の「活力ある」種類の講義がある、と。さらには、目標は意識的に追求されない限り決して達成されないであろうことが仮定されているといって間違いないようだ。〔私の思うに〕それはすぐれて自由な知性の持ち主にとって驚くべき行いである。彼はこう結論するばかりであろう。一つの思想にあまりに長く拘り続けるとそれがその者を囚人にしてしまう、と。何かを明確に目指すのでなければそれは決して達成されないであろうとの見解を考えてみよ。これ以上に明白に誤った一般化はあり得ないであろう。それが設計の一部ではないゆえに或る達成物を疑いの目で見る者は、結局のところ、全ての最も偉大な人間的達成物を疑わなければならぬことに気づくであろう。物事はそれが計画されていないならば存在しないか少なくとも無価値であるとか、活動の予見できない帰結は失敗の印であるといった教説は、法外というものである。大学教員と学生とを考えてみよ。本書の一節から見て取れるのは、世界観に関心のないこと、まさに政治に関心のないことは、一方において無能の、両方において鈍感の確実な印であるとの趣旨だ——たちまちのうちに人類の最善のものと最悪のものとが丸損として帳消しにされている。たまたま私はこれらの事柄に関心があるが、私自身よりはるかに教育があり社会のいっそう信頼できる成員であって、しかも上記の事柄におよそ思想というものを決して与えない、そうした他の人たちがいることを私は知っている。これらの人々に無責任とか責任回避とかの責めを帰することは傲慢な愚行である。道徳と政治についての現今の、ほとんど普遍的で思弁的な関心は、健康の印でもなければ、我々の罹患する病気の治療法でもない。それは単に無秩序の徴候である。まさに本書の著者には決して思い浮かばぬようだが、過去二五年間の大学の全ての計画化の効果の一つは、ローズ－ディキンソン〔Goldsworthy Lowes-Dickinson, 1862-1932. 英国の政治学者・哲学者。国際連盟の構想に影響をあたえた〕のような人物がケンブリッジには決して再び存在し得ないことをもって確かめられてしまった。統合の名において進行した破壊は嘆かわしい限りである。これらの「活力ある」講師たちを考えてみよ。いかなる説教者も持たなかったなら大学は貧弱だったかもしれないし、実際、生気を与える説教者は単に教えるだけの者よりも値打ちがある。しかし大学の最も価値ある成員では決してないであろう。実際、その場での慄えとか、知的な詐術があれば、その人は活力に欠かないだろうと、君には確かめられるだろう。我々は大差しあたりあの危険な特性を十分に持ってしまったということ。このことに考え及ぶべきである。大学について何ほどかを知る人なら、最も非才な者でさえ一ダースもの様々の種類の講師のうちには居場所があるということを知っている。私が聴講した偉大な教師たち――バーキット、ラプスリー、クールトン、コーンフォード、マクタガート〔解説参照〕――を思い起こすにつけ、彼らの誰もが活力的でなかったし、ただ一人だけが世界観について少々の関心を示したものである。私は卑俗で些末なメッセージを小売りする自意識過剰の戦慄者よりも、「前から二列目より後ろでは聴き取れない声で面白味のない原稿から物憂げに語られる」ビュアリ〔John Bagnell Bury, 1861-1927. アイルランド出身の歴史家〕の講義にむしろ耳を傾けたいと思う。最後に、最良の種類の大学とは学生がカレッジの敷地内か大学寮で居住するような大学であるとの見解について考えてみよう。オックスフォードかケンブリッジで学部生の日々を過ごした者なら誰でも、学寮制の大学の大きな価値を知っている。それは我々の伝統に属する何物かであり、その扱い方を我々は知っている。しかし、たとえばドイツの都市の一画の大学での生活を経験した者は誰でも、堅く組織された共同体に属さないことの価値を、その恵まれた気楽さささえをも知っており、この点に関して良い類の大学はただ一つしかないと想定することは許し難い先入観だということを知っている。偏愛から無縁でありたいものである。

6

大学教育は始まりでもなく終わりでもなく中間だということを理解しない限り、なんぴとも大学について何か意味あることを言うとは望めない。ホッブズの「人民の教化は大学における青年への教授に全面的に依存する」との表明は真理ではなく、彼はもっとましなことを言うべきであった。なんぴとも己の教育を大学で始めはしない。子供部屋で始める。そして人の形成期は学位を取る時に終わるわけではない。それゆえ大学の性格は、一部は現れる学生の種類によって決められる——もちろん個々人の特異性によってではなく、一般的な性質について、つまり年齢や知的標準や道徳上の躾や志望についての無難といってよい推定によってである。英国の大学とアメリカの大学との主な違いは、英国の家庭や学校とアメリカの家庭や学校との違いから生じている。もちろん大学は現れる学生の種類に何らかの統制を及ぼすが、それは限られた遠隔の統制である。従来は（昨日まで）大きな変化にもかかわらず、英国の大学は、提供する価値のある何物かを持っていたが、それは一般的に言えば入学するであろう学生の種類についての正確な推定に根ざしていたが故に、大学に現れた学生が利用できたのである。大学が提供しなければならなかったものは、唯一の社会階級だけが真価を認めることができる何物かでもなければ、「有閑」階級にだけ適切な何物かでもなかった。多様な趣味や性向や素質や志望とともにやって来た学生は、提供されたものの中に、自分自身に相応しいと認められる何物かを見出すことができたのである。

大学は、まず最初に、一定限度内で多様な諸々の学問を提供した。どこからこの特殊な選択が来たか。それを言うのは難しかろう。おそらく、これらの学問分野のいずれも、アプリオリな根拠によっては擁護できなかったであろうし、いかなる大学も各々の導入のための周知かつ十分な理由を以てカリキュラムを作成することは決してなかったであろう。これらの学問の或るものは遠い起源を有し、大学における自らの地位を、今日なら用いられうるような擁護の理由とはまったく異なる理由に負っていた。（たとえば、一六世紀の学校や大学の教育における古典の地位と重要性は主として、ギリシアとラテンの著述家の著作に含まれる実証的知識の故であるとされていた。それらは近代的学問であった)。その他の学問は比較的に新しく、その地位を勝ち取った当の論拠によってなお擁護されることができた。確かなことに、これらの学問のどれもが、「統治階級」が統治するに適するようにとか、商業階級が実業を営むに適するようにとかといった限定的な目標のために設計されてはいなかった。実際、これら全てに共通する唯一の性格は、認知された学業の分野であるという性格であった。そしてこれは専門職の様相を持つ三つの学問——神学と法学と医学についても真実であった。というのは大学においてはこれらは単に専門職的な訓練ではなかったからである。それらは序論的な教育であって他のところで修業制度が付加されるべきものであった。自らと結びついている専門職の「社会的威信」ゆえにでなく、いずれもが大学における他の学問と同様に、認知された学びの分野であるがゆえに、存続したのである。そして時々に付け加えられた新しい科目は、いずれも既に認められている科目の基準に匹敵するだけの学業の基準を伴っていることを根拠にして導入が主張された。そのさい学生は望めば、大学において提供される諸学問の中で、己が選ぶと決めた職業から少なくともさほど遠くない何物かを見出せたし、明確な選択を何らしていない場合には己に関心を起こさせる何物かを見出せた。あるいは学者の嗜好を持つとすれば己を魅了する何物かを見出せた。これらの学問のいずれもが一専攻であるが、どれも極めて狭い専攻ではない。これらの専門的な学問の間の関係について熱い議論というものは総じてないが、それは主として、(思弁的な嗜好を持つ者を例外として)各々が学びという単一の世界に属することが容易に認められてきたからである。振り返れば、私が受けたように思う印象は（その時はこのイメージで表していなかったけれども）、各々の学問が別々の声を持つ会話の印象であった——時には（たとえば「科学」と「宗教」との間のような）議論へと堕落もしたが、大概はその固有の性格を保持していた会話である。そのさい誰も会話それ自体の技法を授業しなかった。それは会話（学生は既にそのための準備ができていると推定されていた活動）を聞くことによって学ばれるべきものであって、ソフィストのみが会話の技法を別個のテクネーと見なしたであろう。大学は、そこで唯一の声が聞かれるべき機関でもなければ、そこでマンネリ化した諸々の声のみが教えられるべきポリテクニックでもない。そこには学問の雰囲気があった。各々の学生は己自身の能力の範囲の中で、何らかの認知された学びの分野を追求していた。学問とはまったく無縁な理由から大学に入ってきた少数の学生は軽視されもしよう。何らかの対策が彼らのために為された。彼らは決して当の社会の無価値な成員ではなかったが、大学のカリキュラムに深く影響を及ぼさなかった。

第二に、英国の大学は、英国の生活の伝統の内部で正課外活動の領域を提供していた。次々と引き続く世代が属するクラブやソサイエティ、新しい結社を作る機会、社会系・運動系・芸術系・宗教系・学術系といった実に多様な関心を追求する場所と手段がそれである。ここでもまた、学生は自らの資力に応じて己の嗜好と志望を追い求め、己の活力を振るうことができた。ここでもまた継承が享受されたのである。そしてこれについては多言を要しない。

しかし第三に、大学は全ての学生に等しく提供する何物かを持っており、これこそ私の思うに、大学の最も特徴的な賜物である。というのも、それは大学にしかない、いわば中間としての大学教育の性格に根ざした何物かだからである。人は己の人生のいかなる時にでも新しい学びの分野を探究したり、新たな活動に従事し始めるかもしれない。しかし、大学においてのみ彼は、時間と労力という己の乏しい資源の再編などなしに、このことを為しうるのである――その後の人生では彼は既にあまりに多くの事柄に関与しているので何かをたやすく投げ出すわけにはいかなくなっているのだ。大学の大きな特徴的な賜物は合間という賜物であった。ここには若さならではの一途な思いを脇に置く機会があった。しかもそれに取って代わるべき新たな忠誠の対象を得る必要性もなく。ここには人が己自身に関与することを拒んでもよい、いわば合間の場があった。ここには回復できぬ出来事の暴虐な進行における、いわば小休止があった。すなわち、己の背後にいる敵の感覚や決心せねばとの絶えざる圧力なしに、世界を見回す時期であり、「己自身と折り合いをつける」とか、外の世界の激しくも些末な党派的な争いに入るとかの必要性から救われている時機であり、同時に解決を求める必要なしにミステリーを楽しむ時機である。[5] ここには実に、最高のしかも最もたやすく破壊される人間的な諸々の能力、キーツが「負の能力」と呼ぶもの――「事実と理由を求めるあらゆる苛立たしい競争なしに、不確実と神秘と疑念の中にいられる時」〔*Letters of John Keats: A Selection*, ed. Robert Gittings (Oxford: Oxford University Press, 1970), p. 43〕――を行使し、おそらくは陶冶する機会があった。リベラリズムの「中立性」がかくも影の薄くなるような、あの「停止された判断」を実践する機会である。そして、この全てが、知の真空の中でではなく、我々の文明の全ての継承された学びと文学と経験とに囲まれてある。

単一の業務としてではなく、ある認知された学問の分野を研究するという鍛錬と結びついてある。また、振る舞い方や考え方をまったく知らない者たちのための教育における最初の一歩としてでもなければ、審判の日のために人を耐えられるようにする最終の教育としてでもなく、中間のそれとしてである。

この目覚ましい機会の生成を確定するのは困難であろう。確かに誰しもそれを計画したりそれを抽象的に考察することさえしなかった。それはいわば副産物であった。多分それは（ルクレティウスが人間の四肢の生じるのを想像したように）、程度は様々ながらこの機会を活かすことのできた人々のいるところから生じた。いずれにせよ、この機会はヨーロッパにおけるあらゆる大学が幾らかなりとも提供したことであって、他の何よりもそれゆえにこそ大学は大学であったのだと、私は思う。その享受はもちろん何らかの前以ての準備に依拠した（育児室において学んでおくべきことを知らぬ者は誰もそれを享受するとは期待できなかった）が、何か限定的な先在する特権とか、己の生計を最終的には立てる必要がないといった境遇とかには依拠しなかった――この機会を享受すること自体「学生」であることの特権、スコレー〔自由時間〕の享受であった。その気になれば、これを大学の性格についての教説へと還元する人がいるかもしれない。いかにもそれを暫定の教説と呼びそうだ。しかし教説は、〔入学時の〕あの最初の一〇月の朝に学生が感じたであろうことを簡明に表現した以上のものではなかろう。ほとんど一晩のうちに、無愛想な事実の世界は無限の可能性へと溶け出したものである。何らの「有閑階級」にも属さぬ我々は、暫しのあいだアダムの呪い――仕事と遊びとの間の難儀な区別から解放された。我々の前に開かれたものは道路ではなく果てしない海であった。風に向けて己の帆を広げるだけで十分であった。直接の目的地という悩ましい緊急の問題はなかったし、義務はもはや圧迫感を受けるものでなく、退屈と失望とは意味のない言葉であり、死はとても考えられなかった。そして、あたかも欲望は、未分化な欲求がそこから生ずる原初のものへと立ち帰ったように見えたし、かの無制限のエネルギーは再び解き放たれた。もちろん、この欲求はその無定形性を放棄せねばならず、このエネルギーはある方向を見出さねばならなかったであろう。しかしそのためには十分な時間があった。暫定性は我々のものであったのだ。暫しのあいだ、我々は世界の頑なな公式化や、その苦境についての当今の卑俗な評価や、「燃えさかる諸問題」と世間の口先だけの解答を、脇に置いて歩むことができた。しかし終わりが来るということは暫定というものの性格に属する。なんぴとにとっても時間はあり、何ものもその時間を超えて延長されるべきではない。永遠の学生とは失われた魂である。結局は我々が世界ともっと上手くやっていけることは有り得たし、我々が獲得した知識が力へと転換されることも有り得たけれども、これらは〔学生であるという〕当の経験の動機でもなければ、その価値が判断されるべき規準でもない。実際、全ての感情の中で最も憂鬱なあの力のための知識を既に承諾している者には、この経験は決して訪れるはずもなかったと、私は思う。満足することは——フラー〔Thomas Fuller, 1608-61. 英国の聖職者・歴史家〕は言う——「賢者の石を探す者に求められる一つの資質である。いかなる強欲を以って為してはならない。さもなければ彼らは決してそれを見つけられないからだ」と〔*The Holy State and The Profane State* (London: William Pickering, 1840), p.

158]。この大学は、完全に己自身と折り合いをつけた者たちや、全ての自らの問題を「解決した」者たちを輩出しなかった。大問題《プロブレマティッシュ》を抱えることがなく、そして決してそうはならないであろうような精神の者を認め、彼らのための場を持っていた。在学中に、いくらかの「諸問題」の些末さがわかるようになる者もあろう、我々が想像するに「人間存在の目的の明瞭なイメージ」のうちに終わる展望をいつかそのうち一瞥したかったと思う者もあろう。だがもし学位を取得した日に解決済みの「生の哲学」がポケットに入っていたら、それに出くわしてしまったのが間違いだと考えるべきであった。

さて、様々な仕方で、危機がこの種の大学を見舞うこともあろう。第一に、大学が提供したものを正しく認め利用できる者がもはや誰もいないとしたら、そのような大学は学生なき大学という次第になろう。思うに、これは近い将来には英国では起こりそうもない事態である。今日の定員超過の大学に勤める者なら誰でも、この種の大学を利用できたのにその機会が一度もなかった相当な数の男女の活用されざる予備軍がいたということは幻想であると知っている。大学の賜物が無駄にならない者は、私の観察する限り、かつて（より多くはないにせよ）とほぼ同じほどいるように見える。どのくらい先までこの状態が維持できるかは疑わしく、事態の推移はこの種の学生の存在に対して好意的ではないが。

第二に、もしそうした大学が、提供された機会への備えもなければ活用の心得もない学生で氾濫していたならば、あるいはあれやこれやの手段によってそうした大学を破壊する力と意図とを持った人間がそこかしこにいたとするなら、危機の事態を宣告することは不当に警世家的とはいえないであろう。これは慎重に考察される必要がある。この種の危機は単なる可能性に終わってはいないからである。まず今日の学生の性格を調べてみよう。学生について不整合なイメージをウォルター卿は我々に決して与えなかったとは言い得ない。学生は本質的に大問題を抱えるとの主張や、現世や来世やとりわけ自己自身について「確実性」を切望しているとの主張は措くとして、我々は何を告げられているのであろうか。我々はこう告げられている。学生は先輩よりも「多くを知っている」とか、「より高度に選抜されている」とか、「平均してより有能である」とか、「潜在的により良い人材である」と。もちろんここには多少の曖昧さがあるが、概してそれは断じて真実でないといってよいであろう。もし「多くを知っている」とすれば、それは何らかの相対的に狭い専門性に関してのみであって、平均して今日の学生はその先輩「より有能」ではなく、彼が選抜されてきた試験は我々が考察している類の大学を活用する本人の能力とさほど関係はない。しかも、この描写が全体として誤っているのみならず、ウォルター卿が述べるその他の事柄によって矛盾を来している。というのは我々はこう告げられているからである。曰く、現代の学生は「かつては想定され得た文化という背景を持っていない」、曰く、彼の「関心の範囲はより制限されている」、曰く、「ほとんど主導性や回復力」を持っていない、曰く、彼の目的は「功利的」である、曰く、大学を「何よりもまず、魅力ある仕事への道と」見なしている、と。学生は、大学が培ってきた中立性に反感を覚えると言われ、彼らの間で「より有能でより利他的な」者、「一流の学生」は世間の事柄に携わることと勉学を政治に転じることに熱心であると言われる。この幾分かをウォルター卿は誤って「切実な物質的な関心事」に帰している。ともあれ、この性格の変化と称されるものの理由は何であれ、結論は明白に、学生の方が我々が考察する類の大学を活用する能力に乏しいということである。しかもこれで全てではない。外部に権力者たちがいて、自分たちが賞賛する性格を持ったこの種の学生で大学は溢れかえるべきだと望んでいる。彼らは、これらの学生たちが自分に必要と見なすものを提供するよう設計され計画された場へと大学を変形させようとの意図を持っている。私の思うに、ここにこそ、大学における真正の危機の要因がある。というのも、この方向での変化の圧力が抗し難くなるとき、大学は回復不可能な破壊的な変貌を被ろうからである。今日の問題は「いかにして教養あるジェントルマンの理想を民主主義の言葉へと翻訳し、卓越性の力強く弛みなき追求を、社会正義という要請に対する新しい感受性と結合させるか」ということではない。過去には新興階級は他の階級の人々によって享受されている価値ある何物かを気にしてそれを共有したいと願ったものだが、これは今日では当てはまらない。新興階級の指導者たちは、己自身の欲求から生じないもの一切に対する軽蔑が心を占めており、あらかじめ確信することには、学ぶべきものは何もなく、教えるべきものなら何でもある、したがって自分たちの目的は戦利品――組織と制度の骨格とを収用しそれを自分たち自身の目標に転化させること――であるというのだ。今日の大学の問題は、大学ならではの美点を認めない者たち、「知は力なり[6]」とだけを確信する者たち、彼らの手になる破壊をいかに回避するかということである。

　しかしながら、第三の方向があって、そこから危機やそれに似た何物かが大学に襲いかかるかもしれない。もし大学が今なお自ら統制できる事柄に関して、自らがこれまで与えてきたものを提供することを止めてしまえばいかに。この点でウォルター卿は適切で僅かながら有益な何事かを語っている。彼は自らが「カリキュラムの過重」と呼ぶものに危険を見出している。実際、これが我々の考察している類の大学の破壊となろうことには何の疑いもありえない。それは完全には大学の統制の埒内の事柄ではない――大学が被る外部からの圧力のほとんど全てがこの方向にある――が、その負担を軽減するための何らかの事は為されうるし為されるべきである。しかしウォルター卿の診断は不完全であり、学生に対する当今の過剰な要求は有害だと考えることに誤った理由を与えている。第一に、彼が反対しているのは、専門主義的なカリキュラム群の過重のみであって、彼は自身が「統合的な講義群コース」と呼ぶものを付け加えたいと願っている。それらは「必修」であるようだけれども、何ほどかの曖昧な理由から彼は学修上の負担を増やすとは見なしていないのだ。そして第二に、過重なカリキュラムが彼に有害と見えるのは、それが大学にその最も貴重な賜物を提供させることを妨げるからではなく（それは学生が「立ち止まり見据える」ために使える時間を減らすと、彼は断言してはいるけれども）、主として、それがイデオロギーをめぐる十分な議論の支障となり「目立ちにくい部門を探究する」ための時間を何ら残さないからだという。過去の学生は公式のカリキュラムをどうあしらえばいいのか普通に知っていたし、己自身の責任で我先にやっていた。学生であることは「講義群コース」に出席するという意味ではないことを、また最も確かな伝統を持つ大学は決してそう信じるよう勧めたりしないことを知っていた。まさにこの点でウォルター卿は試験制度を甚だしく過小評価している。〔私見では〕それは「講義群への出席を申し込む」行いの代わりとして、時間と労力の配分において学生に大いにプラスとなる自由を与えて、もって過重なカリキュラムの有害さを自動的に減じるというのに。しかし毎度ながら、ウォルター卿は月と六ペンスを欲している。「明らかに、中期ヴィクトリア朝のケンブリッジのような成り行き任せの制度、あるいは制度の欠如は、現在に対してはいかなるモデルも供給しえないが」、「それは偉大な価値ある要素を含んでいた、今や……破産させられる危険に瀕しているが」と。いずれにせよ、我々が考察している類の大学という観点からすると、「過重なカリキュラム」は失敗の徴候であることが合意されてよいであろう。

大学がその真の道を捨てたと考えられるかもしれないその他の重要な点は、大学の手中で学びの世界が一連の種々雑多な専門分野へと堕落したことである。これがウォルター卿が実際に起ったことと信じている事柄である。彼の考えるところ、各々の専門分野はかつて常にそうであった以上に今や効率的に探究され教えられているものの、それらが属する全体を探究する何らの試みも実際には為されていない。私はこれが事の真実だとは考えないし、(外部からの別の方向づけの中での相当な圧力に直面しつつも) この専門分化に待ったを掛けようとする大学の数少ない努力の一つが嫉妬と怠惰のせいとされているのを見出して面食らいもする。私が言わんとするのは、新しい専門科目が既存の過密な専門科目群に入るのを許される前に普通に払われる考慮のことだ。にもかかわらず、この専門分化は現在我々が悩まされている何物かであり、それが我々の考察する類の大学にとって破壊的であることは否定できない。もっとも、もしウォルター卿の救済策——「講義の統合」、開かれた学位課程、複合優等学位課程——が的外れか、あるいはそれ自体が専門分化への屈服であると考えられるとしても、我々は当該の問題を考えなくて済むようにと、彼の誤りを利用するべきではない。

　最初に言っておくべきことは、ウォルター卿が現代の大学教育における欠陥として看破した事柄は、実際は哲学の現今の諸問題の中でも最も難しいそれであるということだ。一世紀にわたって相当に強靭な思想が既にそれに与えられてきたというのに大した成果はないというほどである。確かに我々はどうしても、知の世界が統一の相貌を呈するのを見たがる。しかし当面これは、我々が自らの「負の能力」を働かせなければならぬ事柄の一つである。そして大学がカリキュラムに統合をもたらすよう期待することは、不誠実さを求めることである。感情的な必要性から生じただけの統合は、虚偽で些末で無価値な公式に陥らざるを得なかった。この問題について確実性なるものなしではやっていけぬという人には、その知性を何か別の方向に当てはめよというのがより良い助言となろう。

　しかしながら、学生教育のレヴェルでは状況を改善すべく何物かが為されなければならない。「広域一般学位課程」はこの関係で退けられよう。それは問題を迂回することによって偽物の解決を供給する。大学はそれでも第一に、学生の勉強のために提供する専門科目を取捨選択すべきである。各々の専門科目が全体の反映であると学生によってさえ判るようになればしめたものである。甚だ多種多様な職業のために技術的な教練を提供せよとの圧力はこのことを困難にさせているが、我々が考察する類の大学はこの圧力に抗する備えをせぬ限り消滅するであろう。この件で分別を発揮するのは幾分か狭量で蒙昧であるといった考えは、本末転倒である。大学が非難されるかもしれぬ失敗とは、専門科目群を統合する公式を見出してやり遂げそこなうことではなくて、専門科目群そのものに関して十分に選別的でないことである。第二に、学生に提供しようと選んだ学問の世界の多様な分野を深いレヴェルにおいて教えることが、この種の大学の職務である。専門分化の真の欠点は全体がないことや、全体の中でのその位置が不明であることではなく、うまくいってもそれ自体の限界を超えぬ皮相なものでしかないときに生じる。大学のいかなる学部も同じ高水準の卓越性を持つべきだとか、この点での業績に関していつでも何らのバラツキも見せるべきでないなどと期待することは、不条理であろう。卓越性の水準を獲得するためには時間を要するのだ。それは最新の知識の細目に遅れを取らずシラバスにそれらを組み込むといった容易さと混同されてはならない。

　これらの事柄をよく理解していない世界＝世間は十分に長きにわたって、学生を教えるために考案された制度と見なされる大学に対して難問を押しつけてきたが、大学は愚かにも最近になって真摯に受け止める徴候を示しだしているわけである。我々が決めるべく問われている問題は、大学教育の目標はおそらくは専門職と結びつく何らかの専門化された学問分野の知識を得させることにあるのか、あるいはこれに加えて他の何かのためにあるのかどうかというものである。両方の目標のためにあるという答えを世間は受け入れるであろうが、世間はそのさいカリキュラムのどの部分が第二の目標を達成するために考え出されているのかを知りたいと思う。そして我々はそれについて何もしていないわけではないことを示そうと躍起になって、「統合コース」や「文化」について語り始めたという次第だ。我々の本当の誤りは、問題に確信を以て答えられないことにあるのではなく、問題が不適切に定式化されるのを許してしまう知性の混乱にある。言われるように、教育の目標は、人が己自身の思考を明瞭にし己の前に起きる出来事に関与できるようにさせることである。アンティステネスが哲学から得たと力説する利益――「己自身と親しめることの利益」〔ディオゲネス・ラエルティオス、加来彰俊訳『ギリシア哲学者列伝（中）』岩波文庫、一九八九年、一一三頁〕は、人が教育から得られると望んでよい主たる利益である。これらの目的はしかしながら抽象的な精神的能力ではない。己自身の思考を明瞭にさせ己の前に起きる出来事に関与させることは、我々の社会の文明的な継承物に参入し活用することと区別できない。特定の教育に関する限り、我々の類の大学はこれらの目的を特別の学問分野のきめ細かい勉学という手段によって達成しようとしている。なおこの方法の根拠は次の信念である。すなわち、いかなる真の、かつ深く勉学されたテクネーも、何らかの学問分野の知識を得ることと教育の一般的な目的を追求することとの間に区別を設けないとの信念である。もし大学が何かしら最終的な精神の備えの類を人に与えるものと想定されるならば、また特定の大学はそこで一つだけのテクネーが勉学される機構であってもよいならば、この信念はそれをさほど勧めるはずはない。が、我々の考察する大学は、これらの何れでも決してなかった。テクネーは「真」でなければならぬとの条件は必要である。なぜなら、より深く勉学されるほどに人を教育の目的から遠ざけてしまうような専門科目も明らかに存在するからである。蓄財術（*techne chrematistike*）はこれらの一つであり「文化」は他の一つである。そこで私の信じるところ、専門科目群の統合が別個のテクネーの性格を帯びるならば、それはやはり偽の専門科目群の部類に属することになろう。それは言うべきことを何も持たぬ者に教えられる会話の技法となろう。各々の「真の」テクネーとは、あるいはそれが関わるのは、特定の考える作法である。実際、何ら特定の作法において考えるのではないが考えることが出来るとか、言説の何ほどかの明確な領域に関係なく考えることが出来るといった見解は、哲学的な幻想である。深く追究されたあらゆる「真の」テクネーは、自らの限界の何ほどかを知っているが、それは自らが置かれた文脈の知識を全て有しているからでもなければ、万物を知っているか万物への或る抽象的な接近法を持っているからでもなく（テクネーであり続けながらこういうものを持てはしない）、それ自らの前提に対する何らかの洞察を持っているからである。さらに、大学においてそうであるように、これに他の専門研究の存在が加えられる場合、誰かが喧嘩をしかけない限り会話への誘いが必至となる。要するに、知の世界を統合するという問題は、深遠かつ困難なそれであるけれども、我々が現在のところそこへ至る道を見出していないという事実は、大学の可能性を破壊するものではない。大学は自らが頼りにできる伝統を持っており、それは学生に対してどのような勉学を提供するのかについての弁別の伝統であり、勉学の徹底性という伝統である。ゆえに外部から発生した統合を歓迎してこれらの伝統を疎かにするのは重大な過誤となろう。知の世界は決して『大全』によって統合されてこなかった。その方向で我々に統合を探させようと煽る者たちは、節度なき渇望が幻影を呼び入れる信頼できぬ案内人である。

かつて多くの手によって長い年月にわたって建てられたビルがあった。その建築物は多くの相異なる様式を表しており、建築の既知のルールとあまりに相容れなかったので建物が立ったままでいるのが驚異の的となるほどであった。その住人たちのなかに諸々の計画を持つ玄人《コノワサール》たちがいた。ある者は自分たちの計画は独創的な設計者のそれであると主張するに至った。というのも自分たちが目にしている証拠〔現住の建物〕にもかかわらず彼らはいかなる建物にも一人の建築家がいなければならないと信じていたからである。玄人たちの別の者は、自分たちの計画はおよそ建物がそうあるべきものを表しているということ以上に主張しなかった。これらの計画案は一室に別々に保管されていて時々コレクションには新案が付け加わったが、追加物のなかには遠い諸国から来ているものもあった。どの計画案も当の建物そのものに目立って似ることはなかった――彼らがそのあらゆる部分が均しく便利であると見ていた〔、つまり今更同じような新案を出す理由はないと思った〕からとか、〔いっそ新築しようと〕改築の企画を持たなかったからではなく、彼らがそれを理解することを、そしてそれを愛することを学んでいたからである。ある日「火事だ」との声が建物の中で聞かれた。玄人たちは自分たちの計画案を救い出すためにすぐさま駆けてきた。建物そのものには彼らはほとんど関心がなかった。しかしながら、火事は実際には隣のパン屋で起こって建物には炎より煙が多いことが判明した。ところがパン屋の住人たちが建物へと殺到してきた。他の者たちが消火に努めているあいだに、玄人たちはこの機を捉えて自分たちの計画案を避難者たちに見せつけた。彼らはもちろん大いに関心を持った。建物そのものが計画よりも甚だ劣っているとたやすく確信させられて、玄人たちに〔いつも見苦しいと思っていた〕その建物を解体し、計画案の一つに従ってそれを再建するという事業について玄人たちを支援することを約束した。避難者たちがとりわけ好んだ計画案は、世界の遠い彼方から最近になって受け入れられたそれであった。

(1) Sir Walter Moberly, *The Crisis in the Universities* (London: SCM Press, 1949).
(2) これが森林保全委員会の新奇性の主たる理由である。
(3) *The Problem of the Universities:* Nuffield College Report.
(4) プラトン『ヒッピアス(小)』三六八。
(5) プラトン『法律』八八八。
(6) Ernest Green, *Education for a New Society* (London: George Routledge and Sons, 1947).

注記

本篇は *The Cambridge Journal*, II (1948-49) ではじめて公表された。

政治教育

1951年

大合戦にすることがつねにナポレオンの目的であった。
わが目的はその正反対で、大合戦を避けることであった。

ウェリントン

〔Philip Henry (5th Earl) Stanhope, *Notes of Conversations with the Duke of Wellington 1831-51* (Oxford: Oxford University Press, 1938), p. 113〕

本職〔ＬＳＥグレアム・ウォーラス政治科学教授職〕のふたりの前任者、グレアム・ウォーラスとハロルド・ラスキは、ともに大いなる非凡のひとでありました。わたしがかれらの後任を引き受けるなど、僭越なことです。ウォーラスにあっては、経験と反省がうまく結びついて、実際的かつ深遠な政治の解読を産みだしていました。体系をもたない思想家であったにもかかわらず、その思想は誠実で辛抱づよい探求の糸で堅く結びあわされていました。おのが知性の力をとりとめのない人間のふるまいの解明に注ぎ、頭脳の理屈と心情の理屈のどちらにも通じたひとでありました。ラスキにあっては、知性の乾いた光が温かい情熱と釣りあっていました。学者の性分に改革者の気性がともなっていたのです。かれがその学識の該博かつ当意即妙なことでわれわれを眩惑し、その主張の大胆不敵さでわれわれの共感をあつめ、その寛大さでわれわれに慕われたのが、つい一時間まえのことに思えます。ふたりはそれぞれのやりかたで、かれらと張りあうなど後任者には望むべくもないやりかたで、イングランドの政治教育にふたつの足跡を残しました。かれらはともに偉大な教師であり、献身的で、倦むことがなく、自分たちが教えなければならないことに確たる信念をもっておりました。だから、かれらの後を襲うのが懐疑主義者で、しかもやりかたさえ心得たらもっとうまくやってのけるとなると、いささか恩知らずなことにおそらくはみえるでしょう。とは申せ、自分の活動について厳しくあたるにせよ好意的であるにせよ、この両人にまさる証人は誰にも望めません。それに本日わたしが選んだ主題は、かれらも是認してくれるものでありましょう。

1

「政治教育」という表現には生憎のご時勢になってしまった。ことばをわざと不誠実に転用するのがわれわれの時代の特徴となり、この表現は穏やかでない意味を帯びるようになったからである。この表現はこんな機会でもないかぎり、力ずくで、不安にさせて、あるいは一回いえばたくさんなことを際限もなくくりかえす催眠術で、つまりは人びとがかつてまるごと隷従に追い込まれた手口により、心をひとの言いなりにしてしまうことを連想させる。それだけに、ある静かなときを選んでこう考え直してみても損はない。すなわち、「政治教育」という表現をわれわれはどのように理解するべきなのだろうか。それはふたつの賛嘆すべき活動〔政治と教育〕をつなげてひとつにしている、だからそうなっていることがこの表現を濫用から救うにあたってもいささかの役割を果たすのだ、と。

政治とは、偶然あるいは選択がひとつにまとめた一団の人びとの一般的なとりきめに留意する活動のことだとわたしは解している。この意味では、家族、クラブ、学識者たちの協会にもそれなりの「政治」がある。だがこの流儀の活動がとくに目立つ共同体となると、多くは太古に起源を発し、すべてがある過去、ある現在、ある未来の意識を有する相続された協働集団であり、われわれはそれを「国家」と呼ぶ。たいていの人びとにとって政治的活動は二次的な活動である——つまり人びとには一般的とりきめに留意する以外に為すべきことがある。ところが、われわれはこう理解するようになっている。子どもや狂人でもないかぎり、集団の成員は各自この活動になんらかのかかわりと、いくらかの責任がある。われわれの場合、それはどこかしらのレベルにおいて万人の活動なのだ、と。

わたしが政治的活動を「とりきめに留意すること」といって「とりきめをつくること」といわない理由は、これらの相続された協働集団にあっては、この活動に無限の可能性を容れる白紙があたえられていることなどけっしてないからである。いかなる世代においても、たとえもっとも革命的な世代においてすら、とりきめというものは、手入れを要することが一目瞭然の部分よりもいま享受されている部分のほうがはるかに上回っているのがつねであり、これから享受するために準備中のものなど、修理すれば使えるものにくらべたら少ない。新しいものの割合は全体からみれば取るに足りないのだ。もちろん、ついこういいたくなるひともいる。

　とりきめなど、さながら
　修正するためにだけあるかのごとく
〔サミュエル・バトラー『ヒューディブラス』第一部第一歌の "As if religion were intended / For nothing else but to be mended" をもじったもの〕

だがわれわれの大半は、自分がいま手にしているものの大部分は負うべき重荷や振り払うべき夢魔ではなく享けるべき遺産であるのに、わがふり《コンダクト》を直そうという決意に災いされてそれがわからなくなってしまう、ということはない。それに、すべからくほんとうの便利さにはある程度のみすぼらしさがつきものである。

さて、ある社会のとりきめに留意することは、ほかのすべての活動と同じく、学習されねばならない活動である。政治は知識のお出ましを乞うものなのだ。したがって、どんな種類の知識と関連するのかを探求してから政治教育の本質を調べる、というのも不適切ではない。ただしわたしは、われわれが政治的に活動できるようになるまえにどんな情報を身につけておくべきか、あるいは、成功した政治家になるにはなにを知っておく必要があるかを問うてみよう、といっているのではない。われわれが政治的活動に携わるときにいつでもお出まし願わざるをえない種類の知識を探求すれば、そこから政治教育の本質についての理解が手に入るのではないか、といいたいのである。

それゆえ、政治教育にかんするわれわれの思想は、政治的活動とそれにともなう種類の知識についてのわれわれの理解から出てくると考えてよいだろう。すると、現時点で欠落しているのは、若干の結論を引きだせるような政治的活動の定義であるようにもみえてくる。だがこれでは、思うに間違ったやりかたでわれわれの仕事にとりかかることになるだろう。われわれが必要としているのは、政治教育の性格を引きだせるような政治の定義などではなく、政治的活動にともなう種類の教育であると一目でわかるような教育を含んでいる、そういう政治的活動の理解なのだ。なぜなら、ある活動を理解するとは、それをひとつの具体的全体として知ること、つまりこの活動を自分の内部にその運動の源泉を有するものとみなすことだからである。したがって、この活動を外部のなにかに借りをつくったままにするような理解は十全たる理解ではない。だから、政治的活動がある種の知識やある種の教育なしにはありえないのだとしたら、その知識なり教育は政治的活動のたんなる付加物ではなく活動そのものの一部なのであり、その理解のなかに編入されなければならない。それゆえわれわれは、政治の知識と教育の性格を引きだすために政治の定義をもとめるのではなく、むしろ政治的活動をどのように理解してもそれに本来そなわる種類の知識と教育を観察し、この観察結果を活用してわれわれの政治理解を改良するべきである。

そこでわたしの提案はこうである。いま流布しているふたつの政治理解が十全であるかどうかを、それぞれが含意する種類の知識と教育ともども考察してみよう。そうすれば、それらに手を加えることにより、一挙に政治的活動そのものと付属する知識および教育についてのより十全な理解とおそらくはいえるものに到達するのではないだろうか。

2

ある人びとの理解によれば、政治とは経験的活動と称してかまわないものである。社会のとりきめに留意するとは、毎朝目を覚まして「わたしはなにをしたいのか」、「誰かほかのひと（わたしが喜ばせたいと願うひと）はどんなことが為されるのをみたがっているか」と考えては、それを実行することである。政治的活動のこういう理解は、方針《ポリシー》なき政治と呼んでよかろう。ほんの少し調べるだけで、この政治の概念が立証困難であることが明らかになる。それはおよそ可能な活動の一様式のようにはみえないのだ。だがこの政治概念にごく近似したものなら、故事にいう東洋の専制君主の政治か、落書き屋や票集め屋の政治のなかにおそらく見いだせる。そしてその結果は、気まぐれのなかにとにかく一貫性を忍び込ませて混沌が緩和されたものになると考えてよい。初代リヴァプール伯爵〔首相をつとめた第二代リヴァプール伯爵 Robert Banks Jenkinson, 2nd Earl of Liverpool, 1770-1828 の誤り〕に帰せられる政治がそれであり、アクトンは「かれの政策の秘密はかれに政策がないという点にあった」〔*The History of Freedom and Other Essays*, eds. John Neville Figgis and Reginald Vere Laurence (London: Macmillan, 1907), p. xii〕といい、あるフランス人は、リヴァプール伯が世界の創造に立ち会っていたならば「神よ、この混沌を維持したまえ」と述べたであろうと評した〔Paul-Louis Courier, *Lettres au rédacteur du censeur* (Paris: Chez Aimé Comte, 1820), p. 15〕。そうすると、たとえおおよそ経験的政治として記述されるものでも具体的な活動にはなりそうである。だが、この政治的活動のスタイルにもある種の知識(そのフランス人がいうように、われわれ自身の知識ではなくわれわれの欲望の知識でしかない)が属しているとはいえ、それにふさわしい唯一の種類の教育は狂気の教育——自分のおぼえた欲望だけに支配されることを学ぶ——になるだろう。これは重要な点を明らかにする。すなわち、政治を純粋に経験的な活動として理解すると、政治を誤解してしまうのだ。なぜなら、経験主義はそれ自体ではおよそ具体的な活動の一様式ではなく、なにか別のものと結びつけられて——たとえば科学でなら仮説と結びつけられて——はじめて具体的な活動の一様式におけるパートナーになれるのだからである。経験主義的な政治理解にかんして重要なことは、それになにかしら近いものならありそうだという点ではない。どんな様式にせよ、およそ活動しているときの抽象的契機以上ではけっしてないものを、この政治理解が活動の具体的で自己運動的な一様式と誤解している点である。もちろん政治とは、欲望されるものの追求であり、いまこの瞬間に欲望されるものの追求である。しかし、まさしくそのようなものであればこそ、政治はもっぱらそのつど気に入ったものを追求することでは断じてありえない。欲望から活動してもこういう経過はたどらない。気まぐれに終始することなどけっしてないのだ。こうして、純粋な経験主義に近似した政治のスタイルのなかには狂気への接近がみとめられるがゆえに、われわれは実用的な観点からそれを貶してもよい。だが理論的な観点からみると、純粋に経験的な政治は達成困難なものでも避けてしかるべきものでもなく、端的に不可能なもの、ある誤解の産物なのである。

3

こうして、政治とは経験的な活動なりという理解は、そもそも活動の具体的な一様式を示さないがゆえに十全ではない。しかもこの政治理解には、無思慮な人びとの眼に自分の社会のとりきめに留意するスタイルの追求を鼓舞しているように映ってしまうという付随的な欠陥があって、それが往々にして不幸な結果を招くのである。本来不可能なことをためしにやってみるのは、つねに自堕落な企てである。改良してよくなるものなら、改良しなければならない。そして「この政治理解が観察を怠ってしまったものとはなにか」と問えば、改良したいという衝動にも方向があたえられるというものだ。この政治理解から（有り体にいえば）もれてしまったもの、それを付加してできあがる理解のなかでは政治が自己運動的（すなわち具体的）な活動の一様式として開示される、そういうものとはなにか。この問いへの答えは、問いが定式化されればたちどころに手に入る、つまり手に入るようにみえる。この政治理解に欠けているのは、経験主義を仕事に就かせるもの、科学における的確な仮説に相当するもの、たんなる一瞬の欲望よりは長続きする追求すべき目的だ、と思えてくるのであろう。ならば、目的は経験主義のよき相棒には終わらないことにも気づいてしかるべきである。それがなければ生ける経験主義もありえない、という体のものなのだ。これがなにを示唆するか探索してみよう。要点を明確にするために、わたしはそれをひとつの命題の形式であらわしておく。すなわち、政治が自己運動的な活動の一様式として出現するのは、イデオロギー的活動が経験主義に先立って案内役をする場合である、と。社会のとりきめに留意する、望ましかったり望ましくなかったりする様式としてのいわゆるイデオロギー的な政治のスタイルになど、わたしは関心がない。わたしの関心はもっぱら、経験主義という如何ともしがたい要素（自分のしたいことをする）に政治的イデオロギーが付加されるときに自己運動的な活動の一様式が出現する、したがって、これは政治的活動の十全たる一理解であると原則的にみなしてよい、という主張にある。

わたしの理解によれば、政治的イデオロギーとは、独立にあらかじめ考案された抽象的原理、あるいは一連の関連しあう抽象的諸原理を称するもののことである。それは社会のとりきめに留意するという活動に先立って、追求されるべき目的を定式化して提供し、またそうすることで、かき立てられるべき欲望と抑圧されるか軌道修正されるべき欲望とを区別する手段をあたえる。

もっとも単純な種類の政治的イデオロギーは、自由、平等、最大の生産性、人種的純粋さ、幸福のような単一の抽象観念である。そしてその場合に政治的活動は、社会のとりきめが選択された抽象観念に一致するか、その反映となるよう心がける企てであると理解される。だがふつうは単純な観念よりも関連する諸観念からなる複雑な行動計画《スキーム》のほうに需要がみとめられ、きまって「一七八九年の諸原則」「自由主義」「デモクラシー」「マルクス主義」「大西洋憲章」のような観念体系の例が指摘される。これらの原則は絶対的であるとか変化に耐性があると考える必要はなく（たびたびそう考えられている）、あらかじめ考案されたという点に価値がある。つまり、なにが追求されるべきかについての理解を、いかに追求されるべきかから独立につくりあげるのだ。政治的イデオロギーは、「自由」とは、「デモクラシー」とは、「正義」とはなにかの知識を事前に提供すると称し、またそうやって経験主義を仕事に就かせる。そのような一連の原理は、もちろん議論や反省の対象にすることもできる。誰かが自分でこしらえたしろものであるから、当人があとでそれを思いだしたり、紙に書きつけたりする場合もある。だが、原理が課せられた務めを果たすには、原理が制御する活動に原理自体はなにも負わないことが条件になる。「共同体の真の善を知るということから立法の科学はできている」とベンサムは述べた。「そのアートの神髄はこの善を実現する手段の発見にある」〔*Theory of Legislation* (London: Weeks Jordan, 1840), p. 13〕のだと。そうすると、われわれがまえにしている主張はこういうものになる。経験主義を仕事に就かせる（そうして具体的で自己運動的な活動の一様式が出現する）ことができるのは、経験主義にこの種の導きが加わる場合、すなわち欲望に加えて欲望によっては生成しないなにかがある場合である、と。

さて、政治的活動がこのように理解されるなら、それに必要な種類の知識についてはいささかの疑念もなくなる。なにをおいてもまず、選択した政治的イデオロギーにかんする知識——追求するべき諸目的にかんする知識、自分はなにをしたいのかにかんする知識である。もちろん、目的の追求に成功を収めようとするのなら、別の種類の知識――たとえば経済学や心理学の知識――も必要になるだろう。だが、必要とされる知識すべてに共通する特徴がある。すなわち、社会のとりきめに留意するという活動をはじめるまえにひとまとめにしておける、またそうしておくべき知識なのだ。さらに、適切な種類の教育とは、選択した政治的イデオロギーの教授と学習がおこなわれ、成功に必要な技術が習得される教育のことになり、また（話がイデオロギーとなると不幸にしてなんの持ちあわせもないという場合には）自分でひとつイデオロギーをこしらえるのに必要な抽象的思考と事前考案の伎倆の教育のことになるだろう。われわれが必要とする教育は、ある政治的イデオロギーをわれわれが解説し、擁護し、実行に移し、ことによっては発明できるようにさせてくれる教育だ、というわけである。

このような政治理解が自己運動的な活動の一様式を開示する、その多少なりとも説得力のある論証をもとめてわれわれは奔走しているのであるから、まさしくこの様式で政治が営まれている事例を見つけられれば、報われた思いがすることに疑念はあるまい。少なくとも、われわれの歩んできた道は正しかったというしるしにはなるだろう。思いだしていただきたい。純粋に経験的な活動という政治理解は、それがおよそ活動の一様式などではなく、一抽象物であることを露呈してしまうのが欠点であった。そして、この政治理解のせいぜい近似物であるような政治のスタイルしか見つからないところに、この理解の欠点がまざまざとあらわれた。経験主義とイデオロギーの結合としての政治という理解は、この点をどうやって切り抜けるのだろうか。すると、過信は禁物だが、おそらくわれわれはここへきてようやく浅瀬を歩けると考えていいのかもしれない。この政治理解に対応する政治的活動の事例なら、難なく見つかるように思われるからである。穏当に見積もっても、世の中の半分はまさしくこういうやりかたで事にあたっているようにみえる。さらに、あまりあからさまでないとはいえ、経験主義とイデオロギーの結合としての政治はやはりひとつの可能なスタイルではなかろうか。だからこそ特定のイデオロギーに賛同しないひとでも、この政治を称賛すべきスタイルだといって押しつける人びとの著作のなかに、専門的にみて不条理なものがなにも見つからないのだ。少なくともこの政治の主唱者は、自分がなにについて語っているのかを知っているようにみえる。かれらはこの政治の活動様式のみならず、それにともなう種類の知識や教育をも理解しているのだ。ノーマン・エンジェル卿〔Sir Ralph Norman Angell, 1872-1967. 英国の作家・ジャーナリスト・政治家。国際平和への貢献により一九三三年にノーベル平和賞受賞〕はこう書いていた。「ロシアの学童はみなマルクスの教義に通じており、その公教要理を暗唱できる。自由を論じた比類なきエッセイでミルが宣言した諸原則について、なにほどか相応の知識を有する英国の学童はどのくらいいるだろうか」〔出所不明〕。E・H・カー氏は述べている。「子どもはその国の公式のイデオロギーのなかで教育されるべしというテーゼに反対するひとは、もはやほとんどいない」〔喜多村浩訳『西欧を衝くソ連』社会思想研究会出版部、一九五一年、一九九頁〕。要するに、われわれが探しているものが、イデオロギー的活動は経験的活動に先立つという政治理解が十全たる理解であることを示すしるしであるならば、身近なところにあると考えて大過なさそうである。

それでも疑いの余地はおそらくある。なによりもまず、この政治理解がおおむね自己運動的な活動の一様式を示すものとなっているか、という疑念である。したがって、この理解に正確に対応する政治のスタイルと認定された事例が、適切に同定されていたのかどうかという疑念である。

われわれが吟味しているのは、社会のとりきめに留意することはあらかじめ考案されたイデオロギーとともにはじまる、つまり追求するべき諸目的についての独立に獲得された知識とともにはじまる、という主張である。[1] 政治的イデオロギーは知的な事前考案の所産であり、社会のとりきめに留意する活動になにも負わない一団の諸原理であるからこそ、この活動の方向を決定したり導いたりできるのだ、と考えられている。しかし、政治的イデオロギーの性格をもっと仔細に考察すると、この想定の誤りがたちどころにわかってくる。政治的イデオロギーは政治的活動の疑似神的な生みの親どころか、浮世におけるその継子であることがわかるのだ。政治的イデオロギーは追求するべき諸目的からなる独立に事前考案された行動計画などではなく、自分の社会のとりきめに留意するという務めに取り組む人びとが馴染んできた様式から抽象化された観念体系なのである。どんな政治的イデオロギーも、由来をみれば明らかに政治的活動に先立つ事前考案の産物などではなく、ある政治の様式についての考察の産物である。要するに、政治的活動が先にあって、政治的イデオロギーは後からついてくるのだ。だからわれわれが吟味している政治理解には、厳密な意味でいう前後転倒になっているという不備がある。

まず問題を科学的仮説との関係で考察しよう。わたしは、仮説はある点で政治におけるイデオロギーに似た役割を科学的活動において果たしているとみなした。科学的仮説が、科学的活動にはなにも負わずに自家発電で光る観念だとしたら、仮説に支配された経験主義でも自己充足的な活動の一様式にはなれると考えられよう。だがこれはたしかに仮説の性格とは違う。実は、すでに科学者であるひとだけが科学的仮説を定式化できるのである。すなわち仮説とは、科学的探求の導きになれるような自立した発明品ではなく、独り立ちできない仮定のことであって、既存の科学的活動の内部から一個の抽象物としてあらわれてくるものなのだ。さらには、特定の仮説がこういうやりかたで定式化されても、抽象元となった科学的探求の諸々の伝統を絶えず引照しなければ、研究の導きとしては効力がない。特定の仮説とは、経験主義に仕事をさせるきっかけとなるもののことであるから、仮説自体が科学的探求のやりかたの知から生じるものとみなされないことには、具体的な使用例《シチュエーション》もあらわれようがないのである。

あるいは料理の例を考えてみよう。料理の心得のないひと、いくらかの食材、料理本の三つがあれば、料理と称する自己運動的（すなわち具体的）な活動に必要なものが揃う、とも考えられそうだ。しかしこれほど真実とかけ離れたこともない。料理本は、料理の発生源となりうるがみずからは発生源をもたないもの、ではない。いかにして料理するかについての誰かの知識からの抽象物以外のなにものでもない。活動の継子ではあっても、生みの親ではない。書物は書物なりに、ひとを食事の支度をする気にさせるくらいの役には立つが、それしか導きがなかったら、実のところ手のつけようすらないだろう。書物がものをいうのは、書物に期待してよいのはどんな種類のことか、したがってそれをどうやって解釈すればよいかがすでにわかっているひとが相手の場合だけである。

さて、料理本は料理のやりかたを知っている誰かを前提しており、その便利さはすでに本の使いかたを知っている誰かを前提する。科学的仮説は、科学的研究のやりかたについての知識から生じるからこそ、この知識から切り離されると経験主義に首尾よろしく仕事をさせる力がなくなってしまう。同様に、政治的イデオロギーも政治的活動のために独立してあらかじめ考案されたはじまりではなく、社会のとりきめに留意する具体的な一様式についての（抽象的で一般化された）知識であると理解されねばならない。追求するべき目的を公教要理が並べてみせても、内部にこうした目的が隠されている具体的な活動の一様式を要約しているだけなのである。それは政治的活動に先立って存在するのではなく、またそれだけではつねに十全たる導きにはならない。諸々の政治的な企て、追求するべき目的、樹立されるべきとりきめ（つまり政治的イデオロギーの通常の内容物のすべて）は、ある様式で社会のとりきめに留意するに先立ってあらかじめ考案することなどできない。なにをするか、さらにはなにをしたくなるかも、自分の問題をどうやってこなすのに慣れているかの産物である。実際、気づけばなにかができるようになっていただけなのに、あとでそうする根拠に読みかえられてしまうことが多い。

一七八九年八月四日、混沌として破綻をきたしたフランスの社会・政治システムに『人権宣言』（正しくは『人間と市民の権利の宣言』）がとってかわった。この文書を読むわれわれは、たいしたことを考える御仁もあったものだという結論に達する。そこにわずか数行で披露されているものこそ政治的イデオロギーなのである。諸々の権利と義務からなる一体系、諸々の目的――正義、自由、平等、安全、所有権、等々――からなる行動計画が、準備万端ととのえて、史上はじめて実行に移されるべく待機している。「史上はじめて」? とんでもない。料理本がどうやって料理するかの知に先立って存在するわけでないのと同じく、イデオロギーも政治的実践に先立って存在していたわけではなかった。たしかに誰かの反省の所産ではあったが、政治的活動に先立つ反省の所産ではなかったのだ。実際そこに開示され、抽象化され、要約されているのは、イングランド人のコモン・ロー上の諸権利であり、独立の事前考案や神の気前のよさの賜物どころか、幾世紀もかけてある歴史上の社会のとりきめに日々留意してきた賜物だからである。あるいは、ロックの『統治二論後編』(*Second Treatise of Civil Government*)が一八世紀のアメリカとフランスでは実行に移されるべき抽象的諸原理の表明として読まれたこと、つまりかの地では政治的活動へのまえがきとみなされたことを考えてみよう。ところがこの書は、まえがきであるどころか、むしろあとがきのしるしだらけで、実際の政治的経験に根ざしていたからこそ導く力をもつのだ。そこに抽象的なことばづかいで書きつけられているのは、自分たちのとりきめに留意するという務めに取り組むイングランド人たちが慣れ親しんでいた様式の簡潔な概略――イングランド人たちの政治的習慣のみごとな要約なのである。あるいは、現代大陸ヨーロッパのある作家のつぎの文章を考えてみよう。「自由はヨーロッパ人をつねに不安と動揺のうちにおく。かれらは自由を手にしたいと願い、同時に自分たちにはそれがないことを知っている。自由が人間の権利であるときに人間のものとなることもかれらは知っている」〔カール・ヤスパース、ヤスパース協会訳『現代ヨーロッパの精神的課題』創元社、一九五四年、一四頁〕。こうして追求するべき目的が設定されたのち、政治的活動はこの目的を実現することだと説明される。しかし追求することのできる「自由」は、独立してあらかじめ考案された「理想」、すなわち夢とは違う。科学的仮説と同じく、ある具体的なふるまいの様式のなかにすでに暗示されているなにものかである。自由はゲーム・パイ〔野生鳥獣の肉を用いたパイ料理〕のレシピと同じで、自分で光る観念ではない。人間本性なるなにほどか思弁的な概念から演繹される「人間の権利」などではないのだ。われわれの享受する自由は、ある種のとりきめ、手続き以上のなにものでもない。一イングランド人の自由は、人身保護令状(*habeas corpus*)の手続きのなかで例として挙げられているものではない。しかるべきときにしかるべき手続きをとってもらえる、そのことをいうのである。また、われわれが享受したいと願う自由は、われわれが自分の政治的経験から独立してあらかじめ考案する「理想」ではない。それはこの経験のなかにすでに暗示されているものなのである。(2)

こうしてこの見方に立てば、われわれが「イデオロギー」と呼ぶ抽象的諸観念の体系は、具体的活動からのある種の抽象物である。たいていの政治的イデオロギーは、なかでも有用きわまりないもの(なぜなら政治的イデオロギーがそれなりに有用であることに疑いはないのであるから)はかならず、ある社会の政治的伝統からの抽象物である。しかしときには、政治の導きとして提供されるイデオロギーが、たまたま政治的経験ではなくなんらかの別の活動様式——たとえば戦争、宗教、あるいは事業運営——からの抽象物ということがある。後者の例で示されるモデルは、抽象的なことに加えて、抽出源となった活動が有意でないために不適切でもある。わたしが思うに、これはマルクス主義イデオロギーによって供されるモデルの一欠陥である。だが重要なのは、イデオロギーが具体的活動のなんらかの様式のせいぜい省略形だという点なのだ。

　おそらくわれわれがいまいる立場から、イデオロギー的なスタイルの政治と称してしかるべきものの性格をより精緻に見てとると、そういう政治が実際に存在するからといって、政治的活動を経験主義がもっぱらイデオロギーに導かれたものと理解すれば十全たる理解になる、と考える根拠にはならないことがわかる。イデオロギー的なスタイルの政治は、スタイルに誤解がある。適切にいえばそれは、社会のとりきめに留意するある伝統的な様式が要約されて、追求するべき諸目的についての一教義と化したものであり、要約が（必要な技術的知識ともども）頼りになるただひとつの導きと誤認されているのである。事情次第ではこの手の要約が有益なこともある。ある政治的伝統がたまたま適切とみえる時機を得て、要約がそれにくっきりとした輪郭や精密さをあたえることもある。とりきめに留意するある様式が、それが生い立った社会から別の社会へと移植されようとするときには（つねに成否のあやしい企てであるが）、イデオロギーの単純化が利点となってあらわれることもある。たとえば、仮にイングランド様式の政治が世界のほかのどこかに植えつけられることになったら、袋詰めにして船で出荷するよりも先に、まず「デモクラシー」という名のしろものに要約してしまうのがおそらくは適切なのだ。もちろん別の方法もある。その方法で輸出されるのは、伝統の細部であって要約ではなく、道具と一緒に技師たちも渡航する——大英帝国をつくりあげた方法のことだ。だがこの方法は時間も費用もかかる。だから、とりわけ相手が急を要している場合には、要約を携えた計画人間（*l'homme à programme*）〔Henry Bennet Brewster, *L'ame païenne* (Paris: Société du Mercure de France, 1902), p. 147〕がことあるごとに勝利を得る。かれのスローガンが人心を奪うかたわらで、現地行政官など奴隷制のなごりにしかみえなくなる。しかし、たまたま出くわしたイデオロギー的なスタイルの政治が見た目にどれほど適切であっても、このスタイルからの連想で政治的活動を説明すると欠陥が明らかになる。この説明がわれわれに信じ込ませようとする種類の知識や教育さえあれば社会のとりきめに留意する活動を理解するには十分だ、とわれわれは思い込んでしまうのだ。この説明は、選択された政治的イデオロギーの知識に政治的なふるまいの伝統の理解のかわりがつとまると示唆するからである。指揮棒や書物がそれ自体で力のあるものとみなされ、たんに力あるものの象徴とはみなされなくなるのだ。社会のとりきめは、ふるまいの様式ではなく、世界のどこへなりと輸送できる機械部品という見た目をしいられてしまう。伝統の細々したところは要約の過程で絞りだされ、つまらないものとみなされる。「人間の権利」はとりきめに留意する様式から隔絶して存在するものと理解されるようになる。実際、要約だけで十分な導きにはけっしてならないからこそ、われわれは自分のうさんくさい政治的経験で要約を補完するくらいなら、戦争、事業運営、労働組合の交渉のような別の（しばしば有意でない）具体的に理解できる活動から引きだした経験で補完しようという気にさせられてしまうのだ。

4

こうして、政治とは独立してあらかじめ考案されたイデオロギーを導きにして社会のとりきめに留意する活動のことだと理解するのは、純粋に経験的な活動という政治理解に劣らず誤りである。政治のはじまりがほかのどこにあろうとかまわないが、イデオロギー的活動のかたちではじまることはありえない。またわれわれは、ためしにこの政治理解に改良を加え、知的に理解可能な概念を手にするには原則としてなにがみとめられる必要があるかをすでに観察した。科学的研究の既存の伝統の内部でなければ、科学的仮説が出現することも効力を発揮することもありえないのと同じように、政治的活動の諸目的からなる行動計画も、われわれのとりきめに留意するやりかたの既存の伝統から出現し、この伝統に関係づけてはじめて評価できる。政治においては具体的な活動の様式といってもひとつしか検出できず、その様式のもとでは、経験主義や追求するべき諸目的が現実に存在して効力を発揮できるのも、ひとえに伝統的なふるまいの様式のおかげとみなされるのである。

政治とは一団をなす人びとの一般的なとりきめに留意する活動であり、人びとはそのとりきめに留意する様式を共同で承認しているという点からみて、単一の共同体を構成している。承認されたふるまいの伝統がない一団の人びと、あるいは(3)、いかなる変化の方向も暗示しなければ手入れもいっさい無用なとりきめにめぐまれた一団の人びとを想定することは、およそ政治を受けつけない人びとを想定するにひとしい。

こうして、政治的活動の発生源は一瞬の欲望でも一般的諸原理でもなく、いまあるふるまいの伝統そのものである。だから政治的活動は、そうする以外にはないので、いまあるとりきめのなかに暗示されているものを探索し追求することによってとりきめを修正するという形態をとる。政治的活動を容れる余地のある社会を構成しているとりきめは、習慣、制度、法、外交上の決定のいずれをとっても、整合的でありかつ不整合である。それらはひとつのパターンをつくりあげていると同時に、まだ全容をあらわしていないものへの共感を暗示してもいる。政治的活動とはこの共感の探求である。したがって有意な政治的推論は、いまここにあるがいまだ究め尽くされてはいない共感の説得力のある開陳、そしていまこそそれを承認するにふさわしい瞬間であるという説得力のある論証になっているものなのだ。たとえば、われわれの社会における女性の法的地位は、長らく(そしておそらくはいまなお)どちらかといえば曖昧であった。女性の地位をつくりあげていた諸々の権利と義務が、権利や義務なのにまだそれとはわからないものを暗示していたからである。そこで、わたしがいま提案しているものの見方にもとづくなら、専門用語でいう女性の「参政権付与」(enfranchisement)のために提起されるべき適宜な理由はただひとつ、女性があらゆる点で、あるいはそれ以外の大部分の重要な点で、すでに解放されていた(enfranchised)ということであった。抽象的な自然権、「正義」、女性の人格についてのなんらかの一般的概念から引きだされる議論は、有意でないか、あるいは、ただひとつ妥当な議論の不幸にして偽装された形態とみなさねばならない。この妥当な議論とは、社会のとりきめのなかに不整合があって、それが矯正をもとめて有無をいわせず迫ったのだ、というものである。こうして、政治においてはどんな企ても整合化の企てに、つまり夢の追求でも一般的原理の追求でもなく、暗示の追求になるわけである。(4) われわれは論理的含意や必然的帰結ほど押しつけがましくないものでがまんしなければならないのだ。だが、ふるまいの伝統の諸々の暗示がさほど厳かでなく、もっととらえどころがないとしても、だからといって重要性で劣ることにはならない。もちろん、もっとも追求にあたいする暗示の選り分けを可能にしてくれる間違い発見機のようなしろものは存在しない。それに、われわれはこうしたことがらで判断をしばしばひどく誤るばかりか、ある欲望が満たされた場合の効果の全貌はほぼ予測がつかないので、とりきめを修正する活動の結果、思わぬはめになることも多い。そのうえ、経験主義の近似物が権力の追求に侵入することによって、その企てがまるごと歪曲されてしまう傾向はつねにある。こうした特徴はけっして根絶できない。政治的活動の性格に属するものだからである。それでも、政治はとにかく諸々の暗示の追求よりはましななにかだ、という幻想を免れれば、理解の誤りも減り、さほど破滅的ではなくなると信じてよかろう。政治は会話であって、論議ではないのである。

さて、知性に活力があるすべての社会には、ときおりそのふるまいの伝統を要約して抽象的諸観念からなる行動計画にしてしまおうとする傾向がある。ときには政治論議の関心が、(『イリアス』に出てくる討論のように)その場かぎりの取引でも(トゥキュディデスに出てくる演説のように)活動の方針や伝統でもなく、一般的原則に寄せられることがあるものだ。それに害はない。おそらくは積極的な利得すらいくらかあるだろう。戯画が顔の潜在的可能性の数々を明るみに出すように、ものごとを歪めて映すイデオロギーという鏡が、伝統のなかに隠されている重要な一齣《ひとくさり》を明るみに出すこともありうる。そういう場合には、伝統がひとつのイデオロギーに還元されたらどうみえるかを考える知的な企ても、政治教育の有益な一部になるだろう。ところで、ある政治的伝統の諸々の暗示を探索する一テクニックとして要約を利用すること、すなわち科学者が仮説を利用するように要約を利用するのと、政治的活動そのものを社会のとりきめを修正して一イデオロギーの諸条項に合致させる活動として理解するのは、別の話であり、後者は不適切なことである。なぜなら、イデオロギーに担いきれない性格を帰してしまい、われわれも実は、偽物で道を誤りやすい導き手に道案内させていたということになりかねないからである。偽物だというのは、要約においては、いかに巧みであっても、ただひとつの暗示が誇張されて無条件の追求目標として提起されるきらいがあり、また歪曲が明るみに出すものを観察して得をしても、歪曲そのものに規準の役目があたえられると無になってしまうからである。道を誤りやすいというのは、要約自体が政治的活動において使用される知識の全体を提供することなど、実際けっしてないからである。

以上のような政治的活動の理解に総論賛成でも、それが正規的なものと必然的なものとをおそらく混同しているのではないか、また漠とした概括のなかで重要な（大いなる今日的有意性をもつ）例外事項を見失っているのではないか、と訝る人びとはいるものだ。ふるまいの伝統の諸々の暗示を探索し追求する活動を政治のなかにみてとるのは、大いにけっこうなことだといってよい、だがそれは、イングランドのノルマン・コンクエストやロシアにおける評議会《ソヴィエト》体制の成立といった政治的危機にいったいどんな光明を投じてくれるというのか、と。深刻な政治的危機などあるはずがないというのは、もちろん愚かしいだろう。とはいえ、現行のふるまいの伝統を跡形もなく消し去って（アングロ・サクソンのイングランドやロシアで起こったのはそういうことではない）[5]政治を一時終焉させる真正の激変なるものを除外すると（当然そうするはずだ）、政変ですら深刻きわまればわれわれもこの政治理解に愛想をつかす、という見解を支持するものはまずないのである。ふるまいの伝統は、固定して融通のきかないものごとのやりかたではない。それは流れゆく共感である。外来の勢力が侵入して一時的に途絶することもあろう。向きが変わったり、幅が狭まったり、ゆくてを阻まれたり、干上がってしまうこともあろう。あまりに根ぶかい不整合を露呈して（外から手出ししなくても）危機になることもあろう。そして、こうした危機に対処するのに、社会が頼みの綱にできるような確固として不変で独立の導きがあるのなら、そうすべしと助言するのが疑いもなくよろしかろう。だがそのような導きなど存在しないのだ。自分自身のふるまいの伝統の、危機が手をつけずにおいた断片、痕跡、遺物の外に、われわれはいかなる手立てももたない。別の社会の諸々の伝統から（あるいは多くの社会で共有されているひとつの伝統なるさらに曖昧な種類のものから）助けが得られるかどうかですらも、それをわれわれ自身のとりきめや、われわれのとりきめに留意するわれわれ自身の様式に同化できるということが条件になるからである。飢えて非力なひとが、缶切りを使って危機を乗り越えようと考えたら、かれは間違っている。かれを救ってくれるのは、ほかの誰かがもっている料理のしかたについての知識であり、かれにこの知識が利用できるのは、ひとえにかれも料理の心得がまったくないわけではないからである。要するに、政治的危機は（ある社会の制御の手にあまる変化がその社会に押しつけた危機のようにみえる場合でも）つねに政治的活動の伝統の内部であらわれるのだ。そして「救い」も伝統そのもののそこなわれずにある資源からやってくる。変転する諸事情のなかでも自分自身の同一性と連続性についての生き生きとした感覚を保持する社会（自分自身の経験への憎悪があるとこの感覚を消し去ってしまいたいという気になるが、そういう憎悪がない社会）は、幸いだといってよい。ほかの社会にないものがあるからではなく、どんな社会にもあって事実上あらゆる社会が頼りにしているものを、この社会はそれまで活用しつづけてきたからである。

こうして、政治的活動において人間は、果てしなく底も知れない海原を航海している。そこには避難できる停泊港も投錨のための底地もない。出航地もなければ定められた目的地もない。その企ては船を水平に保って浮かびつづけることである。海は友にもなり敵にもなる。そして船乗りの伎倆は、伝統的なふるまいの様式を資源として使いこなし、どんな悪意に満ちた状況ですらも友にしてしまうことにある。(6)

気の滅入るような教義——実際にはお門違いの粗暴な決定論を少々読み込むといった過ちは犯さない人びとでも、きっとそういうだろう。ふるまいの伝統は、われわれが臼で挽いたように無力で満たされない生を送る定めの轍《わだち》などではない。「スパルタがあなたの分け前だ。それを支配せよ」（*Spartan nactus es; hanc exorna*）〔エウリピデス『テーレポス』断片七二三〕。だが主としてこの気鬱は、誤った希望の排除から、また超人的な知恵と伎倆をそなえもつというふれこみの導き手が、実はやや風変わりな性格の持ち主であるという発見から生じる。この教義が、ふるまいを真似るようにと天国に安置されたモデルをわれわれから奪い去ってくれるのなら、少なくともあらゆる選択がひとしく善であるかひとしく嘆かわしくなってしまう泥沼に導かれる心配はない。そしてもしこの教義に、政治は「目眩《めまい》知らずのひと限定」〔*nur für die Schwindelfreie.* ドイツ語圏で山岳景勝地の注意書きによくある表現〕という示唆があるのならば、気が滅入ってしまうのは怖じ気づいたおぼえのある人びとだけに相違ない。

5

学者の悪いところは、なかなか要点にいたらないことである。でも歩みののろさにも若干の美点はある。学者の申し出など所詮大それたものではないかもしれないが、少なくとも未熟な果実ではないから、あっという間に摘みとれるのだ。政治的活動に含まれている種類の知識と、それにふさわしい種類の教育の考察に取りかかるとしよう。そこで、わたしの推奨した政治理解が誤解でないとしたら、それに属する種類の知識と教育についてはほぼ疑問はない。政治的なふるまいのわれわれの伝統にかんする、われわれに可能な最大限深い知識である。ほかの知識も加えるのが望ましいことはたしかだ。でもこの知識がないと、ほかにどんな知識を学んだところで使いこなせなくなってしまうのである。ふるまいの伝統は、正体のつかみにくいしろものである。それどころか、本質的に知的理解は不可能と思えることすらある。固定しておらず、完成されてもいない。不変の中心がないから、理解が錨を下ろせるところもない。至高の目的も一途にめざす方角もないので、それを見抜いたり察知したりするわけにもいかない。複製するべき原型、実現するべき理想、したがうべき規則がない。伝統の部分によっては変化に時間がかかるが、変化しない部分はない。いっさいが無常なのだ。それでも、ふるまいの伝統はもろくとらえどころがなくても同一性を欠いてはおらず、またそれが知識の対象になれるのは、事実すべての部分が一時に変わってしまうことがなく、変化してもその兆しがもともと内部にあったからである。その原理は連続性という原理である。権威は過去、現在、未来のあいだで、古きもの、新しきもの、来たるべきもののあいだで分散されている。それでも安定しているのは、運動はしていても全部がまるごと運動中ではないから、また平静ではあっても全部がまるごと休止しないからである。(7) かつてその一部をなしたものが完全に失われることはない。つねにわれわれは、道を踏み外しては戻ってきて、どんなに遠い瞬間からでも時節にかなうものをつくりだす。それに長らく変化を被らずにいられるものなどない。あらゆるものがはかないが、恣意的なものはひとつもない。あらゆるものの姿かたちは比較によって、隣りあって存在するものとの比較ではなく、全体との比較で決まる。加えて、ふるまいの伝統は本質と偶有性の区別を受けつけないから、伝統についての知識が細部についての知識になるのは避けられない。骨子がわかっただけでは、なにも知ったことにならない。学ばねばならないのは、抽象的な観念でも秘訣集でも、はたまたしきたりでもない。ある具体的で整合的な生活様式をその複雑さごとそっくり学ばなければならないのである。

こうして、かくもむずかしい理解を安易な方法で獲得するなどという希望を抱いてはならないことは明らかである。われわれがもとめる知識は地域限定的であって普遍的ではないが、かといってそこにいたる近道はない。そのうえ政治教育とは、たんにある伝統が理解できるようになればいいのではなく、会話への参加のしかたを学ぶことでもある。われわれが終身所有権を有する遺産への手ほどきであるとともに、その暗示の探索なのだ。政治的なふるまいの伝統がどうすれば学べるかについては、つねになにかしらの神秘が残るだろう。おそらく、ただひとつ確実にいえるのは、この学びがまさしくはじまったといえる瞬間はないということである。一共同体の政治はその言語に（まさるとも）劣らず個性的であり、両者は同じやりかたで学習され、実践される。われわれは自分の母国語を学習するさいに、まずアルファベットを学んだり文法を学んだりはしない。われわれははじめから語ではなく語の使用法を学習する。われわれは（読み書きをおぼえるときもそうだが）、簡単なものからはじめて、もっとむずかしいものへと進んでいくわけではない。学校ではなくゆりかごのなかではじめるのだ。だからわれわれが話す内容は、つねにわれわれの話しかたから生じてくる。同じことは政治教育についてもいえるのである。それはひとつの伝統を享受するなかで、われらが先人たちのふるまいを観察し模倣するなかではじまる。眼を開けたわれわれのまえに広がる世界のなかに、政治教育に寄与しないものなどほとんど、あるいはまったくない。われわれはひとつの現在を意識するや、ただちにひとつの過去とひとつの未来とを意識する。われわれの政治を論じる書物に興味をおぼえる年頃になるはるか以前から、われわれは自分の政治的伝統についての複雑で入り組んだ知識を身につけはじめており、それがなかったら書物を開くときが来ても理解はおぼつかないだろう。つまりわれわれが心に抱く諸々のもくろみは、われわれの伝統の産物なのだ。こうしてわれわれは、政治教育の大部分——おそらくは重要な部分——を自分が生まれついたこの自然的‐人工的世界とどうにかつきあっていくなかで行き当たりばったりに身につけていくのであり、ほかのやりかたはない。幸運にめぐまれ、豊かな生ける政治的伝統や立派な政治教育を積んだ人びとのあいだに生まれおちたなら、もちろんもっと多くのものが身につくだろうし、習得ももっと容易であろう。政治的活動の輪郭も、もっと早いうちからくっきりしてくることだろう。しかしどんなに痩せこけた社会やどんなに窮屈な環境にも供すべき政治教育はいくらかあり、われわれはもらえるものを受けとっているのである。

しかし、はじまりはこんなやりかたであっても、探索すべきはもっと奥まったところにある。政治は学術的研究にとっての妥当な主題である。なにかしら考えるのなら、適切なことについて考えるのが重要である。ここでもやはり、つまりはどこであっても、鍵を握る考慮事項となるのは、いまわれわれはひとつの政治的伝統の、ふるまいの具体的な一様式の理解を学びつつある、ということである。それゆえに、学術的なレベルでは政治の研究が歴史的研究となるのは妥当である——なにはともあれ過去に関心を寄せるのは妥当なことだから、というのではなく、具体的なものの細部に関心を寄せる必要がわれわれにはあるからである。たしかに、過去に深く根を下ろしていないものが政治的活動の伝統の現在の表層に姿をあらわすはずはなく、存在するにいたるのを確認できなかったということは、しばしば意義をみとめる手がかりがないということであり、そうであるからこそ真正なる歴史的研究は政治教育の欠くべからざる部分をなす。しかし、それに劣らず重要なのは、ここかしこで起こったことではなく、起こったことについて人びとが考え語ったこと、諸々の政治的観念の歴史というよりは、われわれの政治的思考の様式の歴史である。どんな社会も、その歴史についての書物に強調の下線を引き、自分の身の上についての伝説をこしらえては絶えず現代版にしており、そこにはこの社会の政治についての社会自身の理解が隠されている。だから、この伝説の――誤りを暴露するのではなく、先入見を理解するための――歴史的究明は政治教育の傑出した部分でなければならない。こうしてわれわれは、真正の歴史についての研究と、いまあらわれている諸傾向を後向きのまなざしで露見させるこの疑似‐歴史研究においては、政治的活動にかんする当世もっとも油断ならない誤解のひとつを免れると期待してよい――この誤解にはまると、制度や手続きはあらかじめ設定されたある目的を達成するために設計した機械の部品のようにみえてきて、コンテクストから切り離されたら無意味なふるまいの様式ではなくなってしまう。たとえばミルが、「代議政体」と称するものは、いわゆる「文明」のあるレベルに達したどんな社会にとっても妥当とみなしうる政治の一「形態」である、と自分に言い聞かせたときの誤解である。要するに、われわれも同じ誤解にはまり込んで、最終目的地についてはなにもわからないままに、どの方角に足を向ければよいかはわかっていた思想家や政治家の足跡よりも、自分のとりきめや制度のほうが重要だとみなしているのである。

そうはいっても、自分自身の政治的活動の伝統ばかりにかまけていては十分ではない。その名にあたいする政治教育は、現代のほかの社会の政治にかんする知識にもおよばなければならない。われわれの政治的活動の少なくとも一端はほかの人びとの政治的活動に関係づけられているので、かれらのとりきめに留意するかれらなりのやりかたを知らなければ、かれらがこれからたどる道筋がわからず、ひいてはわれわれ自身の伝統のうちのどの資源に頼ればいいのかもわからないから、つまりは自分自身の伝統しか知らないのは、それすらわかっていないということだからである。だがその場合にもふたつの所見を述べておかねばならない。われわれと隣人との関係は昨日や今日はじまったものではない。だから、そのような関係について指南してくれるなにか特別の公式やたんにアド・ホックな方便を探して、四六時中われわれの政治の伝統の外部を渉猟する必要はない。われわれの伝統のなかには理解や創意工夫のための資源があるのに、それを故意に、あるいはうっかり忘れてしまう場合に、はじめてわれわれは、自分の役柄を忘れてしまった俳優のように即興の駄洒落をいうはめになるのだ。第二に、別の社会の政治にかんして知るにあたいする知識はただひとつ、われわれが自分の伝統にかんして探しもとめるのと同じ種類の知識である。その場合にもやはり、「真理はニュアンスのなかにやどる」(*la verité reste dans les nuances*)。たとえば比較制度研究がそこを曖昧にすると、理解し尽くしたという幻想の感覚をあたえるだけで、実に対象は秘密のままになってしまうだろう。ほかの人びとの政治についての研究は、われわれ自身の政治についての一研究のようなもので、あるふるまいの伝統にかんする生態学的研究ではあっても、機械装置の解剖学的研究や一イデオロギーの究明であってはならない。この手の比較研究である場合にかぎり、われわれは、他人のやりかたから刺激を受けながらも、それに酔い痴れてしまうことはないといえるのである。他人の慣行や目的から「最善のもの」を選びだそうとして（ヘレネ以上に美しい姿をつくりあげようとして、完璧なことでそれぞれに名高い目鼻を組みあわせたと伝えられる折衷のひとゼウクシス〔紀元前五世紀のギリシアの画家〕のように）世界を漁りまわるのは、自堕落な企てであり、自分の政治的なバランスを失くすもっとも確実なやりかたのひとつである。それにひきかえ、ほかの人びとが自分たちのとりきめに留意するという務めに取り組むその具体的な様式を究明すれば、そうでもしないとわれわれ自身の伝統のなかで隠れたままになってしまいかねない重要な一齣が明らかになることもあるのだ。

政治の学術的研究には、検討しなければならない第三の部門がある――もっといい呼称がないので、わたしはそれを哲学的研究と呼ぶことにしよう。政治的活動についての反省が発生するレベルはさまざまあってよい。ある状況に対処するのに、われわれの政治的伝統がどんな資源を提供してくれるかを考察する場合がある。われわれの政治的経験をひとつの教義に要約して、科学者が仮説を利用するように、経験の暗示を探索するのに利用する場合もある。しかし、これらやその他の政治的思考の様式を越えたところに、われわれの経験全体の地図のうえで政治的活動そのものが占める位置を考察することを目的とした反省の一領域がある。この種の反省は、政治的な意識が高く知性に活力がある社会ならどこでも命脈を保ってきた。ヨーロッパの諸々の社会にかぎっていえば、その探求が白日のもとに曝したのは、各世代が多種多様な知的問題をそれぞれのやりかたで定式化し、おのおのもてる専門的な資源を使ってその解決に取り組んできたということである。それに政治哲学は、確固たる結論を積みあげたり、後続の研究が安心して依拠できる結論に達したりする「漸進的な」科学とは呼べないのだから、政治哲学の歴史がわけても重要になる。それどころか、ある意味で政治哲学は歴史以外になにものも有してはおらず、その歴史とはすなわち、諸々の教義や体系の歴史などではなく、哲学者たちがふつうの思考法のなかにみてとった不整合と、かれらが提案した解決法の歴史なのである。この歴史の研究は、政治教育のなかで相応の地位を占めると考えてしかるべきであり、現代の反省が加えたひねりを理解する企てとなれば、さらにそれを上回る相当の地位を占める。政治哲学が政治的活動に成功を収めるわれわれの能力を高めてくれることなど、期待すべくもない。政治哲学はわれわれが政治的企図のよし悪しを見分ける助けにはならないだろう。われわれの伝統の諸々の暗示を追求する企てにあたって、われわれの案内役や指導者をつとめる力もない。それでも、政治的活動との結びつきを深めるようになった一般的観念――たとえば自然、人為、理性、意志、法、権威、義務のような観念――を辛抱づよく分析すれば、われわれの思考からいくばくかの歪みが取り除かれ、諸概念をもっと無駄なく使用できるようになるというのなら、それは過大評価も見くびることもしてはならない活動である。ただし政治哲学は説明的活動として理解されねばならず、実用的活動として理解されてはならないのであって、だからわれわれがそれを追求する場合に望みうることはただひとつ、曖昧な言明や有意でない議論にごまかされにくくなるというだけなのである。

「熱意は習い性になる」(*Abeunt studia in mores*)〔オウィディウス『エロイデス』一五・八三〕。政治教育の果実は、政治についてわれわれが考え語る様式に、おそらくはわれわれが政治的活動を営む様式にもかならずや姿をあらわす。この有望な収穫を項目化して抜きだしても、きまっていつもろくなことにならず、どれがいちばん重要かをめぐって意見が分かれるものだ。しかしわたし自身としては、ふたつのことを希望する。政治的活動についてのわれわれの理解が深まれば深まるほど、われわれはもっともらしいが誤ったアナロジーに翻弄されにくくなり、間違っているか有意でないモデルに誘惑されにくくなるだろう。また、われわれ自身の伝統の理解が徹底すればするほど、伝統の資源がそっくりわれわれの手に入りやすくなり、無骨なひとや無防備なひとを待ちうける諸々の幻想をわれわれは抱きにくくなるだろう。政治においてわれわれはふるまいの伝統などなくてもうまくやっていけるのだという幻想、伝統の要約だけでも十分な導きになるという幻想、政治のなかには安全な停泊港や、到達すべき目的地や、探せば進歩の筋道ですらどこかに見つかるという幻想のことである。「この世界はあらゆる可能的世界のうちで最上の世界である。そしてそこではあらゆるものが必要悪である」〔F. H. Bradley, *Appearance and Reality: A Metaphysical Essay*, 2nd ed.（London: Swan Sonnenschein, 1908）, p. xiv〕。

暗示の追求

1　この表現が意図したのは、わたしはそれを明確にしたと思っているが、右に示した諸事情のもとで、すなわち「多くは太古に起源を発し、すべてがある過去、ある現在、ある未来の意識を有する相続された協働集団であり、われわれが「国家」と呼ぶもの」のなかで、政治的活動とは現実にどのようなものであるかの記述であった。この記述があまりに専門的になって、近代政治史上のもっとも意義ぶかい一齣をいくつかまったく説明していないとみる批評家たちは、もちろん有意な論評をしている。だが、いわゆる「革命的」な状況やいわゆる「理想主義的」な政治の試みに縷々照らして暗示の追求なる表現は無意味だとみる批評家たちには、それが政治家たちの諸々の動機の記述や、かれらが自分はなにをしていると信じているかの記述ではなく、かれらは現実になにをすれば成功するのかの記述を意図していることを思いだしてもらい、再考をお願いしてもよかろう。

このような政治的活動の理解に、わたしはさらにふたつの命題を結びつけた。第一は、この理解が正しいのなら、政治をどのように研究するか、すなわち政治教育と、なにかしら関連づけられねばならないという命題であり、第二は、この理解が正しいのなら、政治的活動をどのようにおこなうかにもなにかしら関連づけられてよい――われわれが実際におこなっていることと一致するやりかたで考え、語り、論じることには、おそらくなにがしかの利点があるのだから――という命題である。この第二の命題は、たいして重要ではないとわたしは考えている。

2　政治的活動についてのわたしの理解は、政治的活動を「ひらめきで行動すること」「直感にしたがうこと」に還元するから、およそいかなる種類の議論の芽も摘んでしまう、と結論づけられてしまった〔Cf. H. G. Nichols, "Political Education," *The Fortnightly*, Vol. 170 (1951), pp. 535-39; Peter Laslett, *The Cambridge Journal*, Vol. 5 No. 12 (1952), pp. 766, 768〕。わたしはこの結論にお墨付きをあたえるようなことを述べたおぼえはない。これに関連してわたしが自分で引きだした結論は、以下のとおりであった。このような政治的活動の理解がもし正しければ、ある特定形態の議論（たとえば、自然法や抽象的「正義」に一致するかどうかで政治的提案を決定しようとする議論）は、有意でないか、別の有意な探求のぶざまな定式化のどちらかだと考えねばならず、それゆえたんにレトリック上の、あるいは説得上の価値しかないものと理解せねばならない。

3　政治的活動についてのわたしの理解は、政治的な企図のよし悪しを見分けたり、ふたつのうちどちらにするかの決定をしたりするための規格や規準をなにも提供しない、というほのめかしがあった〔Cf. W. J. M. Mackenzie, "Political Theory and Political Education," *Universities Quarterly*, Vol. 9 (1955), pp. 361-62〕。これもやはり、わたしが述べたこと、つまり「あらゆるものの姿かたちは比較によって、隣りあって存在するものとの比較ではなく、全体との比較で決まる」の不幸な誤解である。あらゆることを「正義」や「連帯」や「福祉」や、ほかのなんらかの抽象的「原理」との関連で判断しつけて、ほかの考えかたや語りかたは知らないという人びとには、控訴院で依頼者にたいして認定された損害賠償額が不相当であることを弁護士が実際どうやって論じ立てるか、考えるようお願いしておそらくはしかるべきだろう。はたしてかれは、「これはまぎれもない不正義だ」といったきり口をつぐむだろうか。それとも、認定された損害賠償額は「現在の文書誹毀訴訟において認定されている損害賠償額の一般的水準を逸脱する」と述べるものと予想してしかるべきであろうか。そして、弁護士が後者、ないし後者に類したことを述べるとして、かれはおよそいかなる種類の議論にも携わっていないとか、規格や規準がないとか、「かつて為されたこと」（アリストテレス『分析論前書』Ⅱ・二三参照）に言及するだけだといって責められて当然なのだろうか。さらに、クリケットで投手の「スロー」〔肘の曲げ伸ばしで球速に変化をつける反則投球〕が許されるべきだという革命的な提案をめぐり、こんな具合に論じるN・A・スワンソン氏〔英国のスポーツ・ジャーナリスト兼作家のE・W・スワントン（Ernest William Swanton, 1907-2000）の誤り〕はとんちんかんなのだろうか。「現在の投球動作は、正統でない動作がつぎからつぎに規則で定められたために、下手投げから横手投げを経由して上手投げへと連続的な進化を遂げました。さて、この一連の変化のどこにも「スロー」にあたるものはないのだと申せましょう……」。あるいは、G・H・フェンダー氏〔Percy G. H. Fender, 1892-1985. 一九二〇年代に活躍したクリケットの名選手〕が、「スロー」はこの一連の変化のどこかにかならずあり、それが許されるべきなのだと主張するとき、かれは規格も規準もなしに論じているのだろうか、それとも「ひらめき」を披露しているだけなのだろうか。それに、そこらじゅうで為されていることを状況全体の「暗示の探索」として記述するのは、それほどの牽強付会なのだろうか。われわれは自尊心をさらに煽るためならどんなことでもいいたくなってしまうとはいえ、家具であれ、衣服であれ、自動車であれ、政治的活動を容れる余地のある社会であれ、なにごとにせよデザインに変化が生じるときはおよそこういう具合ではないのか。委細を省いて「諸原理」のイディオムに翻訳し、クリケット投手ならおそらくは自分の投球の「自然的な正しさ」（natural right）を言い立てるようにでもなれば、いっさいがもっと知的に理解可能になるのだろうか。たとえその場合でも、委細を省くことなどできるのだろうか。すでに上手投げの正しさからして公認されたためしはないのだとしたら、そもそも正しい投球法の問題など存在するのであろうか。いずれにせよ、私見のくりかえしになってもおそらくお許しいただけるだろう。道徳的・政治的「諸原理」とは伝統的なふるまいの様式の要約のことである。だから特定の営為に「諸原理」をあてがっても、思ったとおりには（いわゆる「適正価格」のような偶然性を欠くがゆえにあてにできる規準をあてがうことには）ならない。

4　政治に「全体状況」はない、と断言するものがあった。「われわれが英国と呼ぶ領域の内部に……存在する社会はひとつだけで、伝統もひとつだとどうして前提すべきなのか。ふたつの社会が……それぞれ自分の生活様式をもって存在してはなぜいけないのか」〔R. H. S. Crossman, "The Ultimate Conservative," *The New Statesman and Nation*, Vol. 42 (July 21, 1951), p. 61〕。もっと深遠な批評家が理解すれば、これも哲学的な問いになりかねないし、短い答えには収まらないなにかを要するだろう。しかし当面はおそらく、こういっておけば十分である。第一に、同質性がないとかならず単一性が破壊されるというものではない。第二に、いまわれわれが考察しているのは法的に組織された社会であり、その法的構造（不整合があるにもかかわらず競合するものがあるとは考えられない）が改革され修正される様式をわれわれは考察しているのである。第三に、「単一の共同体」ということでわたしがなにをいいたいか、またそれを出発点とする諸々の理由を、わたしは（本書二一四頁で）明言しておいた。

5　最後に、わたしは「一般的原理」を拒絶するのであるから、不整合を摘発したり、改革の議題に挙げるべきものを決定したりするための手立てをなんら提供しない、というひとがあった。「ある社会（原文のまま）が暗示するものをわれわれはどうやって発見するのか？」〔J. C. Rees, "Professor

Oakeshott on Political Education," *Mind*, Vol. 62 (1953), p. 71〕だがわたしはこう返答するしかない。「政治のなかには、ほかのどこにも確実に存在しないものが、すなわち、なにが為されるべきかを決定する間違い発見機的なやりかたがある、とあなたはいってもらいたいのか?」科学者は物理学の現状をまえにして、成果が見込まれる進展方向をどうやって決めるのであろうか。中世の建築家たちが、石材を使って木造建築であるかのように建築するのは不適切だと思い知ったとき、かれらの心を去来したのはどのような考慮であろうか。批評家は、ある絵画が不整合だ、芸術家の手法は作品各部で一貫していない、という判断にどうやって到達するのか。

J・S・ミルは、(8) 政治的活動にさいしてあてにできる導きとしてであろうが、申し分のない説明装置としてであろうが、とにかく一般的原理に言及するのを断念したとき、そのかわりに「人間の進歩にかんする理論」と、かれのいう「歴史の哲学」をおいた。本エッセイでわたしが表明した見解は、この知的巡礼のさらに歩を進めた段階をあらわすと受けとられてかまわない。説明のためであれ実際的営為のためであれ、「諸原理」も(それが結局どんなものになるかといえば、具体的なふるまいの指標でしかないのだから)、社会変動の性格や方向にかんするなんらかの一般理論も、十全たる準拠点になってくれない。そう思えるときにはこの段階に到達しているのである。

（1）これはたとえば自然法についてもいえる。自然法を政治的活動についての説明とみるか、政治的な営為にとっての案内役という不適切な見方をするかにかかわりなく。

（2）参照せよ。「実体法は当初、手続きの間隙から徐々に分泌しているという外観を有している」。Sir Henry Maine, *Dissertations on Early Law and Custom* (London: John Murrey, 1883), p. 389.

（3）たとえば、法が神の贈り物であると信じられていた社会。

（4）末尾の補論、二二八頁をみよ。

（5）*Rationalism in Politics and Other Essays*, p. 157〔嶋津格ほか訳『〔増補版〕政治における合理主義』勁草書房、二〇一三年、一八四—八五頁〕で引用したメイトランドの文章を参照。ロシア革命（ロシアで実際に起こったこと）は、スイスでレーニンほかが練りあげた抽象的計画の実行などではなかった。ロシアの事情の変更だったのである。またフランス革命は、ロックやアメリカとの関連よりも旧体制との関連のほうが深かった。

（6）まっしぐらに目指すべき目的地（達成するべき人間的境遇の一状態）が自分には明瞭にみえると思い込み、この状態が万人に課せられて当然だと確信しきっている人びとには、これが政治的活動にかんする不当なまでに懐疑的な理解とみえてしまうことだろう。しかしそんなひとには、あなたはご自分の見識をどこから得たのか、その状態を達成すれば「政治的活動」も終焉すると想像しているのではないか、とお尋ねしよう。それに、あとでもっと遠くの目的地が姿をあらわすともかぎらないことにかれらが同意するとして、そういう状況はわたしが述べてきたような目的＝終局なき活動という政治理解を含意してはいないだろうか。それともかれらは、政治とは「救助される」日は近いと念じながら漂流する人びとの群に必要なとりきめをつくってやることだ、とでも理解しているのであろうか。

（7）この一節に「若干の神秘的な性質」をみる批評家がいたことに、わたしはいまでも困惑をおぼえる。わたしにはこの文章が、およそ伝統というもの——たとえばイングランドのコモン・ローだが、いわゆる英国憲法、キリスト教、近代物理学、クリケット・ゲーム、造船術も——の特徴にかんするごくあたりまえの記述に思えるのだが。

（8） J. S. Mill, *Autobiography* (London: Oxford University Press, 1924), pp. 136-37, 144-45〔朱牟田夏雄訳『ミル自伝』岩波文庫、一九六〇年、一四四―四五、一五二―五三頁〕.

原著者注記

ロンドン・スクール・オヴ・エコノミクスでの就任講義を初出とするこの小篇は、さまざまな観点から論評された。初出版が喚起したいくつかの誤解を除去するために、わたしは注をつけ、本文にも若干の修正をほどこした。だが読者諸氏には、概して本篇の関心が、私見によれば政治教育の適切な目的である政治的活動の理解および説明にあることをお忘れなきよう願いたい。人びとが政治的活動のかたちでもくろむことや、政治的な営為の別の諸々のスタイルも考察されるが、その理由は第一に、政治的活動がいまどのように理解されているかを明らかにしてくれることがあるからというだけであり、第二に、説明は行為の権原証書なりとふつう（わたしが思うに誤って）考えられているからである。

注記

本章は *Political Education* (Cambridge: Bowes and Bowes, 1951) として公表されたのち、*Rationalism in Politics and Other Essays* (London: Methuen, 1962) に収められて周知のものとなった。また *Philosophy, Politics and Society*, 1st series, ed. Peter Laslett (Oxford: Blackwell, 1956); *The Study of Politics: A Collection of Inaugural Lectures*, ed. Preston King (London: Cass, 1977) にも再録されている。本訳書では、原書で割愛されたエピグラフと冒頭の辞を初出版から復元している。

解説　〈会話〉としての教育

中金　聡

ほんとうの弟子は、習い覚えたことから未見のものをくりひろげていくことを学んで、師に近づいていく。

ゲーテ

1　リベラル・エデュケーションの危機

二〇一四年九月二七日のブログ版『スペクテーター』誌に、オックスフォードの名門教育プログラムであるＰＰＥ（Philosophy, Politics and Economics）を痛烈に皮肉った論説が掲載された。過去にもウィルソンやヒースなど歴代英国首相を輩出し、前首相キャメロン、新首相メイ、元保守党党首ヘイグらを含む現職と「影の内閣」の閣僚・庶民院議員の多くがその出身者であるＰＰＥは今日、自他ともにみとめる政界への登竜門である。そんなＰＰＥあがりが揃いも揃って凡庸な政治家なのはなぜなのか。連中の知る政治といっても、ブレア＝ブラウン労働党政権で「スピン・ドクター」の悪名を馳せたマンデルソン（やはりＰＰＥあがりだ）の姑息で日和見主義的な統治技術でしかない。いったいオックスフォードは政治家予備軍の若者たちになにを教えているのか、という内容である[1]。

保守党の庶民院議員で「オークショッティアン」のＪ・ノーマンによれば、それは所詮ないものねだりでしかない。PPEの学位やセント・アントニーズ・カレッジ（各国留学生があつまる社会科学系大学院）卒の肩書きは、政界への早道にはなっても、将来のすぐれた政治家の保証にはならない。職業的トレーニングのご多分にもれず、政治も大学の講義や書物で学べるしろものではなく、実地で身につけるほかないからだ。大学での政治教育は、政治を理解し説明する「言語」（それは政治ではなく哲学と歴史、あるいは科学が提供する）を学生に習得させることが目的であり、そのなかから有能な政治家が生まれてもそれは偶然でしかない……。[2] 一九二〇年にA・D・リンゼイにより創設されたPPEは、オックスフォードの伝統的な古典学学位試験 Greats との対比で Modern Greats の別名がある。[3] 四年制学部教育が実施されていたかつてのスコットランドを除けば、一学年度をまるまる一般教養教育にあてる制度のない三年制の英国の大学において、PPEは学際的なリベラル・アーツ学位の先駆けとなった。ノーマンもニューマン卿の『大学の理念』（一八五二―五八年）やマシュー・アーノルド『教養と無秩序』（一八六九年）を引き合いに出しながら、大学が職業教育とは無縁のリベラル・エデュケーションの場であることを確認する。

だが、そうして「リベラル・アーツの回復」や「リベラル・エデュケーションの擁護」を高唱すればするほど、またそれが「保守派」で鳴らす人物の主張ともなればなおさら、反感を買い失笑を招いてしまうご時勢であることも事実なのだ。古き良き、そして傲慢なまでに高踏的な英国の「伝統」大学への郷愁は、つねにギッシングのルサンチマンに満ちたエリート主義と裏合わせになっている、と。

……つまりわれわれは、ごく少数の人びとしか大学教育を受ける特権をもたなかった過去の悪い時代と、あらゆる人びとが高等教育を受けるようになる幸福な未来の世界との過渡期にあるというのだ。だが、かような議論にとって不幸なことにも、教育とは、ただ少数の者にのみ可能なことがらである。いくら教育をつけてみたところで、わずかに何パーセントかのひとたちが、その熱誠のこもった努力によって裨益されるにすぎない。痩せた地面に豊穣な実りを望んでも無駄なことだ。普通平凡な人間は、どこまでも普通平凡な人間であろう。そして、その凡人が力を自覚するようになり、発言して自己を主張しようとして、この国の物的資源の全部を手中に収めるようになったら、その町にみられる事態こそは、非民衆的な精神を幸か不幸かもっているあらゆる英国人の眼のまえに、現に威嚇的な姿をおぼろげに示しているがごときものとなるであろう。[4]

いままでにも大学の危機は幾度も叫ばれてきたが、大学教育の「エクセレンス」が疑われたことはなかった。一九八七年にアラン・ブルームの『アメリカン・マインドの終焉』（菅野盾樹訳、みすず書房、一九八八年）が出版されるやベストセラーとなったのも、マス・デモクラシーのもたらした高等教育の劣化に抗するべく、それまで不問の前提とされてきた「エクセレンス」をあえて広言したため、またそれが一九八三年の「教育のエクセレンスに関する全米審議会報告書」（通称「ベル報告書」）に指示された高等教育改革案とエリート大学の国際競争力戦略に合致していたためだといえる。[5] しかし昨今の大学の危機は、皮肉にもその「エクセレンス」からやってきた。ビル・レディングズによれば、かつて大学教育の特権性を自明なものとしていた「エクセレンス」概念は、固有の言及対象を失い、あらゆる活動をひとつの一般化された市場に統合する価値基準と化した。大学はいまや、「エクセレントな船とエクセレントな飛行機のどちらがよりエクセレントか」が真面目に問われるポストモダン社会でみずからの存在意義を示さねばならないのである。[6] かぎりある公的資金を配分したり、学費をやりくりしたりするステイクホルダーたちにとって、大学はもはや聖域でも特権的な高等教育施設でもなく、もっぱら有力な投資先候補のひとつでしかない。大学は国内外の他の大学以上に各種の研究・教育機関を相手に実際的なアウトプットを競うかたわら、そのパフォーマンスを画一的でわかりやすい基準――目標とその達成度、社会貢献度、ＦＤ（ファカルティ・デヴェロプメント、職能開発）、授業でパワーポイントを使用しているかどうか、等々――により自己評価する責任を負わされる。専門化しすぎた教育内容が社会の要求に応えていないとみなされたエリート大学は、とくに風当たりが強い。専攻とは無関係な職業に就く大半の学部学生にとって、「取得した学位は精神の一般的訓練として以外はほとんど余計なもの」[7]と成り果てた。実利主義と成果主義と経済成長主義は、リベラル・エデュケーションはおろか、大学および大学教育そのものを存亡の瀬戸際に立たせているのである。

そうした状況には、人文学研究教育の現場に立つ英米の著名な学識者たちがいっせいに懸念を表明している。M・C・ヌスバウムは、経済成長主義のあおりを受けて実利とは無縁な人文学の存在意義が理解を得られなくなれば、批判的思考とデモクラティックな市民精神を育んできたアメリカのリベラル・エデュケーションの伝統そのものが途絶えてしまうだろうという。[8]英国でも、労働党政府の打ち出した「研究エクセレンス・フレームワーク（REF）」が学術研究をその短期的インパクトにより評価する方針を示した。S・コリーニによれば、このインパクトの効果《インパクト》はニューマン的な大学の理念の死滅である。教育本意の英国の大学はドイツ流の研究《リサーチ》大学と化し、一九八八年教育改革法により終身在職権《テニュア》が廃止されたいま、人文諸学教員は自分の研究の市場価値をセールスマンよろしく説いてまわらねばならなくなるだろう。[9]とはいえ、瀕死のリベラル・エデュケーションを擁護する声に耳を傾けるステイクホルダーは、はたしてどれだけいるのだろうか。いまわれわれが目撃しているのは、近代国民国家の確立と強大化の先兵として、あるいは市民社会の繁栄のエンジン役として誕生した大学が、その国家からも社会からも時代遅れで無用の長物として見離されようとする瞬間なのだ。[10]そしてもちろんこれは対岸の火事ではない。

英国の政治哲学者オークショット（Michael Joseph Oakeshott, 1901-90）がT・フラーの編集で既発表の教育論を再録した本書『リベラルな学びの声』（一九八九年）の出版に同意したのは、[11]遠からず大学受難の時代が来ることを予見していたからかもしれないし、冥土へ旅立つ置き土産にしたかっただけなのかもしれない。いずれにせよ、本訳書を手にする日本の読者の念頭には、大学教育の周囲を吹き荒れる史上幾度目かの改革の嵐があるだろうし、オークショットの議論がそこに投じる有意な一石となるかどうかはもちろん読者の判断にゆだねられる。その一助となることを願って、以下に本書を理解するうえでの補足的な情報を記す。

2　A Tale of Two Chairs

英国の大学で政治学を講じる主要ポストのなかでも、創設順にLSE（ロンドン・スクール・オヴ・エコノミクス・アンド・ポリティカル・サイエンス）のグレアム・ウォーラス政治科学教授職、ケンブリッジの政治科学教授職、オックスフォードのチチェリ社会・政治理論教授職の三つは、政治学の趨勢を象徴する地位とみなされ、ひときわ世間の注目をあつめてきた。ディケンズの『二都物語』（*A Tale of Two Cities*）にちなみ、A Tale of Three Chairs と題してその人事の歴史をたどれば、大略で二〇世紀英国政治学史になるほどである。[12] オークショットのキャリアはそのうちのふたつと密接にかかわっていた。LSE政治科学教授としての活躍はつとに知られているが、オックスフォード出身が大半を占める Three Chairs 歴代保持者のなかでかれが最初のケンブリッジ出身者であり、しかもケンブリッジ大学政治科学教授の座を争った経歴の持ち主であることを知る者は少ない。

ケンブリッジ時代（一九二〇―四九年）

一九二〇年にケンブリッジのゴンヴィル・アンド・キーズ・カレッジに入学したオークショットは、[13] 歴史学部でG・G・クールトン（中世史）、G・T・ラプスリー（法制史）、Z・N・ブルック（中世史）らに学んだ。歴史学以外にもF・C・バーキットから神学を、最晩年のJ・M・E・マクタガートから哲学をそれぞれ手ほどきされ、F・M・コーンフォードの古代哲学の講義を聴講した。また伝統的に理科系が強いケンブリッジで設置から日が浅い歴史学トライポス（優等学位取得のための卒業試験およびその学習課程）を受講し[14]、優秀な成績を修めて一九二三年に学士号を授与され、カレッジの「クリストファー・ジェイムズ奨学金」を得ている。後年の政治哲学者オークショットが歴史学部の卒業生と聞くと奇異に思われるかもしれないが、二〇〇四年に政治学部が設立されるまで、ケンブリッジで政治学は長らく各学部の下位科目でしかなかったのである（シジウィックとA・マーシャルの道徳科学トライポスでも政治学を学べたが、これは次第に経済学に吸収されていった）。英国の政治思想研究者でも、オックスフォードのPPEを経た者の方法やことばづかいが哲学的であるのとは対照的に、ケンブリッジ出身者が歴史的なアプローチを好んで用いるのは、前者が主として道徳哲学者たちに学び、後者が歴史家たちに教わったからである。

ところで、歴史学トライポスで「政治科学」(political science) を選択したオークショットは、その内容に大いに不満をおぼえ、「ケンブリッジ政治科学学派」（一九二四年）と題したエッセイで大学カリキュラムの不備を指摘し改善策を提言した。ケンブリッジの歴史学部にはアクトン、メイトランド、フィッギスとつづいた歴史的研究の伝統があるにもかかわらず、その教育課程そのものは歴史学トライポスの最初の責任者となったJ・R・シーリーの影響が依然として強く、「政治科学」受講者にはトライポス第一部で帰納主義的な比較政治学（「政治科学A」）と第二部で法および統治の演繹的一般理論（「政治科学B」）の論文試験が課され、歴史的知識はもっぱら科学的研究の素材としてしか活かされない。そのため、「ケンブリッジのシラバスには「大事なこと《リアル・シング》」がまったく欠落しており、束の間の統治形態にばかり心を奪われていっこうに国家に辿りつかない」(WiH: 56) のである。ゴンヴィル・アンド・キーズ・カレッジに提出したフェローシップ申請論文「政治哲学研究に先立つ若干の問題にかんする議論」（一九二五年）では、科学と歴史の争いのなかでなおざりにされてきた「国家」の定義に政治哲学的アプローチが不可欠であると主張している。この問題をめぐって英国思想界は、ボーザンケットやF・H・ブラッドリーら観念論陣営の主権国家理論と、メイトランド、フィッギス、バーカーらの多元主義理論とに二分されており、この対立を理解することこそが政治学研究・教育における今後の最重要課題である（EPW: 37-138）。これら初期エッセイは、アカデミックなキャリアの開始時点でオークショットが教育という観点から政治（学）に関心を寄せていたことを伝えるのみならず、最初の著書『経験とその諸様態』（一九三三年）で展開される知の様態論にほぼ沿って、実践をめぐる科学、歴史、哲学の三つの知の関係如何という問いがすでに着想されていたことをうかがわせて興味ぶかい。

同じころ、社会諸科学の実証主義化を推進するロックフェラー財団の支援によりケンブリッジ大学政治科学教授職が一九二七年に創設され、[15]ロンドンのキングズ・カレッジから引き抜かれたバーカーが着任する。ところがオックスフォードで哲学と古典研究を叩き込まれたバーカーは、当初からこの「政治科学」教授という職名に違和感をおぼえ、就任演説でも「たしかに曖昧模糊として、ややもするとうさん臭く、いずれ論争の火種になる[16]」と率直に述べたのであった。かれはシジウィックにつづくナイトブリッジ哲学教授W・R・ソーリーがかねてより主張していたシラバス改革案を取りあげ、当面は歴史学トライポスの「政治科学A」と「政治科学B」をそれぞれ「政治思想史」および「近代国家理論」に名称変更し、ゆくゆくは独立の社会・政治研究トライポスを新設するという案を大学当局に提示した。[17]そこにはアウトサイダーたる自身のケンブリッジにおける地位を確立するというもくろみもあったようである。新設案はケンブリッジの厚い伝統の壁に阻まれて却下されたが、名称変更に異議を唱える者はすでに学内で少数派になっていた。こうして皮肉なことに、「政治科学をシラバスに導入したのが歴史学トライポスを主宰した最初の教授であるシーリーで、それを潰したのが最初の政治科学教授であるバーカーであった[18]」という事態になったのである。

オークショットがバーカーの右腕として新シラバスのもとで教壇に立つようになったのは、『経験とその諸様態』の献辞にも名がみえるソーリーの推挙があったのかもしれない。一九二八年から三二年にかけては「政治への哲学的アプローチ」(EPW: 139-226)、「一九世紀における政治思想の哲学的背景」、「観念論の政治思想」、「功利主義政治思想の哲学的背景」のテーマで、また『経験とその諸様態』を上梓してケンブリッジ大学講師となった一九三三年以後は、[19]「ヘーゲルとマルクス」(三四年)、「国家社会主義」(三六年?)、「カール・マルクスの政治理論」(三七―三八年)などのテーマで講義をしたことがわかっている。たしかにその内容は、バーカーがもちこんだ「古典《グレイツ》」を重視するオックスフォード仕込みの教育理念に沿っており、それゆえ確信的コミュニストを満足させるようなものではなかったらしい。スペイン内戦に散った詩人ジョン・コーンフォードは、トリニティ・カレッジ在学中にバーカーの改革した歴史学トライポスを受講したが、当時の「政治思想史」を雑多な書物が「政治組織についての真理を発見するための一貫した偉大な努力の一部をなしているかのように」選ばれているだけで「くだらない」と一蹴し、また歴史家たちの教える「近代国家理論」を「感傷的博愛主義者ボーザンケットの著作にもとづいた簡約版ヘーゲル主義」と断じている。[20] しかし、オークショットがM・M・ポスタンとともにケンブリッジでマルクスを本格的に取りあげた最初の教員であったことは事実である。[21] その講義は人気を博して歴史学トライポスの受験者を増加させ、ある歴史家の証言によれば、「一九四〇年世代にとってのポスタン、バターフィールド、オークショットは、五〇年代および六〇年世代にとっての三騎士――J・H・プラム、ジェフリー・エルトン、オーウェン・チャドウィック――に相当した[22]」という。

バーカーとの緊密な協力関係はその後も学内外で深まり、一九三六年九月にキングズ・カレッジで開催された「理論および教育上の社会諸科学相互の関係」をめぐる学際会議を成功させ、[23] ケンブリッジでの講義「現代ヨーロッパの社会的および政治的諸教義」(WiH: 149-60) のためにバーカーの指示によって編まれた同タイトルのアンソロジー(一九三九年)は版を重ねた。だがふたりの考えはすべて一致していたわけではない。「バーカー研究者のJ・ステイプルトンは、「バーカーはロックの道をたどって制限国家に向かい、オークショットはもっとしきたりから外れたホッブズの道を選んだ[24]」と要約している。政治「科学」に含意される精密な実証性よりも思弁的ないしアリストテレス的な意味で理論的であることを好み、国家を政治哲学の最重要問題とみる点では合意しても、オークショットはバーカーの諸前提には懐疑的であった。とくにロック的な契約論的個人主義とギールケやメイトランドの法学的団体理論には飽き足らず、むしろ大陸ヨーロッパで澎湃とわき起こりつつあったホッブズ・リヴァイヴァルに注目しながら、バーカーとは異なるリベラルな国家像の探求に着手していた（cf. CPJ: 97-99, 110-21）。

ともあれ、こうしてオークショットはバーカーの後継者として将来を嘱望される存在となり、バーカー自身もそれを望みつつ、一九三九年の第二次大戦勃発を機にケンブリッジを去る。しかし政治科学教授職は、アメリカ政治史研究者として知名度の高かったD・W・ブローガンに譲られた。オークショットは軍務に服したのち、四五年にケンブリッジ大学歴史学講師に復帰する。そして「教育フェローはつとめて歴史の全体を教えよ」という師ブルックの教えを守ってプラトンからマルクスまでの政治思想の歴史を講じ、またブルックの後任としてカレッジの学習指導教員（director of studies）をつとめた[25]。

その間は、ブラックウェル社政治学叢書の一巻として編集にあたったホッブズ『リヴァイアサン』に付した長文の「序説」（一九四六年）や、一九四七年一〇月創刊の月刊誌『ケンブリッジ・ジャーナル』編集委員（四八年からは編集長）を兼ねながら、のちに『政治における合理主義』にまとめられた多くのエッセイを執筆するなど、生涯でもっとも多産な著述活動の時代でもあった。折しも、戦後最初の庶民院選挙に大勝して政権の座に就いたアトリー労働党により集産主義体制が着々と建設されつつあり、それに仮借ない攻撃を加えるオークショットは、保守派の論客として一躍脚光を浴びるようになっていた。これが転機となって、かれは学生および教師として三〇年近くを過ごした愛着のあるケンブリッジを去り、オックスフォード初の大学院大学であり社会諸科学研究に特化したナフィールド・カレッジのフェロー（一九四九―五一年）になる[26]。

LSE時代（一九五一―六八年）

一九五一年、オークショットは前年三月に急逝したラスキの後任としてLSEのグレアム・ウォーラス政治科学教授に迎えられ、同時にそれから一五年にわたり、つまり政治行政学部の学部長職が三年任期の輪番制になるまでその地位にあった。一九六八年に引退するまでの一八年間に公表されたいわゆる学術的「業績」は、単著が実質的には『政治における合理主義』（一九六二年）ただ一冊、共著の論文集や雑誌に寄せた一〇篇に満たない論考、あとは新聞の論説文やラジオ講演しかない。質より量といわんばかりの現代の大学教員の業績評価基準を単純にあてはめることができるなら、かろうじて可というところだろうか。編集長をつとめた『ケンブリッジ・ジャーナル』誌も一九五四年九月で終刊を迎えた。オークショットのLSE時代もまた、ケンブリッジ時代と同様、あるいはそれ以上に教育の実践についやされたのである。

バーカーと違ってオークショットは「政治科学」教授という肩書きにさほど抵抗がなかったようだが、教育実務面での精力的な活動にはケンブリッジにおけるかつてのバーカーを思いおこさせるものがある。実証科学と実践的応用を重視してきたLSEの政治学は、新政治行政学部長のリーダーシップのもとに哲学および歴史学との結びつきを強め、教育・研究の両面で明確に反「政治科学」の牙城の様相を呈しはじめた。一九五一年三月六日の政治科学教授就任記念講義「政治教育」は、そのようなオークショットの所信表明として読むことができる。LSE「オールド・シアター」を埋めた聴衆のなかにはラスキの指導を受けた若きバーナード・クリックもいて、講義の印象をつぎのような戯歌にした。

昔ロンドンの町で
マルクスはヘーゲルをひっくり返し

かれをサン・キュロットだと暴露した。
オークショットは
かれをこの汚名から救いだし
すばやくかれの均衡を正し
トーリー・ブルーで飾りたてた。
LSEにとってこれは
弁証法的無作法に思えた。[27]

学部を出たてのクリックにこの講演を貫くアイロニーがどこまで理解できたかあやしいものだが、当時のLSEの反応をよく伝えてはいるだろう。主題は「政治教育の適切な目的である政治的活動の理解および説明」（本書二三五頁）であるのに、なぜか批判者たちも擁護者たちも、そこに「理性と科学を捨てて伝統にならえ」という規範的なメッセージを読みたがった。[28] 同年一〇月にチャーチル率いる保守党が政権に復帰するという社会情勢もたしかに影響したのであろうが、オークショット自身にも責任の一端がないとはいえない。慣例にしたがって前任者の業績に触れた冒頭の辞のやや偽悪的な調子からもうかがえるように、かれはいわば敵地にひとり乗り込む「保守主義者」のイメージをみずから演出しつつ、自分でも楽しんでいた形跡がなきにしもあらずだからである。だがその議論そのものは取り立てて保守主義的とはいえない。結論からいえばオークショットの主張はこういうことになる。政治的活動を理解し説明するにあたって引照すべきは、活動主体が自分の活動の導き手だと信じている自由・人権・自然法のような理念、あるいは観察者が外から活動にあてがう法則のような抽象的「原理」ではなく、当該活動が依拠する具体的な活動の「伝統」である。しかし伝統は固定して不動ではなく、言語のように変化を免れないばかりか、内部にさまざまな未見の可能性や矛盾・対立をすら秘めてとらえどころがない。それゆえ歴史的なアプローチが政治教育には不可欠である、と。この講演の直後から、オックスフォードのチチェリ社会・政治理論教授の座をG・D・H・コールから譲られたI・バーリンとJ・プラムナッツ、ケンブリッジ政治科学教授となるQ・スキナーにJ・G・A・ポーコックやJ・ダンらを加えたケンブリッジ学派を筆頭に、英国政治学は堰を切ったように言語と歴史への関心を深めていく。オークショットをかれらのゴッドファーザーと呼ぶのはたしかにいいすぎであろうが、少なくとも一種のスケープゴートの役回り――ホッブズにとってマキアヴェッリがそうであったような（HCA: 55／六六頁）――を引き受けたとはいえまいか。[29]

オークショットは赴任してまもなく、学部学生向けの通年科目として「政治思想史」を新設した。みずからその講義を担当するにあたってかれが腐心したのは、学部レベルの、またかならずしも政治行政学部の学生とはかぎらない受講者になにを教えるべきか、ということであった。今日公刊されている引退間際の講義録（全三二回）を読むかぎり、オークショットが著作で披露した独特の西洋政治思想史解釈は直接そこに反映されていない。プラトンからJ・S・ミルまでの大御所たちはもちろん登場するが、たとえばエピクロス主義のように通常の政治思想史では取りあげられない思潮にもかなりの時間を割いている。政治思想史の正典《カノン》として選ばれたテクストの分析よりも、それをコンテクストに関係づけて理解する「歴史的研究」――「できごと、人間の行為、信念、思考様式が、それらが出現した諸条件ないしはそのつどの事情をともなうコンテクストとの関連において考察されるような思考の一様態」（LHPT: 31）――の習得に主眼が置かれるのである。[30] だがその「コンテクスト」は特定の時代に限定されず、古代ギリシア、古代ローマ、中世、近代に大まかに区分され、各思想が各コンテクストの内部で可能な「政治的経験」のヴァリエーションとして提示されることにより、ほぼ通史といってよいものとなっている。しかもそれは各思想の「最終的説明」でも「正当化」でもなく、「われわれはこの過程で、これらの政治的信念ないし思考がわれわれにとってより知的に理解可能になり、神秘の度合いが少なくなれば満足しなければならない」(LHPT: 32)と宣言されるのである。

この学部学生向けの講義は、「政治思想史とはなにか?」という理論的探求に誘うための入門編と位置づけられていた。(31) 一九六〇年一〇月、ロンドン大学は大学院に一年制修士号取得コースを設置する決定を下した。大学当局の思惑はキャリア・アップを望む社会人やアメリカからの留学生増加にあったが、オークショットはそれを逆手にとるようにして、政治思想史研究に特化した前例のない教育プログラムをコースに組み込んだ。このプログラムにより「政治思想史学術修士」(History of Political Thought MSc)の学位取得を目指す学生は、一〇月から翌年一〇月までの一学年度中に、いかにして歴史を理解するか(第一学期)、科学・哲学・人類学など多種多様な説明(第二学期)、政治とはなにか(第三学期)をそれぞれ焦点とする三種類のコース・ワークを受講し、夏季研究期間をはさんで一群の試験論文を提出することになっていた。フラーはオークショットの意図をつぎのように説明している。

かれにとってこのプログラムは、政治的問題や政策論争の解決への関与から距離を取って、政治を歴史的にかつ哲学的に考察することを意図していた。大学での政治研究は、オークショットにとって、政治的生活の実際からはカテゴリー的に異なった活動なのである。政治的立場や政策提案を擁護して一般的理念を推進することへの関与として理解された「政治理論《ポリティカル・セオリー》」を、かれは大学にとって不適切なものとして拒絶したのである。現在の政治状況においてなにを為すべきか、あるいはなにを為さざるべきかにかんする想定された教訓を得るために歴史を研究することをも、かれは不適切なものとして拒絶した(OH: xv/一三頁)。

コース・ワークの中核となる「政治思想史セミナー」は、毎週火曜日の午後四時に設定され、K・ミノーグ、S・R・レトウィン、E・ケドゥーリー、M・クランストンのような学内者はもちろん、学外からC・B・マクファーソン、スキナー、ポーコックらが講師に招かれて政治思想史方法論にかんするペーパーを朗読した。(32) 英国における知性史(intellectual history)研究の一翼をにない、多くの研究者を輩出したこのプログラムの成功を受け、LSE学長のW・アダムズとR・ダーレンドルフはオークショットに退職後もセミナーを継続するよう依頼したが、かれはケドゥーリーに主宰者の任を譲り、みずからはゲストとして一九八一年まで出席しつづけた。現在『歴史について、およびその他のエッセイ』(一九八三年)に収められている三篇――「現在、未来、および過去」「歴史的出来事」「歴史的変化」――は、そこで発表された論考が基になっている。

3 大学教育論

『リベラルな学びの声』の収録作品のうち、まず大学と大学教育を論じたエッセイからみてみよう。古典的な「大学の物語」につきものの大学の崇高な使命、たとえばフンボルトの「一般的人間形成」(K・ルーメルほか訳『人間形成と言語』以文社、一九八九年)、ヤスパースの「普遍知」の追求(森昭訳『ヤスパース選集2 大学の理念』理想社、一九五五年)、あるいはオルテガのいう大衆社会に屹立する「精神的権威」(井上正訳『大学の使命』桂書房、一九六八年)に相当するものは見当たらない。オークショットの主張は、教育の目的は技術《テクネー》を身につけることではないというソクラテス的な原則を想起せよ、の一点に尽きる。この慎ましい要求がラディカルに聞こえるとすれば、現代の大学を見舞っている状況がそうさせているのである。

教育の〈社会化〉への転落

教育の問題はオークショットのすべての著作にあらわれるといっても過言ではない。『政治における合理主義』のタイトル論文（一九四七年）では、英国の一九四四年教育法が合理主義の所産の一例に挙げられている（RiP: 11／昭和堂版一一頁＝勁草書房版七頁）。この通称「バトラー法」は、R・H・トーニーの『すべての者に中等教育を』（世界教育学選集61、成田克矢訳、明治図書出版、一九七一年）の影響下に無償義務教育の年限を一六歳まで延長し、国庫から補助を受ける中等学校をグラマー・スクール（進学校）、テクニカル・スクール（技術学校）、セカンダリー・モダン・スクール（進学を目的としない普通学校）に区分して、「イレブン・プラス」（一一歳時に施行される全国統一学力試験）により子どもの進学先を選ぶよう定めた。もちろんオークショットは教育における機会均等そのものに反対しているのではない。問題視すべきは、この法律が人間社会を単一の目的を実現するために組織されたものとみなし、教育をそのような社会が必要とする役割遂行者（管理者、技術者、労働者）のトレーニングと同一視していること、そして早晩この誤解が大学をもそこなうであろうということである。

すでに気質においてかなり合理主義的な社会では、この種のトレーニングへの積極的な需要があるだろう。生半可な知識でも（それが技術的な生半可さであるかぎりは）経済的な価値をもつだろう。最新機器を自由に操作できる「トレーニングを積んだ」精神のための市場ができることだろう。またそれにたいする需要が満たされることも、はや想定内である。それにふさわしい本が書かれては大いに売れ、この手のトレーニングを（全般的にか特定の活動に焦点を定めるかして）ほどこす施設が出現するだろう。……だが、おそらく教育にたいする合理主義のもっとも深刻な攻撃は、大学に向けられたものである。専門人《テクニシャン》への需要はいまやきわめて大きいので、かれらをトレーニングするのに既存の施設では足りなくなり、大学が需要を満たすために駆りだされつつある。「大学でトレーニングを受けた男女」なる不吉なことばがあたりまえに通用することばになろうとしている。しかもそれは文部省の語彙においてだけではない（RiP: 38-40／昭和堂版四四―四五頁＝勁草書房版三四―三五頁）。

合理主義精神はバトラー法をもたらした戦時体制を経て戦後集産主義文化の揺籃となり、イデオロギーの違いを超えて知識人たちに浸透した。『ケンブリッジ・ジャーナル』誌に発表された「大学」（一九四九年）は、W・モバリー『大学における危機』の書評という体裁をとり、集産主義によって過熱した当時の大学改革論議を批判したものである。著者モバリーは、マンチェスター大学副学長や大学補助金委員会（UGC）委員長を歴任し、戦後英国の教育行政に多大な影響をおよぼした人物で、T・S・エリオットやカール・マンハイムらを含む超党派のキリスト教知識人サークル「ムート」（The Moot）の有力メンバーでもあった[33]。科学的・テクノロジー的・経済的諸力の発展に知的・道徳的・精神的リソースが追いつかない現状を憂慮し、断片化した専門知のカオスとなった大学に現代社会の似姿をみて、「生の統一された概念」にもとづく社会および大学改革の必要を説くなど、モバリーの主張には「ムート」の精神が濃厚に反映されている。オークショットがとくに疑問視するのは、平時の改革に戦争のアナロジーをもちこむマンハイムの「自由のための計画化」「デモクラティックな計画化」のレトリックである[34]。総力戦直後のいまを大学改革のための神与の好機と考えよ、大学を世界に順応させるべく再編成せよ、「大学から最大限のものを引き出すためには、大学は自らを超えた或る大義のための奉仕労務に登録されなければならぬ」と主張するのは、「『ダンケルク精神』の自滅的な政治」なのだ（本書一六三頁[35]）。

大学が社会に「駆りだされつつある」というオークショットの懸念は、スプートニク・ショック覚めやらぬ一九六三年、保守党政権首相マクミランの招集した高等教育改革にかんする諮問委員会が発表した通称「ロビンズ報告書」によって現実のものとなった。科学技術面での早期人材養成を提言し、大学のありかたに本格的なメスを入れたこの改革案にもとづき、つづくウィルソン労働党政権のもとでポリテクニックが多数新設され（一九九二年から大学に昇格）、旧来の大学も入学者の急増に応えて教員数を増加させた。さらに、高等教育機関のなかの私営／公営、大学／専門職カレッジ／ポリテクニックの区別は希薄化し、公的資金をめぐる競争のなかで一元化する傾向を強めていった。[36] このときを境に英国の大学は、男女に高等教育と称して「トレーニング」をほどこす場所になる道を確実に一歩踏みだしたのだ。最晩年の『歴史について』に、「ある有名な報告書」の一節と断って「「バベルの人民の目下の取り組みによって要請される技能と多面的な才能」を伝授するためにデザインされた「教育制度《システム》」」（OH: 198／二〇二頁）云々とあるのは、「近代社会において要請される技能と多面的な才能は、ますます高等教育によって授けられるものとなる」[37] というロビンズ報告書の一節のパロディである。

とはいえ、オークショットの議論を戦後集産主義体制やマクミランおよびウィルソン政権下のテクノクラシーへの反発という時局的観点だけから理解するのは不適切である。のちの「教育——果たされぬその約束」（一九七二年）では、同じ現象が教育の〈社会化〉（socialization）への転落の一環として説明されている。〈社会化〉とは、「大人の生活への志願者」に「さながら公務員の結合体の中で指定されるか自ら選んだ役割」（本書一〇四頁）しか自己を追求する選択肢がないような学習をいう。教育をある社会的機能の遂行者を生産するシステムと考える傾向は、近年はじまったことではなく、そもそも社会を共通目的の追求のために結集した〈企業的結社〉とみなし、政治を〈目的支配〉のモードで理解する気質が蔓延した結果なのである。そのような社会では、「自分たちが生まれ落ちた社会の生産的な事業に不十分な貢献しかできないと断罪された」人間に、「慎ましやかだがより近代的な技能を備えさせることによって、「国民」の負債というよりは資産と成るようにする」（本書一〇七頁、cf. OHC: 306-7）ことが教育の最優先課題となる。

〈社会化〉が教育外部の社会的目的の実現に貢献するような人材のトレーニングのことであるのなら、そのつどの社会のありかたを規定する〈目的支配〉のイディオム次第で、もとめられる人間像と教育の課題も変化する。経済成長と生産性向上が至上命令となった社会（J・エリュールの「技術社会」[38]）では、産業技術と経営管理に必要な基礎学力、知識量とその操作速度のような「近代型能力」の開発が高等教育に要求された。だが情報化・消費化・サービス化が高度に進展した現代社会に生きる人間には、意欲・問題解決能力・創造性・コミュニケーション能力などの「ポスト近代型能力」がもとめられるようになる。[39]この課題に応えるべく〈社会化〉に駆りだされる大学は、「生きる力」や「人間力」のように抽象的で測定・評価が困難な、またそもそも教育不可能ですらある能力のトレーニングの場と化し、教育をつうじて感情や「魂」を含む個々人の人格全体を動員する社会の一機能を果たすことになるだろう。大学は「こことい ま」(*hic et nunc*) から隔絶した場所でなければならないとオークショットがくりかえし説くのは、大学が見舞われるであろうそのような悲劇を予感したうえでのことである。では大学はどのような教育をほどこす場であるべきなのだろうか。

〈会話〉の場としての大学

モバリーはカトリシズムによって大学に倫理的・精神的統一をあたえようとしたニューマンを引き合いに出して、われらが時代の大学の理念と目的を問うていた。しかしニューマンの『大学の理念』に今日なおも傾聴するべき点があるとすれば、大学という場を「帝国」になぞらえたつぎのような主張ではないだろうか。「実際、「大学」は収容する各学科にふさわしい場所と至当な境界を割り当てるとされます。権利を明確にし、相互関係を確立し、個と全体の相互連絡をもたらします。野心的で侵略的なものを抑制し、より人気があってより幸運な立場にあるもののまえにときおり屈するものを援助し、擁護します。それらすべてのあいだの平和を維持し、相互の相違と対立を共通の利益へと変えます」[40]。コリーニもいうように、この大学観にはリベラル・エデュケーションを擁護するにあたり重要な示唆がある。すなわちそれは、学生に役に立つ知識や技能を授けるからではなく、「かれらの知識が人間の理解力というより広範な地図上に占める位置についてのパースペクティヴ」[41]を授けるがゆえに擁護されるのである。

「大学」、あるいは一九五〇年三月二日放送のBBCラジオ講演「大学の観念」でオークショットが大学のメタファーに選んだのは、一見「帝国」とは似ても似つかない〈会話〉であった。しかし「各々の学問が別々の声を持つ会話」（本書一七九頁）には、ニューマンのいう文明化された秩序の擁護者である「帝国」と相通じる性格がある。一九五九年二月九日のマンチェスター大学ルートヴィヒ・モンド・レクチャー「人類の会話における詩の声」にはこう説明されている。

会話の参加者たちは探究や議論に携わっているのではない。そこには発見されるべき「真理」も、証明されるべき命題も、捜しもとめられるべき結論もありはしない。かれらは情報を交換したり、相手を説き伏せたり、非難しあったりしようとしているわけではない。それゆえ会話における発話の説得力は、参加者がすべて同一のイディオムで語るということには依存しないのである。かれらは仲違いすることなしにお互いの意見をぶつけあうといってもよい（RiP: 489／昭和堂版二一三頁＝勁草書房版二三八頁）。

オークショットの〈会話〉の概念には『経験とその諸様態』にまでさかのぼる長い前史があるが[42]、もともとそれが教育的な含意ゆえに提起されたことは注目されてよい。〈会話〉をめぐる最初の省察がみられる未発表原稿「人類の教育における会話の声」（一九四六年）——このタイトルはレッシングの『人類の教育（*Die Erziehung des Menschengeschlechts*）』（一七八〇年）にちなんだものだろう——では、参加者をシヴィライズする〈会話〉のすぐれた教育的効果を称え、その最大の恩恵に与ったのは哲学と政治であると主張した（WiH: 193-97）。後年の「人類の会話における詩の声」で多様な言説の宇宙における「発話のマナー」として論じられるのは、まさしくこのシヴィリティである。さまざまな「声」がお互いの差異ゆえに反目しあうことなく歓待しあう人類の〈会話〉においては、統一の理念も共通の目的も、そして主宰者すらも必要ない。哲学による統合も不要なのだ。「哲学、つまりそれぞれの声の特性とスタイルを考察し、ある声と他の声との関係を反省しようとする衝動は、寄生的な活動とみなされねばならない。たしかに会話こそ哲学者が反省する当のものであるから、哲学は会話に起源をもっている。だが哲学者は会話にいかなる特別な貢献もすることはないのである」(RiP: 491／昭和堂版二一六頁＝勁草書房版二四〇—四一頁)。

異質で多様なものの平和的共存を可能にする〈会話〉は、のちにオークショットにとって人間的共同の基本原理の地位を獲得することになるが、その最初の適用例となったのがほかならぬ大学であった。多様な知が相互の領分を守りながら追求される大学という〈会話〉を「「文化《カルチャー》」と呼ばれるベタつく汚物」(本書一三四頁)でまとめあげようとする誤りとは、おそらくアーノルドの「教養《カルチャー》」——人類が「完成」への愛から考えだした最良のもの、具体的には古代ギリシアの文物——を揶揄している。[43] 大学は「唯一の声だけが聞かれる専門学校や、型通りの声々だけが教えられるポリテクニック」(本書一三八頁)とは本質的に異なる。大学教育をたんに学校教育のみならず、職業訓練所の技能教育、専門研究機関や個人教授による分野を特定した教育からも区別するのは、多種多様な思考の様態のあいだでの〈会話〉に、たとえ見学者にすぎないとしても学生が「自由に出入りできる」ということだからである(RiP: 195-96／昭和堂版三一一頁＝勁草書房版三七三—七四頁)。

〈会話〉としての大学は、学生を多言語使用者《ポリグロット》にする場であるだけではない。そもそも〈会話〉の概念は、悦ばしき多声的世界《ポリフォニー》が実践というただひとつの「声」によって制覇された結果、きわめて退屈な単声的世界《モノフォニー》になってしまったという診断にもとづいて導入された。この実践の声に支配された世界から逃れた「息抜き」としての〈会話〉のイメージは、人生の「合間」であり「隠れ家」という大学観に反映されている。L

SE政治行政学部長は新入生に向けてこう語りかける。君たちは「「出世競争《ラット・レース》」からの、聖歌にいう「為すことの冷酷無情（the deadliness of doing）」[44]からの三年の執行猶予期間」（WiH: 335）を手にしたのだ。いつかは実務の世界に入っていく者でも、大学で「アカデミックな態度」に触れておくのがよい。ただしこの「アカデミックな」とは、余暇に本来するべきことをする、すなわち「なにごとかを為したり、なにごとかを為すやりかたを学んだりする必要に心惑わされることがないがゆえに、理解することと説明することに思うがまま注意を振り向けることができる」（WiH: 338）という意味である。したがって大学で政治のやりかたを学ぼうなどとは料簡違いもはなはだしい。

政治の言語は説明の言語ではない。それは詩や道徳的営為の言語が説明の言語でないのと同じことである。なにごとかについての特殊「政治的」な説明というものは存在しない。「政治」という語があらわすのは、ある種の信念や意見をもつこと、ある種の判断を下すこと、ある種の行為を遂行すること、実用的であって説明的でないある考慮事項の観点から考えることだからである。仮に「政治的な」と呼ぶのが適当な思考や語りの様式があるとすれば、それにかんする大学の適切な職分は、それを使用することでもその使用法を教えることでもなく、それを説明すること――すなわち、一目でそれとわかる説明の様態をひとつかもっと多くそれに投入することである。もし「政治的活動」なる表現が理解や説明を受けてしかるべきものをあらわすのだとしたら、大学の「政治学」教師が自問すべきはこういう問いである。「それを説明するのにどんなやりかたを講じたらよいか？」「どの説明「言語」あるいは諸「言語」にそれを翻訳するべきか？」「学部学生はどの説明「言語」を学んだら政治との関連で使いこなせるようになってくれるだろうか？」（RiP: 212／昭和堂版三三一―三三二頁＝勁草書房版三八七頁）

少なくとも大学にいるあいだは、誰でも実用的な関心や職業上の必要をまぬがれた「リベラル」な人格性を帯びる。リベラル・エデュケーションの「リベラル」たるゆえんは、教える内容というよりも、それを教える大学という場の性格にある——これはオークショットの基本的な確信事項であった[45]。大学教員がおのおの自分の実践的関心事を学部学生に教え込むようになったら「大学と精神病院を区別するものは今日ほとんどなくなってしまうだろう」し、政治行政学部に入学する大半の学生は政治により知的にかかわるための準備をしに大学に来たというのは「真実ではない」(RiP: 214, note 6／昭和堂版三五六頁＝勁草書房版三九三頁)。なにごとも実用性、効用、効率の観点からしか考えられず、口を開けば「コスト・パフォーマンス」という人間は「教育のあるひと」ではなく、なによりうんざりするほど退屈なひとなのだ。

このようなオークショットの大学論に、なおもある種のエリート主義をみる論者は多い。たとえばJ・サールによると、オークショット的な意味での「教育のあるひと」は、一九五〇年代オックスフォードの「古典学ないし歴史学の理想的な最優等学士号取得者」にきわめてよく似ている。教育の「批判的」な機能が疎かにされた結果、「知的革命を引き起こしてやろう、ひいては知性の鼻をあかしてやろうという気がまるでない」人物しか育たないうえに、人類の最大の偉業である自然科学の意義が不当に軽視されているというのである[46]。現代の教育理論家たちからも、〈会話〉のメタファーは教育に「上流階級のディナー・パーティの漠としてとりとめのない雰囲気」をもちこむだけというすげない批判から、人生の幕間にすぎない大学への進学率が五〇%に達したら政府もさすがに金を出し渋るだろうという悲観的な予想まで、さまざまな反応が寄せられている[47]。もちろんオークショット流のリベラル・エデュケーションは、会話術に長けて一七世紀フランスの社交界でもてはやされた「紳士《オネトム》」の修養に終わるものではない。専門家と教養人の両方の資質をそなえたJ・S・ミルの「知識人[48]」の育成には、なにほどか裨益するかもしれない。確実にいえるのはひとつだけ、それは身を粉にして社会に貢献する役割遂行者も生産しないかわりに、デモクラシーを支える市民精神や批判的思考の涵養にも直接貢献しそうにない教育だということである。

だからといってそれを古臭く保守的な大学教育観と切って捨てるのは、教育一般についてのオークショットの考えかたをみてからでも遅くはない。大学におけるリベラル・エデュケーションは〈リベラルな学び《ラーニング》〉の観点から再提言されることになる。

4 〈リベラルな学び〉の声

オークショットの教育論は、教育効果を高める施設やカリキュラムの工夫を提案するのでも、教えるテクニックに終始するのでもなく、教育を魂に神秘的な変容をもたらす錬金術にたとえたり、教師の権威やカリスマ性を強調したりもしない。その出発点となるのは「学ぶひと」(*homo discens*)という人間観である。人間が教育次第でおよそいかなるものにでも、人間以外のものにすらなりうることは、教育の名を借りた〈社会化〉にまざまざと示された。ならば人間を真に人間的にする教育とはどのようなものであろうか? この問いに答えるべくオークショットは、教育の本質を人格間コミュニケーション、文化へのイニシエーション、そして人間になる冒険の三点から考察する。

教育というコミュニケーション

教師と生徒のあいだで知識をやりとりする教育的コミュニケーションの特異な性格は、「教えることと学ぶこと」(一九六七年)でつぎのように論じられている。教師がいくら有益な情報を生徒に覚え込ませても、それ自体では使途不明の「不活性な観念」(A・N・ホワイトヘッド)が生徒の頭に詰め込まれるだけだろう。あたえられた情報を潜在的に適用可能な別の文脈で使用できるようにならなければ、なにを教えても宝の持ち腐れになってしまう。そこで必要になるのが、「情報を解釈し、その有意性を見さだめ、どんなルールを適用すべきかを察し、そのルールの許すどの行為が状況に応じて遂行されるべきかをわれわれに発見させてくれる知識」（本書六三頁）、すなわち〈判断〉である。ところが〈判断〉は情報のような「なんであるかの知」とは異なり、ルールのかたちに命題化できない「どうやっての知」（G・ライル）、それを行使する当人にすらしばしば自覚されることなく作用している「暗黙知」（M・ポランニー）である。〈判断〉を生徒が学ぶには、たとえば文学作品の一節を暗記したり、すでにそれを身につけているひとを手本にしたりするなどの実例を用いるのがよい。それが真理や正解だからではなく、情報を適切な使用の場ごと記憶することができるから、そして〈判断〉はそのようにして情報と一緒にしなければ伝授できないからである。それでもむずかしいのは、私心なき好奇心、忍耐、知的誠実のような知性の徳目の伝授であり、また幾何学的証明にさえみられる「思考の個人的な様式」、すなわち知性のスタイルの伝授である。それらは具体的な情報を教える教師のことばに添えられた言外のニュアンス、声の抑揚、表情、身ぶり手ぶり、あるいは沈黙によってしか伝えられない。……

　分析的教育哲学者のR・S・ピーターズは、言語化できない知識の伝達を教育の課題としてクローズアップした点にこの論文の多大なる意義をみとめる一方、徒弟修行のような方法を推奨するのはオークショットの好みの問題であり、スタイルにいたっては「飾り」にすぎず、教育を不必要に神秘化するものだと批判している。[49] もちろんオークショットは、カリスマ教師に心酔する弟子たちが師の文体や仕種やファッションを真似るといったことを念頭においているのではないが、いくら大事だからといっても、なぜ生徒が教師の思考の流儀や性癖まで学ばねばならないのか、ピーターズならずとも疑問をおぼえるだろう。だがそう考えてしまうのは、教育というコミュニケーションをモノのやりとりのアナロジーで理解して、生徒が教師の教えたとおりを受けとったり、すべての生徒が同じことを学んだりするという前提があるからなのだ。オークショットが挙げる「手本で教える」例を敷衍して考えてみよう。

教師が示す手本はつねに教師個人のスタイルによって彩られたもの、つまり正解というよりは典型と解すべきものである。だから「手本で教える」教師が生徒に要求しているのは、教師の猿真似をすることではなく、手本に似ているけれども同じではないなにか、すなわち各自のスタイルに彩られた適切な答えなのだ。教育というコミュニケーションの特異な性格を「教師は教え授けるが、しかし、自分が教え授けることとは別のものを授ける」という表現で喝破したG・ギュスドルフは、「スタイルはまさに人間そのものであり、もっとも巧妙な模倣画といえども、ただその人間の不在を示しているだけである[50]」と述べているが、これはオークショットのいいたいことをみごとに代弁している。「他者の営為と発話のなかにそれ〔スタイル〕をみとめることができないうちは、生徒もこの能力を獲得することなどけっしてない」（本書七四頁）というのは、教師個人の思考の流儀が触媒となってはじめて生徒は独自の思考のスタイルを、つまりは自分自身を発見するという意味だからである。教師が教えるのはひとりのユニークな人間を誕生させるためであり、生徒は各人の自己に忠実であるためにも教師を手本にしなければならない。再度ギュスドルフから引用しよう。「知識を売り物にする先生は誰にでも同じものを教える。他方、真の教師は各人にそれぞれ異なった真理を知らせてやる。そして、それがもしかれの役目ならば、各人に各人のそれぞれの反応を、それぞれ異なった結果を、そして各人が一人前になるのを見守るのである[51]」。

〈会話〉へのイニシエーション

その一方でオークショットは、教育を「人間的達成物の世界への、またはその一部分への、慎重かつ意図的な手ほどき《イニシエーション》」（本書四九頁）と定義している。この教育観は、学びの主体性を軽視して、既成の支配的な文化への同化を生徒に強制するという誤解を受けやすい。しかし、教育一般の目標は生徒に知識を獲得させることなのか、それとも生徒の主体的な自己実現なのか、あるいは教育における「権威主義的アプローチ／進歩主義的アプローチ」[52]の論争はあっても、学校が知識の獲得をつうじて生徒に自己実現を促すための施設だという点は誰しも認めるだろう。「子ども中心主義」の自己実現教育を説いたデューイですら、子どもをその視野の狭い世界から一般的で開かれた大人の世界へと連れだすための教育的媒介として、専門分化した知識や技能からなるカリキュラムの必要をみとめている。教育とは、子ども自身がカリキュラムを「未来の経験へのガイド」にしながら、そこにいたる道のりを主体的な学びをつうじて「探検」することである。[53]

イニシエーションとしての教育には、今日きわめて深刻な疑問が寄せられている。なにを教えるかの問題が文化の偶然性（contingency）ゆえに政治問題化せざるをえないというのである。それに無自覚な教育は、たまたま自分が生まれおちた集団に固有の文化を無批判に受容し、その優越性を信じて疑わない人間を育てるのではないか。ギリシア・ローマの「古典」を伝統的に重視してきたリベラル・エデュケーションですら、「とうに死んだ白人ヨーロッパ男性」（Dead White European Males: DWEM）崇拝の嫌疑がかかり、ラディカル・フェミニズム、マルチカルチュラリズム、ポスト・コロニアリズムなどの立場からさまざまなポリティカル・コレクトネスが提案される時代である。[54] 価値の多元化という現代的状況を所与のものとするならば、教育概念の分析からすべての学校で共通に教えられるべきカリキュラムの内容を導く試みなど、すでに発想からして疑わしく、そもそも有意性を欠いてみえる。ピーターズらの教育哲学を批判的に継承するJ・ホワイトは、教育の目的やコア・カリキュラムの内容はそれ自体が政治的な争点であり、公共的な議論によって決定されなければならないと主張している。[55]

コロラド・カレッジにおける〈リベラルな学び〉を主題とするシリーズ講演の皮切りとなった「学びの場」（一九七四年）でも、オークショットは教育とは文化へのイニシエーションであり、かつ、ひととその文化との関係はつねに偶然的であるという。しかしその文化を逃れるべき牢獄とみなしても、一連の結論群《ドグマータ》のかたちに情報化して教え学ぶことができると考えても、われわれは道を誤ることになるだろう。どんな文化（あるいは「伝統」）もそれ自体は整合的でも一枚岩的でもなく、ときに相互に矛盾する多様な「声」からなり、「それらが別々の方向に引っぱりあったり、たがいにしばしば批判的になったり、たまさかに関係を結びあったりしながら、結果としてひとつの教義ではなく、わたしのいう会話的な出会いをつくりあげている」（本書二〇頁）からである。オークショットが正典化《カノン》された西洋のいわゆる「古典」にさほどの関心を示さないのも、おそらくそれと関係がある。[56] 西洋文化もまた〈会話〉をなしており、そのなかでさまざまな声（「アポロンの竪琴」と「パーンの笛」、「詩人」と「物理学者」、「アウグスティヌス神学の威風堂々たる大都市」と「フランチェスコ的キリスト教の緑林」）は、優劣・主従の関係を形成することなく、たんに分岐・離散しながらときおり交錯する。それを文化たらしめているのは、アーノルド的な文化《カルチャー》＝教養のような価値基準としての実質ではなく、どのひとつの声も権威を主張しない〈会話〉のマナーという形式性なのだ。〈会話〉に耳を澄ます者は、「古典」の過去からの呼び声を権威や真理とみなして拝跪したり同一化したりすることなどもとめられない。そしてオークショットによれば、本来〈リベラルな学び〉とは、自分の文化をそのような〈会話〉として理解できるようになること、「諸々の声を聴き分け、さまざまな発話の様態を識別し、この会話的関係にふさわしい知性的・道徳的習慣を身につけ、かくしてわれらが人間的な生のデビューを果たすことができるようになる」（本書三六頁）ことをいうのであった。

　ではそうしてわれわれは結局どんな人間になるのか？――人間になるのだ、というのがオークショットの答えである。人間は学んで自分になる生き物であり、特定タイプの人間になるために学ぶのでもなければ、学び以前に潜在する不変の人間本性《ヒューマン・ネイチャー》が学びによって開花するのでもない。「学びと人間的であることが切り離せないのは、ひとは各自が自分の自己演出の「歴史」だからである。つまり「人間本性」という表現が意味するのはただひとつ、学んで自分になるというわれわれに共通する逃れがたい営みのことである」（本書八頁）。「学ぶひと」である人間は、たしかに教育ひとつでどんなものにでもなるだろう。だが人間を人間的な状態《ヒューマン・コンディション》にすることができるのは〈リベラルな学び〉だけなのだ。ならばその人間的な状態とはどのような状態をいうのであろうか。

冒険としての学び

「教育――果たされぬその約束」や「学びの場」では、デューイとはやや違った意味においてだが、やはり「冒険」ということばが教育の形容に用いられる。人間が学びによって人間になること自体が、オークショットによれば一種の「冒険」なのである。これをいま〈学ぶひとの哲学〉と名づけ、つぎのように要約しよう。

1　反省的意識をもつかぎりでの人間は、自分が理解したとおりの自己と世界を生きている。自分が理解する自己および世界以外の、たとえば「真の」自己や世界「自体」のようなものはない。「人間が「自由」であるのは、人間に「自由意志」があるからではなく、人間にあって即自存在とは対自存在のことだからである」（本書五頁）。自己と世界がそのつど理解された自己と世界である以外にはないということが人間の条件《ヒューマン・コンディション》であるとしたら、この理解の成否をいうのは適切でない。人間の生とは「意識の試練」（ヘンリー・ジェイムズ）、ひたすらつづく自己理解と自己演出の冒険であり、定まった航路も目的地もない航海である。

2　その一方で、人間は事物の世界ではなく文化のなかに、「感情、情動、イメージ、ヴィジョン、思考、信念、観念、理解、知性的・実際的な企て、言語、関係、組織、営為の規準と格率、手続き、儀礼、伎倆、芸術作品、書物、楽曲、道具、人工物、器具」（本書四七頁）からなる「精神的世界」（ディルタイ）のなかに生まれおちる。そしてこれらを精神の表現として理解するには、それぞれに適切な学びが必要になる。学びとは、人間が文化という人間的な世界を相続する方法のことである。

3 学びの大半は道具的な学びであり、自己の欲望を満足させる素材として世界を理解することにかかわる。だが学校や大学は、本来それとは異なる〈リベラルな学び〉のためにしつらえられた特別な場所であった。文化もそこでは死せる教養として相続されるのではなく、「批判的自己理解」を促す無数の声となり、人間に現在の自己理解の見直しを迫ってくる。「その場合の学びは、……人間の自己理解のかたちをした無類の冒険に出会えという特異な招待を察知できるようになることなのである」（本書二一頁）。

有用性・実用性一辺倒の今日の学びは、学びが本来有する冒険的な性格を欠いている。自己と世界の道具的理解に囚われた人間をふたたび「わたしはなにものであるか」という問いに直面させ、みずからの自己理解を生きる人間の根源的な自由を取り戻させること、そのためにも、過去の人間たちの自己理解の冒険が刻まれたテクストを過去の遺物として受けとるのではなく、いまに生きるわれわれに「批判的自己理解」の冒険を呼びかける声として理解すること。これがオークショットの考える〈リベラルな学び〉である。

むすびにかえて――〈ひとがひとを教える〉

晩年の主著『人間の営為について』にも教育に論及した重要な箇所がある。オークショットによれば、〈慣行《プラクティス》〉と自由な行為主体性のあいだにはなんらの矛盾対立もない。ある行為をするとは、特定のふるまいかたでなにごとかを為すこと、たとえばあることを「経済的に」おこなったり「公民的に」おこなったりすることである。この「〜的に」というかたちでパフォーマンスに「副詞的」条件を課すのが〈慣行〉であり、行為主体はつねにある〈慣行〉の条件を承諾した人格《ペルソナ》としてふるまいながら、その条件を満たす無数の行為のなかからそのつど自由にひとつを選択する。〈慣行〉とは「自己開示の言語」であり、「演奏するべき楽器であって奏でられるべき調べではない」(OHC: 58)というのはそのことを意味している。この観点からみるとき、人間の行為は行動《ビヘイヴィアー》ではなく、固有に人間的な〈営為《コンダクト》〉として理解される。人間の〈営為〉は、あらかじめ学んでなければできないという点で、外界からの刺激にたいする生得的で機械的な反応とは異なり、学びおぼえたやりかたを用いてそのつどユニークなことをするという点では、単純な学習された行動パターンとも異なる。そして教育という「世代間相互行為」は本来、人間に人間的〈営為〉を、「行為主体性の諸々のアート」を手ほどきするための〈慣行〉であり、そこでは誰もが学び手というペルソナを帯びるのである(OHC: 59)。

人間が学んで自分になるには教師という介添えを必要とする。アランはリセで教わった哲学教師ジュール・ラニョーについてこう記している。「二〇歳のときに、混沌のなかでこの精神に出会った。自分でできるようなことを自分でお膳立てするのはわたしにもできた。しかし、いままでになかったこと、身近にはまったくないようなことをするのは、わたしにはできないことなのだ」[57]。独学者の悲しさは、教養が書物の知識にならざるをえないところにある。図書館にこもれば誰でも『アウトサイダー』を書いたコリン・ウィルソンのようになれるというものではあるまい。たいていの独学者は、膨大な人間の達成物からなる教養をまえにして途方に暮れてしまうだろう。そこに道標を立ててくれるのが教師である。もちろん教師自身の信念やら心の傾きやら先入見やらに由来するバイアスや歪みはつきものだが、かえってその陰翳がつかみどころのない教養の総体に人間的な横顔をあたえ、それが生徒に自己への冒険を促す。文明の果実はそうやって〈ひとがひとを教える〉ことにより相続されていく。

永遠不変の真理を知らなければ教師の資格なし、ということにはならない。われわれにまだ見ぬそれぞれの自己を教えてくれるひとは、オークショットが「スタイル」を学んだあの体操教官のように、誰でもわれわれにとってのかけがえのない教師であり、「文明のエージェント」なのである。

（1） Cf. Nick Cohen, "How an Oxford degree – PPE – created a robotic governing class," http: //www.spectator.co.uk/2014/09/the-politics-of-ppe/

（2） Cf. Jesse Norman, "Where PPE went wrong: Oakeshott's liberal learning, language, and? the? University," *Juncture*, Vol. 21 No. 3 (14 Jan 2015).

（3） Cf. Norman Chester, *Economics, Politics and Social Studies in Oxford, 1900-85* (Houndmills: Macmillan, 1986), chap. 3.

（4） 中西信太郎訳『ヘンリ・ライクロフトの私記』（岩波文庫、一九四六年）、九六―九七頁。

（5） 添谷育志「L・シュトラウスとA・ブルームの「リベラル・エデュケイション」論」、『近現代英国思想研究、およびその他のエッセイ』（風行社、二〇一五年）所収参照。なお「ベル報告書」は、橋爪貞雄『危機に立つ国家――日本教育への挑戦』（黎明書房、一九八四年）に全訳されている。

（6） 青木健・斎藤信平訳『廃墟のなかの大学』（法政大学出版局、二〇〇〇年）、三二、四四頁参照。

（7） H・J・パーキン、有本章・安原義仁編訳『イギリス高等教育と専門職社会』（玉川大学出版部、一九九八年）、八五―八六頁参照。

（8） 小沢自然・小野正嗣訳『経済成長がすべてか?――デモクラシーが人文学を必要とする理由』（岩波書店、二〇一三年）、参照。

（9） Cf. Stefan Collini, *What are Universities for?* (London: Penguin Books, 2012), chap. 9.

（10） 中世に誕生したヨーロッパの大学は、それぞれに私塾を営む教師と学生たちの契約にもとづいて成立した民間団体であり、それが近隣の教師たちのギルド的な団体である universitas となって、学問の自由と付随する各種特権をもとめて教会や為政者から「ストゥディウム・ゲネラーレ」（Studium generale）として認可された。

近代大学の典型であるドイツのベルリン大学は、「一八世紀においてはもはや旧態依然の知を再生産する場でしかなかった」universitasとしての大学を見限り、国家の強大化に不可欠な科学と技術を教える王立の「総合教授施設」(Allgemeine Lehranstalt) として、その意味では「反大学的」な高等教育機関として創設された。藤田尚志「条件付きの大学――フランスにおける哲学と大学」、西山雄二編『哲学と大学』(ＵＴＣＰ叢書３、未來社、二〇〇九年)、二三四頁参照。

(11) オークショットが生前公表した教育論のうち、本書に再録されなかったものが二篇ある。ひとつは『政治における合理主義、およびその他のエッセイ』に収められた初出形態不明の「大学における「政治学」の研究――適切さにかんするエッセイ」であるが、これはオークショット自身が再録に難色を示したという。Cf. Kevin Williams, *Education and the Voice of Michael Oakeshott* (Exeter: Imprint Academic, 2007), p. 5. もうひとつは「大学の定義」(*The Journal of Educational Thought*, Vol. 1, 1967) あるいは「大学教育の性格」(WiH: 373-90) のタイトルをもつ一九六七年四月四日のカルガリー大学での講演で、内容的には「大学における「政治学」の研究」および「学ぶことと教えること」(本書所収) の要約版である。

(12) Cf. Robert Wokler, "The Professoriate of Political Thought in England since 1914: A Tale of Three Chairs," *The History of Political Thought in National Context*, eds. Dario Castiglione and Iain Hampsher-Monk (New York: Cambridge University Press, 2001).

(13) 大学入学以前のオークショットの教育歴については、添谷育志「ナチズム・戦時動員体制・企業国家――マイケル・オークショットの思想形成と戦争体験」、添谷前掲書、二五八―六一頁参照。

(14) 一八二二年に古典学トライポスが新設されるまで、ケンブリッジでは数学トライポスが唯一の学位試験であった。その後、一八四八年に道徳科学トライポスと自然科学トライポスが新設され、歴史学トライポスはようやく一八七五年になって設置された。

(15) 同財団はそれ以前にも、ＬＳＥを英国における実証主義的な社会諸科学の拠点とするべく、当時の学長であったベヴァリッジに資金援助をしている。Cf. Donald Fisher, "Philanthropy and the Social Sciences in Britain,

1919-1939: The Reproduction of a Conservative Ideology," *The Sociological Review*, Vol. 28 No. 2 (1980); Ralf Dahrendorf, *LSE: A History of the London School of Economics and Political Science 1895-1995* (Oxford: Oxford University Press, 1995), pp. 161-63, 314-19.

(16) Ernest Barker, "The Study of Political Science," *Church, State and Education* (Michigan: University of Michigan Press, 1957), p. 171.

(17) Cf. Ernest Barker, *Age and Youth: Memories of Three Universities and Father of the Man* (London: Oxford University Press, 1953), p. 157; Julia Stapleton, *Englishness and the Study of Politics: The Social and Political Thought of Ernest Barker* (Cambridge: Cambridge University Press, 1994), p. 130.

(18) S・コリーニ、D・ウィンチ、J・バロウ、永井義雄ほか訳『かの高貴なる政治の科学——19世紀知性史研究』(ミネルヴァ書房、二〇〇五年)、三〇二頁。

(19) Cf. Luke O'Sullivan, *Oakeshott on History* (Exeter: Imprint Academic, 2003), pp. 55-56. 一九三一年一〇月の学部講師試験採用者リストには、オークショット(歴史学部)と並んでヴィトゲンシュタイン(道徳科学学部)の名前があるという。

(20)「ケンブリッジ大学における歴史教育についての覚え書き」、小野協一訳『武器を理解せよ、傷を理解せよ』(未來社、一九八三年)、一二二—一二八、一九三頁参照。

(21) Cf. Noel Annan, *Our Age: English Intellectuals Between the World Wars* (New York: Random House, 1990), p. 5.『現代ヨーロッパの社会的および政治的諸教義』(一九三九年)では、コミュニズムにたいして「わたしが信じるに、新しい教義のなかでわれわれが学ぶべきものがもっとも多い」(SPD: xx)という評価をあたえている。

(22) C. N. L. Brooke, *The History of Cambridge University, Vol. IV, 1870-1990* (Cambridge: Cambridge University Press, 1993), p. 237.

(23) バーカーの呼びかけにより、J・A・ホブソン、T・H・マーシャル、R・H・トーニー、H・J・ラスキ、L・ロビンズ、J・R・ヒックス、K・マンハイムら当時の主導的な社会科学者たちが顔をそろえ、ケンブリッジからはオークショットがポスタンとともにペーパーを読んでいる。Cf. "History and the Social Sciences," *The Social Sciences* (London: Le Play House Press, 1936) (CPJ: 129-34).

(24) Stapleton, *op.cit.*, p. 145.

(25) Cf. Christopher Brooke, *A History of Gonville and Caius College* (Suffolk: Boydell Press, 1985), p. 282 and 297.

(26) オークショットがオックスフォードに移った理由には、当時セント・アンズ・カレッジのフェローであったアイリス・マードックとの同棲という個人的な事情もあったようである。Cf. *Living on Paper: Letters from Iris Murdoch, 1934-1995* (London: Chatto & Windus, 2015), pp. 126-27. マードックの初長編小説『網のなか』(鈴木寧訳、白水社、一九六五年)に登場する「ヒューゴー」なる人物はオークショットがモデルであるとも噂され、哲学研究者としての最初の著作『サルトル——ロマン的合理主義者』(田中清太郎・中岡洋訳、国文社、一九六八年)には随所にオークショットのホッブズ論および合理主義批判の影響がみとめられる。なおマードックがオークショットの哲学に論及した"Existentialist Political Myth" (1952);"A House of Theory" (1959) の二篇は、現在ともに Iris Murdoch, *Existentialists and Mystics: Writings on Philosophy and Literature* (London: Allen Lane, 1998) で読むことができる。

(27) 香西純一訳「マイクル・オークショットの世界」、『政治理論と実際の間2』(みすず書房、一九七六年)、四—五頁。

(28) アメリカではD・イーストンがいちはやく同趣旨の反応を示した。山川雄巳訳『政治体系——政治学の状態への探究』(ぺりかん社、一九七六年)、二一—二三頁参照。

(29) スキナーの世代にとってオークショットは過去の人物でしかないようであるが (cf. Petri Koikkalainen and Sami Syrjämäki, "Quentin Skinner on Encountering the Past: An Interview with Quentin Skinner, 4th October 2001," *Finnish Yearbook of Political Thought 2002*, Vol. 6, University of Jyväskylä, p. 45)、のちにケンブリッジ学派と総称されるかれらの仕事の意義をオークショットが最初にみとめ、オーソライズしたことを忘れてはなるまい。公表に難航していたスキナーの出世作「思想史における意味と理解」(半澤孝麿・加藤節編訳『思想史とはなにか——意味とコンテクスト』岩波書店、一九九〇年、所収）は、一九六八年にオークショットのＬＳＥ政治思想史セミナーで発表の機会をあたえられた。Cf. O'Sullivan, *op.cit.*, p. 170. ポーコックの論文「時間、制度、行為」の初出は、オークショットのＬＳＥ退職記念論文集『政治と経験』（一九六八年）である。ダンが『ジョン・ロックの政治思想』（一九六九年）でケンブリッジに博士学位申請をしたとき、オークショットは外部審査員をつとめている。

（30）その意図を推測させるものに、ケンブリッジを離れる直前の一九四八年二月に放送されたＢＢＣラジオ講演「歴史の哲学」がある。オークショットによると、英国の大学の学部学生向けカリキュラムには、いわゆる歴史哲学や歴史叙述方法論はあっても、歴史的に思考するとはどういうことかを講じる科目、すなわち「歴史的知識についての哲学的研究」（WiH: 203）のための時間がない。新天地ＬＳＥはそれを試す場となったのである。

（31）Cf. Josiah Lee Auspitz, "What is Political Thought?: The Example of Law in Greece and Rome in Oakeshott's London School of Economics Lectures," *The Meanings of Michael Oakeshott's Conservatism*, ed. Corey Abel (Exeter: Imprint Academic, 2010), p. 64.

（32）Cf. Kenneth Minogue, "The History of Political Thought Seminar," *The Achievement of Michael Oakeshott*, ed. Jesse Norman (London: Duckworth, 1993); Brian Young, "Intellectual History in Britain," *Palgrave Advances in Intellectual History*, eds. Richard Whatmore and Brian Young (Basingstoke and New York: Palgrave Macmillan, 2006), p. 40.

（33）『クリスチャン・ニューズレター』紙編集委員Ｊ・Ｈ・オルダムの呼びかけで発足した「ムート」は、一九三八年から四七年まで定期的に会合を重ね、マイケル・ポランニー、ラインホルト・ニーバー、ポール・ティリッヒ、クリストファー・ドーソンらも出席者に名を連ねた。Cf. Stefan Collini, *Absent Minds: Intellectuals in Britain* (Oxford: Oxford University Press, 2006), pp. 316-22.

（34）マンハイムにたいするオークショットの反感については、添谷育志「ナチズム・戦時動員体制・企業国家」、二七七―八二頁参照。マンハイム批判のいわばダシに使われたモバリーの抗議も参照。Cf. Sir Walter Moberly, "The Universities," *The Cambridge Journal*, Vol. 3 No. 4 (January 1950).

（35）のちにオークショットは、「デモクラシー」ということばの使用法にもこれと似たカテゴリー錯誤が生じたことを指摘している。「デモクラシー」が適切に国制上の意味で用いられると賛同が得られるのをよいことに、あるパフォーマンスや政策の形容にも用いて賛同を勝ち得ようとするのは信用詐欺のようなもので、「政治的ディスコースの語彙を汚染した曖昧さの象徴」である。「多くのひとは、無拠出の老齢年金、法律による貧困者援助、強制的な「総合中等」教育は「デモクラティック」だと口にすれば、なにか意味のあることをいったと（誤って）考えるのだ」(OHC: 193)。

（36）秦由美子「イギリス高等教育における統合――『ロビンズ報告書』の意味するもの」、『彦根論叢』三〇八号（一九九七年）、参照。

（37）*Higher Education: Report of the Committee appointed by the Prime Minister under the Chairmanship of Lord Robbins* (London: Her Majesty's Stationery Office, 1963), p. 192.

（38）鳥巣美知郎・倉橋重史訳『技術社会（下）』（すぐ書房、一九七六年）、第五章参照。

（39）本田由紀『多元化する「能力」と日本社会――ハイパー・メリトクラシー化のなかで』（ＮＴＴ出版、二〇〇五年）、序章参照。

（40）Ｐ・ミルワード編、田中秀人訳『大学で何を学ぶか』（大修館書店、一九八三年）、二二四頁。

（41）Collini, *What are Universities for?* p. 49.

（42）中金聡『オークショットの政治哲学』（早稲田大学出版部、一九九五年）、第一章および第四章参照。

（43）ただしアーノルドによれば、教養とは「人間的経験の声」であり、「宗教のみならず芸術と科学と詩歌と哲学と歴史の声」でできている。多田英次訳『教養と無秩序』（岩波文庫、一九四六年）、六二頁参照。このことばづかいがオークショットの発想になにがしかの影響をあたえた可能性はある。

（44）オークショット作品にたびたび登場するこの表現（WiH: 313, RiP: 538／昭和堂版二八八頁＝勁草書房版二九二頁、OHC: 74, 85）は、ジェームズ・プロクター作詞の聖歌 "It is finished"（1864）の一節からとられている。

Till to Jesus' work you cling / By a simple faith,

“Doing” is a deadly thing—/“Doing” ends in death.

（45）六〇年代初頭にLSEの同僚であったR・T・マッケンジーが英国のEC加盟についての立場を質したところ、オークショットはかれをみつめて「そんなことに意見をもつ必要があるとは思えない」と返答した。Cf. Annan, *op.cit.*, p. 400.

（46）Cf. John Searle, “The Storm Over the University,” *The New York Review of Books*, 37 (Dec 6, 1990), p. 41.

（47）Cf. John White, “Wellbeing and Education: Issues of Culture and Authority,” *The Journal of Philosophy of Education*, Vol. 41 (2007), p. 26; Chris Woodhead, *A Desolation of Learning: Is This the Education Our Children Deserve?* (Petersfield: Pencil-Sharp Publishing, 2009), pp. 68-70.

（48）「人間が獲得しうる最高の知性は、たんにひとつのことがらのみを知るということではなくて、ひとつのことがらあるいは数種のことがらについての詳細な知識を多種のことがらについての一般的知識と結合させるところまでいたります」。竹内一誠訳『大学教育について』（岩波文庫、二〇一一年）、一一八頁。

（49）Cf. R. S. Peters, “Michael Oakeshott’s Philosophy of Education,” *Politics and Experience: Essays Presented to Professor Michael Oakeshott on the Occason of his Retirement*, eds. Preston King and B. C. Parekh (Cambridge: Cambridge Unversity Press, 1968), pp. 57-58; P. H. Hirst, “Liberal Education and the Nature of Knowledge,” *Knowledge and the Curriculum: A Collection of Philosophical Papers* (London: Routledge and Kegan Paul, 1975). ピーターズやP・H・ハーストらロンドン大学教育研究所系の教育哲学にオークショットがあたえた影響については、木内陽一・谷田増幸「M・オークショットの教育論——イギリス教育哲学の基底(1)」、『鳴門教育大学研究紀要（教育科学編）』14（一九九九年）に詳しい。

（50）小倉志祥・高橋勝訳『何のための教師——教育学の教育学のために』（みすず書房、一九七二年）、一六四、二〇七頁。

（51）同書、一〇三—四頁。

（52）Cf. P. H. Hirst and R. S. Peters, *The Logic of Education* (London: Routledge and Kegan Paul, 1970), pp. 31-32.

（53）市村尚久訳『学校と社会・子どもとカリキュラム』（講談社学術文庫、一九九八年）、二八七頁参照。

（54）その過剰ぶりには、人文学の「非人間性」について一家言あるG・スタイナーですら「懺悔のマゾヒズム」と苦言を呈している。高田康成訳『師弟のまじわり』（岩波書店、二〇一一年）、二〇七—九頁参照。

（55）Cf. John White, *The Aims of Education Restated* (London: Routledge and Kegan Paul, 1982); *Education and the Good Life: Beyond the National Curriculum* (London: Kogan Page, 1990). ピーターズとハーストの分析的教育哲学からホワイトの規範的教育哲学への移行については、宮寺晃夫『現代イギリス教育哲学の展開——多元的社会への教育』（勁草書房、一九九七年）を参照。

（56）現代の大学教育において古典を読むことの意義を論じたものとして、藤本夕衣『古典を失った大学——近代性の危機と教養の行方』（NTT出版、二〇一二年）を参照。

（57）中村弘訳『ラニョーの思い出』（筑摩書房、一九八〇年）、一一—一二頁。ただし訳文はギュスドルフ前掲邦訳書、一〇八頁より。

テクストにかんする注記

オークショットの著作からの引用にさいしては以下の略号を用い、本文中のかっこ（　）内に出所を示す。

SPD. *The Social and Political Doctrines of Contemporary Europe* (Cambridge: Cambridge University Press, 1939).

OHC. *On Human Conduct* (Oxford: Clarendon Press, 1975). 野田裕久訳『市民状態とは何か』（木鐸社、一九九三年）（抄訳）。

RiP. *Rationalism in Politics and Other Essays*, New and Expanded Edition (Indianapolis: Liberty Press, 1991). 澁谷浩ほか訳『保守的であること——政治的合理主義批判』（昭和堂、一九八八年）。嶋津格ほか訳『［増補版］政治における合理主義』（勁草書房、二〇一三年）。

OH. *On History and Other Essays* (Indianapolis: Liberty Press, 1999). 添谷育志・中金聡訳『歴史について、およびその他のエッセイ』（風行社、二〇一三年）。

HCA. *Hobbes on Civil Association* (Indianapolis: Liberty Press, 2000). 中金聡訳『リヴァイアサン序説』(法政大学出版局、二〇〇七年)。

WiH. *What is History? and Other Essays* (Exeter: Imprint Academic, 2004).

LHPT. *Lectures in the History of Political Thought* (Exeter: Imprint Academic, 2006).

CPJ. *The Concept of a Philosophical Jurisprudence: Essays and Reviews 1926-51* (Exeter: Imprint Academic, 2007).

EPW. *Early Political Writings 1925-1930* (Exeter: Imprint Academic, 2010).

訳者あとがき

野田裕久

本書はMichael Oakeshott, *The Voice of Liberal Learning* (ed. by Timothy Fuller, Yale University, 1989) の翻訳である（フラーの序文を除く）。次の六編から成る。"A Place of Learning" (1975)（学びの場）、"Learning and Teaching" (1965)（学ぶことと教えること）、"Education : the Engagement and its Frustration" (1972)（教育——果たされぬその約束）、"The Idea of a University" (1950)（大学の理念）、"The Universities" (1949)（大学）、"Political Education" (1951)（政治教育）。

中金聡と野田裕久との共同作業の産物である。訳出について「学びの場」「学ぶことと教えること」「政治教育」を中金が、「教育——果たされぬその約束」「大学の理念」「大学」を野田が、それぞれ担当した。「大学の理念」と「政治教育」には既訳がある。桜井直文訳「大学というものの観念」（『明治大学教養論集』三九一号、二〇〇五年）、阿部四郎訳「政治教育」（永井陽之助編『政治的人間』平凡社、一九六八年）、田島正樹訳「政治教育」（嶋津格ほか訳『政治における合理主義』勁草書房、一九八八年、［増補版］二〇一三年）。なお、諸々の引用の出典に既訳がある場合でも、引用文は既訳と必ずしも同じではない。

体系的な主著に関しても、本書に収録された比較的に短いエッセイや講演に関しても、オークショットの著作の読解と訳出は容易ではない。オークショットの微妙なる思考と、それを時に晦渋な仕方で紡ぎ出すその文体ゆえにである。オークショットならではの言い回しをいかにして読み解くか。起承転結も明瞭に理路整然というよりは、韜晦にして思わせぶり、「判る者だけ判れ」式の調子もある。オークショットはいかなる具体的な事実——固有名詞の事ども——を念頭に置いて論じているのか。その忖度しきりである。いわば文脈依存的な思考と言説の展開である。文脈の把捉が必至となるが、幸いにして詳細な中金解説が大いにその助けとなろう。読者は通常の順序と異なり、解説を先に読んで訳稿に進まれるか、または訳稿と解説とに交互に目を通される方が、あるいは得心が行きやすいかもしれない。

以下、しばらく一般論である。翻訳の性質について。第一にテキスト（原文）という根本的な条件ないし制約がある。テキストの表現を活かしつつ他の国語での再現とともに意味の伝達を期する営み。テキストの解説とは異なる。当の主題を始めから自分の言葉遣いで述べることとも異なる。形而上学の嫌いな英国人気質を表す会話として、 –What is mind ? –No matter. –What is matter? –Never mind. とある。単語の意味と文の意味との組み合わせである。「精神とは何か」「物質に非ず」（「どうでも良い」）「物質とは何か」「精神に非ず」（「気にするな」）。解説は出来ても翻訳はなかなか難儀ではあろう。

第二に——外国語を日本語に訳す場合——、正確な読解の要請は当然の前提として、要は翻訳文の捉え方いかんに関わる。a外国語表現重視派とb日本語表現重視派。ともに一理あるが両立は難しい。「無色的翻訳論」の野上豊一郎は、The world is all before us. を「世界はみなわれわれの前にある」と訳す。別宮貞徳は野上式の訳では「前途洋々」との意味はとうてい伝わらぬと評する。野上がa、別宮がbである（別宮貞徳『特選誤訳 迷訳 欠陥翻訳』筑摩書房、一九九六年、四〇—四一頁）。マイケル・ポランニー『暗黙知の次元』（紀伊國屋書店、一九八〇年）の佐藤敬三訳に寄せられた伊東俊太郎の序文は興味深い——当初は共訳の計画であったが、

「原著者の意を汲んだ上で思い切って換骨奪胎することをよし」とする伊東の立場と、佐藤の「できるだけ原文に忠実な態度をとり、著者の特有な用語もそのまま訳して注をつけるという方法」とは「一長一短であり、この二つの方針を混合することはできないので」佐藤の単独訳とした、と（同書九頁）。伊東はb、佐藤はaであろう。

結びに、この訳業には貢献者がもう一方いる。最初の読者であり本書の編集者である奥田のぞみさんである。先の分類で行くと、このたびの翻訳に関して中金と野田はどちらかというとa的、奥田さんはきっぱりとb的であったようである。いずれにせよ奥田さんの助言あってこその本書の結実であり、ここに謝辞を呈したい。

《叢書・ウニベルシタス　1070》
リベラルな学びの声

2018年 1月 5日　初版第 1刷発行

マイケル・オークショット 著
ティモシー・フラー 編
野田裕久・中金聡 訳
発行所　一般財団法人　法政大学出版局
〒102-0071 東京都千代田区富士見 2-17-1
電話 03(5214)5540 振替 00160-6-95814
組版: 言海書房　印刷: 平文社　製本: 積信堂

Printed in Japan

ISBN978-4-588-01070-5

著　者

マイケル・オークショット（Michael Oakeshott）

1901年，ケント州チェルスフィールド生まれ。ケンブリッジ大学ゴンヴィル・アンド・キーズ・カレッジ卒業後，同カレッジのフェローおよび歴史学チューターをつとめた。第二次大戦で従軍の後，オックスフォード大学ナフィールド・カレッジを経て，1951年から1969年までLSE（London School of Economics and Political Science）政治科学教授。1990年，ドーセットのアクトンにて没。主な著書に，*Experience and its Modes*（Cambridge: Cambridge University Press, 1933）；*Rationalism in Politics and Other Essays*（London: Methuen, 1962）；*On Human Conduct*（Oxford: Clarendon Press, 1975）；*On History and Other Essays*（Oxford: Basil Blackwell, 1983）；*The Politics of Faith and the Politics of Scepticism*（New Haven and London: Yale University Press, 1996）などがある。

訳　者

野田裕久（のだ・やすひさ）

1959年生まれ。1985年京都大学大学院法学研究科修士課程修了。現在，愛媛大学法文学部教授。専攻は現代政治理論・現代イデオロギー論。

主な著訳書：M. オークショット『市民状態とは何か』（木鐸社，1993年），『近代日本政治思想史入門――原典で学ぶ19の思想』（共著，ミネルヴァ書房，1999年），『「大正」再考――希望と不安の時代』（共著，ミネルヴァ書房，2007年），L. シーデントップ『トクヴィル』（晃洋書房，2007年），『保守主義とは何か』（編著，ナカニシヤ出版，2010年）など。

中金　聡（なかがね・さとし）

1961年生まれ。1995年早稲田大学大学院政治学研究科博士後期課程修了。現在，国士舘大学政経学部教授。専攻は政治哲学・現代政治理論。

主な著訳書：『オークショットの政治哲学』（早稲田大学出版部，1995年），『政治の生理学――必要悪のアートと論理』（勁草書房，2000年），M. オークショット『リヴァイアサン序説』（法政大学出版局，2007年），B. ド・ジュヴネル『純粋政治理論』（共訳，風行社，2014年）など。